국제투자중재와 공공정책 II

주요 국제중재판정례 분석

국제투자중재와 공공정책 II

주요 국제중재판정례 분석

초판 1쇄 인쇄 2019년 6월 20일
초판 1쇄 발행 2019년 6월 25일

편저자 신희택·정교화·임아영
펴낸이 오세정
펴낸곳 서울대학교출판문화원

출판등록 제15-3호

주소 08826 서울 관악구 관악로 1
대표전화 02-880-5252 | 팩스 02-889-0785
도서 주문 02-889-4424, 02-880-7995
이메일 snubook@snu.ac.kr
홈페이지 www.snupress.com

ISBN 978-89-521-2045-8 93360

International Investment Arbitration and Public Policy II

국제투자중재와 공공정책 II

주요 국제중재판정례 분석

신희택·정교화·임아영 편저

서울대학교출판문화원

*일러두기

1. 사건명은 '청구인 v. 피청구인(A v. B 사건)'으로 표기하는 것을 원칙으로 하나, 사건명이 길거나 통상 더 널리 쓰이는 표기인 경우에는 'A 사건'으로 표기하였다(예: Neer 사건).
2. 사건 중 특정한 판정, 결정이 인용되는 경우에는 각주에 구체적인 문서 까지 표기하였고, 사건 자체를 인용하는 경우에는 각주에 사건 번호까지만 표기하였다. UNCITRAL 중재 사건인 경우 별도의 사건 번호가 없으므로 'NAFTA/UNCITRAL', 'UNCITRAL'로 표기하였다.
3. 외국인명이나 회사명의 경우 사건명 표기 시의 혼동을 피하기 위하여 원어를 한국어로 옮기지 않고 그대로 표기하였다.

머리말

필자는 외국 투자의 촉진 및 보호와 투자유치국의 공공정책이라는 두 가지 정책 목표 간의 접점이 구체적인 투자자-국가 간 분쟁해결(Investor-State Dispute Settlement, 이하 'ISDS') 절차에 있어서 어떻게 형성되고 있는지 확인해 보자는 목적으로 2014년에 『국제투자중재와 공공정책: 최신 국제중재판정례 분석』을 펴낸 바 있다.

책 발간 이후 ISDS에 관하여 여러 측면에서 상당한 변화가 있었다. 우선 외국 투자자가 우리나라를 상대로 제기한 투자중재사건과 우리나라 투자자들이 투자유치국을 상대로 제기한 사례가 모두 증가하고 있다는 점을 들 수 있다. 2012년 11월에 미국계 사모펀드인 론스타가 우리나라와 벨기에-룩셈부르크 간의 투자보장협정을 근거로 우리나라를 상대로 국제투자분쟁해결센터(International Centre for Settlement of Investment Disputes, 이하 'ICSID')에 중재신청을 하였다. 그 후 외국 투자자들이 우리나라를 상대로 6건의 투자중재를 제기하였다. 2015년 5월에 우리나라와 네덜란드 간의 투자보장협정을 근거로 현대오일뱅크 주식을 현대중공업에 매각한 하노칼이 매매대금에 대한 우리 과세관청의 과세가 부당하다고 ICSID에 중재를 제소하였다가 그다음 해에 취하한 바 있다. 또한 2015년 9월에는 이란 투자자인 다야니가 우리나라와 이란 간의 투자보장협정을 근거로 1976년 UNCITRAL 중재규칙에 따라 PCA에 중재를 제기하였다. 이 사건에 대해서는 2018년 6월 6일 투자자의 청구 금액 935억원 중 약 730억원 상당을 지급할 것을 명하는 중재판정이 내려졌고, 현재 중재지인 영국에서 중재판정 취소의 소가 진행 중이다. 또 2018년 7월에는 미국계 펀드인 엘리엇이 우리 정부가 삼성물산-제일모직 간 합병과정에서 부당한 압력을 행사하였다고 주장하고 2013년 UNCITRAL 중재규칙에 따른 투자중재를 제기하였으며, 유사한 사실관계에 대해 2013년 9월 미국계 펀드 메이슨도 1976년 UNCITRAL 중재규칙에 따른 투자중재를 제기하였다. 한편 우리나라 투자자가 투자유치국을 상대로 제기한 투자중재도 공식적으로 알려진 것만 4건에 이르고 있다. 2014년에 안성주택이 중국 정부를 상대로 우리나라와 중국 간 투자보장협정을 근거로 ICSID에 투자중재를 제기한 바 있고, 삼성물산은 2015년에는 오만을 상대로, 2017년에는 사우디아라비아를 상대로 ICSID에 중재를 제기하였다. 2018년에는 한국의 개인투자자가 베트남을 상대로 ICSID에 중재를 제기하였다.

두 번째 변화는 국제적으로도 투자중재사건이 꾸준하게 증가하고 있다는 점이다. ICSID에 제기된 투자분쟁 건수를 보면 이런 경향이 뚜렷하다. 2013년에 40건, 2014년에 38건이 제기되었으나, 2015년 52건, 2016년에 48건, 2017년에 53건이 제기되어 지속적인 증가 추세를 보이고 있다. UNCTAD의 통계에 의하면 2019년 1월 1일 기준 투자협정을 근거로 하여 제기된 것으로 알려진 투자중재사건은 총 942건에 이른다.

세 번째 변화는 상당수의 선진국들도 외국 투자자들로부터 제소를 당하고 있다는 점이다. ISDS는 주로 선진국의 투자자들이 자본수입국인 개발도상국을 상대로 제기하는 것이라는 인식이 일반적이었으나, 최근 스페인 및 이탈리아를 비롯한 일부 유럽연합 회원국들이 재생에너지 관련 정책의 변경으로 인하여 제소당한 사례가 상당수에 이른다. 또한 독일 및 프랑스가 외국 투자자로부터 제소당하면서 유럽연합 회원국 내에서도 ISDS에 대한 반대의 목소리가 상당한 수준으로 제기되고 있다. 한편 제소자인 투자자의 국적도 다양해지고 있다. 앞에서 언급한 바와 같이 우리나라 기업이 제소자로서 투자유치국을 상대로 제기한 사례도 공식적으로 알려진 것만 4건이며, 중국 투자자들도 다양한 투자유치국을 상대로 하여 이미 6건을 ICSID에 제소한 바 있다.

네 번째 변화는 그간 투자자와의 투자분쟁에서 패소를 경험한 일부 국가들이 투자분쟁의 근거가 된 투자협정의 실체적인 보호기준 자체를 개정하고자 노력하고 있다는 점이다. 인도네시아는 자국이 그동안 체결하였던 양자 간 투자협정의 상당수를 폐기하였고, 인도 역시 양자 간 투자협정을 맺은 상대국에 투자협정의 개정을 요구하고 있다. 유럽연합은 국가의 공공정책 수행을 위한 규제권한을 확보하기 위하여 실체적인 보호기준과 그 한계를 보다 상세하게 규정한 유럽연합 차원의 투자협정 안을 정립하였고, 이를 캐나다와 베트남, 그리고 싱가포르와의 자유무역협정에 반영하였다.

다섯 번째 변화는 중요한 국가의 공공 목적을 위한 조치가 투자협정에 위반되는지의 여부가 투자중재에서 다투어지는 데 비하여, 그 절차가 지나치게 비밀리에 진행되고 있다는 비판을 수용하여 절차의 투명성을 제고하려는 국제적인 노력이 심화되고 있다는 점이다. 이러한 투명성을 제고하려는 노력은 UNCITRAL 중재규칙에 추가된 투자중재에 적용되는 투명성 규칙의 정립 및 다자간 조약인 모리셔스 협약의 체결 및 발효로 결실을 맺었다.

마지막으로, 외국 투자자와 투자유치국 간의 분쟁을 그때그때 구성되는 중재판정부에 의한 판정이 아니라, 투자협정의 당사국들이 미리 합의하여 정해 놓은 판정부(investment court)의 판단에 맡기고자 하는 방안도 심각하게 논의되고 있다. 유럽연합은 이 방안을 제안하여 이미 캐나다와 베트남이 이를 유럽연합과의 자유무역협정에서 수용한 바 있다. 유럽연합과 캐나다는 이에 더하여 다자간 투자법원(multilateral investment court)의 설치를 위하여 공동의 노력을 할 것을 양자 간의 자유무역협정에 명기해 놓고 있다. 이러한 노력의 일환으로 2017년 11월부터 UNCITRAL Working Group(WG) III에서 ISDS의 개선 방안에 대한 다자간의 논의가 시작되었다. UNCITRAL WG III는 ISDS의 문제점을 먼저 파악한 후에, 그 해결책의 하나로서 유럽연합이 추진하고 있는 다자간 투자법원에 관한 제안을 다각도로 검토할 것으로 예상되고 있다.

이 책은 2014년에 발간한 『국제투자중재와 공공정책』의 후속편으로서, 2014년 이후에 내려진 중요한 투자중재판정 사례와 ICSID가 설립 50주년을 기념하기 위하여 50개의 중요 논점에 관해 선정한 50개의 대표적 판정 사례 중에서 일부를 선정하여 총 11개의 판정을 분석하였다. 전편과 동일하게 추상적인 법률적 쟁점 외에도 분쟁이 발생하게 된 배경과 중재판정부가 확정한 사실관계를 보다 충실히 소개하고자 노력하였다.

투자의 정의에 관하여서는 그리스 정부가 발행한 국채가 투자에 해당하지 않는다는 판단을 한 Poštová banka v. Greece의 판정을 검토하였다. 수용과 관련하여서는 헝가리 정부가 미국 투자자가 운영하던 부다페스트 공항의 운영권을 박탈한 것을 간접수용이라고 판정한 ADC v. Hungary를 분석하였다. 국가의 규제권과 투자자 권리 간의 균형점에 관하여서는 국가의 공중보건 정책을 위한 담배사업자에 대한 규제조치와 투자자 보호의 문제를 다룬 대표적 사례인 Philip Morris v. Uruguay를 검토하였다. 투자중재에서 가장 많이 원용되고 있는 실체적인 보호기준인 공정하고 공평한 대우(Fair and Equitable Treatment, 이하 'FET')에 관하여서는 Tecmed v. Mexico, Duke Energy v. Ecuador 및 Lemire v. Ukraine 판정을 검토하였고, 국제법상 최소기준대우와 FET의 관계에 관하여 판단을 한 Al Tamimi v. Oman을 분석하였다. Tecmed v. Mexico는 FET를 해석한 초기의 중재판정으로서 주목을 받았던 사건이며, Duke Energy v. Ecuador는 FET의 중요 요소 가운데 하나인 투자자의 정당한 기대(legitimate expectations)의 해석에 관한 대표적인 사례다. Lemire v. Ukraine은 양자 간 투자보장협정에 규정된 FET 대우는 국제법상 최소기준대우와는 구별되는 독자적인 보호기준이라는 판단을 한 판정례다. 한편 Al Tamimi v. Oman은 우리나라와 미국 간 자유무역협정의 투자의 장과 매우 유사한 미국과 오만 간 자유무역협정 「투자」의 장(章)에 명시된 최소기준대우가 무엇인지를 해석한 최근의 판정으로서, 앞으로 한-미 FTA가 정한 최소기준대우가 어떻게 해석될 것인지에 관하여 시사를 하는 판정이다. Niko v. Bangladesh는 투자자-국가 간 분쟁에서 빈번하게 쟁점으로 등장하는 부패를 근거로 한 국가의 항변을 다룬 대표적인 사건이다. 또 투자유치국의 책임이 인정이 되는 경우 손해액 산정을 어떻게 할 것인지를 다룬 대표적인 사례인 ADC v. Hungary의 판정을 손해액 산정의 측면에서 검토하였다. 사인 간의 거래와 관련된 분쟁을 다루는 국제상사중재와 비교하여 국가의 규제가 투자보장협정에 위반되는지 여부를 다투는 투자중재에 있어서는 투명성의 요구가 매우 높다. 볼리비아의 상수도 사업과 관련된 분쟁을 다룬 Aguas del Tunari v. Bolivia는 시민단체들의 절차참여가 쟁점이 된 사건인데, 2006년 당시의 ICSID 협약 및 중재규칙상 중재 당사자들의 동의가 없이는 절차의 공개나 제3자의 절차참여를 허용할 수 없다는 결론을 내린 판정으로 인하여 이후 ICSID 중재규칙이 개정되는 계기가 된 매우 중요한 사건이다. 마지막으로 ICSID 협약상 중재판정의 취소의 판단 기준을 다룬 Kilic v. Turkemistan의 중재판정 취소를 거부한 결정을 검토하였다.

이 책이 국제투자분쟁의 최신 동향에 관심을 가진 분들께 좋은 길잡이가 되었으면 한다. 이 책이 소개하고 있는 각 중재판정을 심도 있게 정리하여 주신 각 집필자 여러분과 공동 편자로서 애써 주신 정교화 변호사, 원고의 편집 과정에서 헌신적으로 수고해 주신 임아영 변호사와 홍승표 법무관께 진심으로 감사드린다.

2019년 6월

저자들을 대표하여

신희택

차례

제1장

투자의 정의와 물적 관할

Poštová banka v. Greece 사건

강재웅[1]

1. 사건의 개요

1) 사건명

Poštová banka, a.s. and Istrokapital SE v. Hellenic Republic, ICSID Case No. ARB/13/8, Award (2015. 4. 9.)(이하 'Poštová banka v. Greece')

2) 청구의 근거가 된 협정

그리스-슬로바키아 BIT(1991. 6. 3. 체결), 그리스-키프로스 BIT(1992. 3. 30. 체결) 및 ICSID 협약과 ICSID 중재규칙에 의거하여 절차가 진행되었다.

---

1 김·장 법률사무소 변호사, 서울대학교 법학대학원 석사과정

3) 당사자

(1) 청구인(Claimants)

· Poštová banka, a.s.(슬로바키아 국적 은행, 이하 'Poštová banka')

· Istrokapital(키프로스법에 따라 설립된 유한책임회사로서 Poštová banka 지분 보유)

(2) 피청구인(Respondent)

· 그리스(Hellenic Republic: Greece)

4) 중재판정부의 구성

· 의장중재인: Eduardo Zuleta(콜롬비아 국적)

· 청구인 지명 중재인: John M. Townsend(미국 국적)

· 피청구인 지명 중재인: Brigitte Stern(프랑스 국적)

5) 사건의 배경 및 판정요지

본 사건은 2010년 그리스 경제위기를 배경으로 하여, 그리스 국채를 취득한 Poštová banka가 국채 교환 등에 따른 채권 가치 하락을 주장해 분쟁이 제기되었다. 사건 진행 과정에서 절차분리(bifurcation)를 통해 관할 부분만 먼저 심리가 진행되었는데, 중재판정부는 그리스 국채가 그리스-키프로스 BIT 제1조 제1항(c) 및 그리스-슬로바키아 BIT 제1조 제1항(c)에서 규정하는 '투자'에 해당하지 않는다고 판단하여 물적 관할을 부정하고 최종적으로 청구를 기각하였다.

6) 절차의 개요

2013. 5. 3.	ICSID, 청구인들로부터 중재신청서(Request for Arbitration) 접수
2013. 5. 20.	ICSID, 중재요청 등록
2013. 6. 20.	청구인 측 중재인 John Townsend 선정
2013. 7. 29.	피청구인 측 중재인 Brigette Stern 선정
2013. 10. 21.	의장중재인 Eduardo Zuleta 선정(중재판정부 구성 완료)
2013. 12. 17.	최초 절차기일: 관할 절차 분리(bifurcation) 등 향후 절차 사항 합의
2014. 5. 1.	피청구인 관할서면(Memorial on Jurisdiction) 제출
2014. 6. 17.	청구인 본안서면(Memorial on the Merits) 및 관할 반박서면(Counter-memorial on Jurisdiction) 제출
2014. 8. 15.	피청구인 관할 재반박서면(Reply on Jurisdiction) 제출
2014. 9. 8 - 9.	관할에 관한 심리기일 진행(미국 워싱턴 D.C.)
2015. 4. 9.	중재판정부 최종판정(관할 부정)
2015. 8. 5.	청구인 Poštová banka, 부분적 취소(partial annulment) 절차 개시 신청
2015. 9. 2.	취소 절차 특별위원회[2] 구성
2016. 9. 29.	특별위원회 판정 취소신청 기각

2 특별위원회(ad hoc Committee)는 Azzedine Kettani(의장중재인, 모로코 국적), David A. O. Edward(영국 국적), 신희택 교수(대한민국 국적)로 구성되었다.

2. 사실관계

1) 그리스 경제위기와 Poštová banka의 그리스 국채 취득

2008년 세계적인 금융위기가 도래하면서 그리스는 심각한 경제적 타격을 입게 되었고, 본 사건의 대상인 그리스 국채[3]를 포함한 정부 발행 국채의 가치가 신용기관에 의하여 평가절하되었다. 2010년 4월 그리스는 국제통화기금(IMF) 긴급구제에 동의하였고, 정부 부채를 감축하기 위하여 다양한 긴축정책을 실시하였다.

이러한 상황에서 2010년 초 Poštová banka는 그리스 정부가 2007년에서 2010년 사이에 발행한 그리스 국채를 취득하였고, 이는 룩셈부르크에 위치한 Clearstream Banking 계좌에 예탁되었다. 그리스 국채는 Law 2198 of 1994[4]에 따라 창설된 System for Monitoring Transactions in a Book-entry Securities(이하 'System') 제도에 따라 그리스 중앙은행(Bank of Greece) 감독하에 발행된 것인데, 이에 의하면 'Participants'[5]에 해당하는 자연인 또는 회사가 국채에 대한 권리(title)를

3 청구인이 주장하는 그리스 국채(Greek Government Bonds, GGBs) 소유권에 대해 피청구인은 이를 "국채에 대한 이익(interests in GGBs)"으로 지칭하여 차이가 있으나, 중재판정부는 구별의 실익이 크지 않다고 보아 이를 일관하여 그리스 국채로 지칭하기로 하였다. Poštová banka v. Greece, para. 44 참고.

4 Greek Law 2198 of 1994, Chapter B, Articles 5-12에서는 그리스 국채의 발행에 관한 권리관계를 규정하고 있다(Poštová banka v. Greece, paras. 254-263).

5 'Participants'는 System for Monitoring Transactions in a Book-entry Securities에 따른 참가자로서 그리스 국채를 보유할 권한이 있는 기관을 의미하는바, 번역으로 인한 오해를 피하기 위하여 판정에서 사용하는 'Participants'라는 용어를 그대로 사용하기로 한다.

가지고, Participants는 "Primary Dealers"[6]에게 국채를 양도하고, Primary Dealers는 다시 2차 시장(secondary market)에서 국채를 제3자에게 매매하는 구조로 되어 있었다.[7]

2) 국채교환 협상 및 Greek Bondholder Act 시행

2010년부터 2011년 사이에 Poštová banka는 일부 이자 및 2011년 지급기일이 도래한 국채의 원금을 상환받기도 하였는데, 2011년 7월 이후 그리스 경제위기가 더욱 악화되면서 신용기관은 그리스 국채의 가치를 더욱 평가절하하기 시작하였고, 그리스 정부는 IMF, 유럽연합과 함께 정부 부채를 탕감하기 위한 구제안 등을 논의하였다. 이러한 방편의 일환으로 국채 손실률 50%를 적용한 민간채권단의 그리스 국채 교환(Private Sector Involvement, 이하 'PSI') 협상이 진행되었다. Poštová banka는 민간채권단 협상단의 일원으로 참여하지 않았다.[8]

2012년 2월 23일 그리스 의회는 Greek Bondholder Act를 시행하면서 일정 수 이상의 국채 소지자들이 동의(원금 총액의 과반수의 참여, 3분의 2 이상의 동의)하면 모든 채권자들에 대하여 구속력을 발휘하는 권리변동(국채 교환)이 가능하다고 규정하였는데, 본 사건의 5개 그리스 국채는 위 법률의 적용 대상에 포함되었다.

Poštová banka 경영진은 채무경감 조건에 부동의하여 클리어스트

---

6 'Primary Dealers'는 그리스 국채를 발행받은 22개 주요 기관들로 Participants와 2차 시장 간 중개인 역할을 하는바, 번역으로 인한 오해를 피하기 위하여 판정문이 사용하고 있는 'Primary Dealers'라는 용어를 그대로 사용하기로 한다.

7 Poštová banka v. Greece, para. 53.

8 Poštová banka v. Greece, para. 65.

림(Clearstream)을 통하여 국채교환에 반대하였으나, 2012년 3월 투표에 참여한 채권단의 94.23%가 국채교환에 동의하면서 Poštová banka는 새로운 증권을 발행받았고, 기존 계좌의 국채는 Greek Bondholder Act에 따라 회수되었다. Poštová banka의 대주주인 Istrokapital은 2011년 12월 체코 법에 의해 설립된 J&T Finance와 2번의 채권양도계약을 통하여(단, 인수대금에 미치지 못하는 금액을 J&T Finance가 상환받게 되면 이를 Istrokapital이 보전해 주는 것을 조건으로) 자신이 보유한 주식을 양도하였다.[9]

3. 쟁점

1) 당사자들의 주장

(1) 피청구인의 주장

▶Poštová banka의 투자는 보호 대상이 아님

피청구인은 물적 관할이 인정되기 위해서는 BIT와 ICSID 협약상 '투자' 요건을 동시에 충족시켜야 하는바, Poštová banka가 보유한 그리스 국채는 그리스-슬로바키아 BIT 제1조 제1항에서 보호하는 투자가 아니며 ICSID 협약 제25조 제1항에서 규정하는 투자에도 해당하지 않는다고 주장하였다.

우선 피청구인은 청구인들이 그리스 국채 그 자체의 소유권과 동 국채에 대한 이익(interests)을 근본적으로 혼동하고 있다는 점을 지적하는데, Participant 자격이 없는 청구인들은 처음부터 그리스 국채 그 자체를

9 Poštová banka v. Greece, paras. 83-84.

소유한 바 없고 단지 2차 시장에서 이를 취득한 제3자로서, 그리스 정부와는 직접적 계약관계(contractual privity)가 없다는 점을 강조하였다.[10]

그리스-슬로바키아 BIT 제1조 제1항은 조약법에 관한 비엔나협약(Vienna Convention on the Law of Treaties, 이하 '비엔나협약') 제31조 제1항[11]에 따라 그 문언의 일상적 의미, 문맥, 체결 목적과 의도에 따라 해석되어야 하는데, 본 BIT에는 회사채(corporate bonds) 외에 달리 국채(sovereign bonds)를 명시적으로 규정한 바 없고, 대출(loan)은 일반적으로 사적 계약관계를 내포하고 특정 사업과 결부되므로, 결국 BIT 당사국은 국채에 대해서는 BIT상의 보호를 제공할 의도가 없었다고 보아야 한다고 주장하였다.[12]

다음으로 피청구인은 ICSID 협약 제25조 제1항은 일정한 객관적(objective) 의미를 가지고, 이는 양 당사자가 합의로 그 의미를 확대하거나 축소할 수 없는데, 다수의 중재판정례들에 의하여 그 요건은 (1) 금전 등 자산의 출자(a contribution in money or other assets), (2) 상당한 기간(a certain duration), (3) 위험의 요소(an element of risk), (4) 투자유치국의 발전에 대한 기여(a contribution to the host state's development)[13]로 이해되고 있다는 전제

10 Poštová banka v. Greece, para. 95.

11 "A treaty shall be interpreted in good faith in accordance with **the ordinary meaning to be given to the terms of the treaty in their context and in the light of its object and purpose**."(이하 굵은 글씨 강조는 모두 필자)

12 Poštová banka v. Greece, para. 101.

13 Salini v. Morocco 판정(Salini Costruttori S.p.A. and Italstrade S.p.A. v. Kingdom of Morocco, ICSID Case No. ARB/00/4, Decision on Jurisdiction [2001. 7. 23.])에서 최초로 ICSID 협약상 '투자' 요건의 객관적 의미에 대해서 다룬 바, 본 네가지 요건은 이른바 '살리니 기준'으로서 이후 중재판정례들에서 광범위하게 활용된다. 다만 네 번째 요건인 '투자유치국의 발전에 대한 기여'는 ICSID 협약 서문(Preamble)에 근거한 요건으로, 투자의 경제적 의미 내지 객관적 정의라기보다는

아래 이 요건들을 검토하였다.

우선 Poštová banka는 그리스 국채에 대한 이익을 취득하면서 그리스 경제 발전에 어떠한 기여도 한 적이 없으며, 실제로 위 거래는 2차 시장에서 이루어진 것으로 그리스 본국으로의 자금 이동이 전혀 없었다는 점에서(국채 발행 단계에서 Primary Dealers가 이를 인수할 때 자금 이동이 있었을 뿐이다) 그리스에 대한 자산 출자가 있었다고 볼 수도 없다고 지적한다. 또한 그리스 국채의 취득은 단순한 상업적 거래일 뿐 투자위험을 수반하는 투자가 아니며,[14] 청구인은 언제든지 2차 시장에서 그리스 국채를 재차 양도할 수 있었고, 실제 그러한 단기 시세차익을 의도하고 국채를 취득하였다는 점에서 상당 기간 지속된 투자도 아니라고 주장하였다.[15]

마지막으로 피청구인은 위 투자는 그리스-슬로바키아 BIT에서 요구하는 '영토적 견련관계(territorial nexus)'[16]도 결여되었다고 주장하는바, 국채 이익 관련 2차 시장에서의 거래는 그리스 본국에 대한 자금 유입을 수반하지 않았고, 실제 Poštová banka의 국채 이익은 룩셈부르크에 위치하고 룩셈부르크 법에 의해 설립된 클리어스트림 계좌에 예탁되었

'본안(merits)'의 요건이라는 견해, 나머지 세가지 요건에 내포된 의미라는 견해 등이 있어 이를 나머지 세 요건과 대등하게 병렬적인 요건으로 볼 것인지에 대해서는 중재판정 간 견해가 나뉜다. Emmanuel Gaillard & Yas Banifatemi, "The Long March towards a Jurisprudence Constante on the Notion of Investment." in Meg Kinnear et. al. (eds.), *Building International Law: The First 50 Years of ICSID* (Wolters Kluwer, 2016), pp. 117-119 참고.

14 투자위험은 일방의 채무불이행으로 일상적으로 발생할 수 있는 '상업적 위험(commercial risk)'이 아니며, '운영상 위험(operational risk)'으로서 쌍방이 채무를 모두 이행하더라도 발생할 수 있는 수익구조에 대한 위험을 의미하기 때문이다.

15 Poštová banka v. Greece, paras. 103-109.

16 ICSID 협약 및 그리스-슬로바키아 BIT 전문 등에서 투자 유치국 내의 영토에 발생한 투자 일 것을 규정하고 있다.

기 때문에 그리스와의 영토적 관련성이 없다고 주장하였다. 즉, Poštová banka는 그리스 국채 최초 발행 단계에 개입한 바 없고, 2차 시장에서의 거래를 통하여 지불한 국채 대가에 대해서는 그리스 정부가 직접 금전적 수혜를 받은 것이 아니므로 그리스와 무관한 투자라고 주장한 것이다.[17]

▶Istrokapital의 투자는 보호 대상이 아님

피청구인은 Istrokapital의 청구에 대해서는, 주주와 회사는 근본적으로 다른 법인격을 가지고, 주주는 회사의 주식에 대해서만 권리를 가질 뿐 자신이 주주인 회사의 자산에 대해서는 직접적인 권리를 행사할 수 없으므로 보호되는 투자가 아니라고 주장하였다. 즉 회사의 주주가 회사의 중대한 의사결정 과정에 참여할 수 있는 것은 맞지만, 주주는 주식 가치의 하락에 대한 손해와 별개로 회사의 자산 그 자체의 손실에 대해서는 직접적으로 청구할 권리가 없으므로 Istrokapital은 그리스-키프로스 BIT상의 보호를 주장할 수 없다는 논지다.[18]

또한 Istrokapital의 투자가 보호되려면 Poštová banka의 주식이 그리스-키프로스 BIT상 보호되며 그리스 국채에 대한 일련의 조치가 Istropkapital의 주식 가치를 해하였다는 점을 Istrokapital이 입증해야 하는데, Poštová banka의 투자는 그리스와 영토적 관련성이 없으며 애당초 그리스 국채는 '투자'의 요소를 구비하지 못했으므로 Istropkapital의 투자는 그리스-키프로스 BIT의 보호 대상이 될 수 없다고 주장하였다.[19]

17 Poštová banka v. Greece, paras. 110-112.

18 Poštová banka v. Greece, para. 125.

19 Poštová banka v. Greece, para. 122.

(2) 청구인의 주장

▶Poštová banka의 투자는 보호 대상에 해당

청구인들은 그리스 국채는 그리스-슬로바키아 BIT 제1조 제1항(c)하의 그리스 정부에 대한 "대출(loan), 금전청구권(claim to money) 또는 경제적 가치를 가지는 계약상 이행청구권(right to performance under a contract having financial value)"에 해당하며, 그리스-키프로스 제1조 제1항(c)하의 "경제적 가치를 가지는 계약 상의, 그리고 금전청구권과 결부된 자산(assets comprising monetary claims and contractual claims with economic value)"에 해당하므로 중재판정부의 물적 관할이 미친다고 주장하였다.[20]

청구인들은 피청구인이 비엔나협약에 의한 해석을 시도하면서, 양 당사자의 의도에 따라 부여된 용어의 특별한 의미(비엔나협약 제31조 제4항)를 간과하고 있다고 주장하였다. 따라서 용어의 제한적인 .사전적 의미보다는 양 당사자가 BIT를 체결한 의도, 목적에 비추어 용어를 해석해야 하는바, 그리스-슬로바키아 BIT는 기본적으로 '모든 종류의 투자(every kind of asset)'가 보호 대상이라는 전제하에 별다른 제한(limitations)을 두고 있지 않고 단순히 이에 해당하는 예시를 열거하고 있을 뿐이므로, 다른 제한 규정이 없는 이상 투자의 범위를 광범위하게 인정하고 있다고 보았다. 결국 국채를 달리 예시로 열거하지 않은 이유는 국채는 금전·계약상 청구권의 일종으로 해석할 수 있기 때문이며, 피청구인이 주장하듯이 '국채'와 '국채 이익(interests)' 또는 '국채'와 '대출(loan)'은 서로 다른 개념이 아니라고 강조하였다.[21]

영토적 견련관계에 대해서는 우선 그리스-슬로바키아 BIT에서 국

---

20 Poštová banka v. Greece, para. 127.

21 Poštová banka v. Greece, paras. 128–130.

채 발행으로 조성된 기금을 그리스 내 특정 사업을 위해 사용할 것을 규정하고 있지 않으며, 그리스 정부의 처분하에 자금(fund)을 그리스 경제 발전을 위해 사용할 수 있었다는 점만으로 충분하다고 주장하였다. 특히 그리스 국채는 그리스 중앙은행(Bank of Greece)에 위치하고 있으며, '국채의 발행'과 '2차 시장에서의 매매'는 함께 하나의 투자를 구성하는 것이므로, 이를 분리하여 영토적 견련성을 검토하는 것은 무의미하다고 강조하였다.[22]

청구인들은 ICSID 협약의 의미에 대해서는, 그리스-슬로바키아 BIT의 더 제한적인 요건을 충족하는 이상 ICSID 협약상 투자 요건이 관할 인정에 장애가 되어서는 안 된다는 입장[23]을 취하면서도, 설령 ICSID 협약상의 객관적(objective) 요건들을 검토하더라도 그리스 국채는 투자의 요건을 모두 구비했다고 주장하였다.[24] 즉, 청구인들은 일명 "Salini criteria"의 요건들은 BIT나 ICSID 협약상 직접 규정된 요건들도 아니고, 실제 BIT 체결 당시에 보호를 의도한 투자들을 보호 대상에서 배제할 수 있어 그 중요성을 부인하면서도, 예비적으로 Salini criteria 충족 여부를 검토하였다.

우선 Poštová banka는 그리스 국채를 취득하기 위하여 약 5억 유로의 자금을 투입하였으며, 투자유치국의 개입 등 일반적인 상업적 위험을 넘어서는 위험을 인수하였고(특히 '운영상 위험'이 필요하다는 점은 그리스-슬로바키아 BIT의 문언에 없다), 국채 발행을 통하여 투자유치국은 정부

22 Poštová banka v. Greece, paras. 140-141.

23 BIT상 투자의 요소를 갖춘 이상 ICSID 협약상 투자 요건은 달성되었다고 본다는 점에서, 이는 ICSID 협약상 투자 요건에 대하여 '주관적 접근(subjective approach)'을 취한 것으로 보인다(이 글 25면의 "(2): 중재판정부의 판단"에서 후술할 것이다).

24 Poštová banka v. Greece, para. 144.

기금을 조성할 수 있었기 때문에 그리스 경제에 기여했다(따라서 일반적인 정부기금 조성 목적의 국채와 특정 사업을 수행하기 위한 목적의 국채 사이에 차이가 없다)고 주장하였다. 또한 투자로 인정되기 위한 '기간'에 대해서는, 이는 계약에 명시된 기간을 기준으로 인정되는 것으로서 청구인들의 국채 취득 의도 또는 국채 보유 기간에 의해 결정되는 것이 아니고 설령 국채를 양도하였다고 하더라도 투자유치국이 받는 이익이 사라지는 것은 아니므로 기간이 문제 되지 않는다고 주장하였다.[25]

따라서 Poštová banka는 그리스-슬로바키아 BIT상의 '투자'에 해당하고, 설령 ICSID 협약상 투자의 일반적 요건들을 검토하더라도 투자에 해당한다는 점이 명백하므로, 중재판정부의 물적 관할이 미친다고 주장하였다.

▶**Istrokapital의 투자는 보호 대상에 해당**

청구인들은 Istrokapital은 Poštová banka의 주주로서 Poštová banka의 자산에 대한 '간접투자(indirect investment)'를 한 것이며, 이는 그리스-키프로스 제1조 제1항(c)의 '투자'에 해당한다고 주장하였다.[26] 제3국가의 자회사 내지 중개회사를 통한 주주의 간접투자에 대하여는 중재판정례들이 일관되게 관할을 인정해 왔고, '주식'과 '회사 자산'의 구별이 중요하다기보다는 그리스-키프로스 BIT에서 간접적인 경제적 이익도 투자의 일종으로 포함하고 있다는 점이 의미 있는 것이므로 Istrokapital의 간접투자는 보호되어야 한다고 주장하였다.

---

25 Poštová banka v. Greece, paras. 146-147.

26 Poštová banka v. Greece, paras. 149-152.

2) 법률적 쟁점 및 중재판정부의 판단

(1) 법률적 쟁점

▶물적 관할(*ratione materiae*) 존재 여부

이 사건에서는 피청구인 측 관할 항변에 따라 '물적 관할'의 존재 여부가 주로 문제 되었는바, (1) Poštová banka의 투자자 그리스-슬로바키아 BIT 및 ICSID 협약에 따라 보호되는 투자인지, (2) Istrokapital의 투자가 그리스-키프로스 BIT 및 ICSID 협약에 따라 보호되는 투자인지 여부가 문제 되었다.

▶기타 쟁점

이 밖에 시적 관할(*ratione temporis*) 항변 및 절차남용(abuse of process) 주장, 인적 관할(*ratione personae*) 항변, 포괄적 보호조항(umbrella clause, 우산조항)에 기한 주장 등이 쟁점이 되었으나, 이하에서는 투자의 정의를 둘러싼 물적 관할과 관련된 양측 주장 및 중재판정부 판단을 중심으로 살펴보기로 한다.

(2) 중재판정부의 판단[27]

▶Istrokapital의 투자가 그리스–키프로스 BIT의 보호 대상인지 여부

중재판정부는 Poštová banka의 주주인 Istrokapital은 회사 자산(assets)에 대하여 직접 권리를 청구할 당사자적격이 없다고 판단하였다. 즉, 국

27 중재판정부는 먼저 (1) 본 사건이 그리스-키프로스 BIT 및 그리스-슬로바키아 BIT의 '투자' 개념에 해당하는지 여부를 판단한 후, (2) 만일 ICSID 협약상 '투자'에 해당하는지 별도의 요건으로서 고려할 필요성이 있다면 ICSID 협약상 투자의 고유의(inherent) 요건을 충족하는지 여부를 판단하였다.

제법상 '주주'는 '회사'와 엄연히 분리되는 주체로서 별개의 법인격을 가지고,[28] 회사는 자신의 자산을 스스로 보호할 수 있는 역량이 있는바, 청구인들은 이러한 일반 원칙에서 벗어나 주주인 Istrokapital의 권리를 특별히 보호할 필요성이 있음을 전혀 증명하지 못하였다고 보았다.

또한 회사의 '자산'에 대한 직접적인 피해를 주장하는 것과 그 자산의 피해로 인해 '주식 가치(value of shares)'의 하락이 있었다는 점은 구분되어야 한다면서, 주주가 직접 회사를 대리하여 회사의 자산에 대한 소유권을 근거로 피해에 대한 보상을 구할 수는 없다고 판단하였다.[29]

특히 청구인들이 반박서면에서 "Istrokapital의 보호되는 투자는 그리스 국채에 대한 간접투자 그 자체이고, Poštová banka에 대하여 가지는 주식이 아니"라고[30] 명시적으로 언급한 만큼 Istrokapital은 주식 가치의 손실을 피해로 주장한 것이 아니므로, 결국 그리스-키프로스 BIT의 보호 대상인 '투자'에 해당하지 않는다고 판시하였다.

▶Poštová banka의 투자가 그리스-슬로바키아 BIT의 보호 대상인지 여부

Greece - Slovakia BIT Article 1

1. "Investment" means every kind of asset and in particular, though not exclusively includes:
   a) movable and immovable property and any other property rights such as mortgages, liens or pledges

---

28 HICEE B.V. v. Slovak Republic, UNCITRAL, PCA Case No. 2009-11, Partial Award (2011. 5. 23.), para. 147.

29 ST-AD GmbH v. Republic of Bulgaria, UNCITRAL, PCA Case No. 2011-06, Award on Jurisdiction (2013. 7. 18.), para. 282 등.

30 Claimant's Counter-Memorial on Jurisdiction, para. 138, Poštová banka v. Greece, para. 246에서 재인용.

b) shares in and stock and debentures of a company and any other form of participation in a company

c) loans, claims to money or to any performance under contract having a financial value

d) intellectual property rights, goodwill, technical processes and know-how, business concessions conferred by law or under contract, including concessions to search for, cultivate, extract or exploit natural resources

그리스-슬로바키아 BIT 제1조

1. '투자'라 함은 모든 형태의 자산을 말하며 아래에 국한되는 것은 아니나 특히 아래의 것을 포함한다.

a) 동산, 부동산 및 저당권, 유치권, 질권 등 기타 재산권

b) 지분, 주식, 증권 및 그 밖의 회사에 대한 다른 모든 형태의 참여

c) 대출, 금전 청구권 또는 경제적 가치를 지닌 모든 행위에 대한 계약상의 청구권

d) 지식 재산권, 영업권, 기술공정, 노하우, 자연자원의 탐사·추출·개간 또는 개발을 위한 권리를 포함하여 법 또는 계약에 의하여 부여되는 모든 권리

우선 그리스-슬로바키아 BIT 제1조의 의미와 관련하여 중재판정부는 "모든 형태의 자산(every kind of asset)"이라는 표현이 있다고 하여 본 BIT가 모든 종류의 투자를 무제한적으로 허용하는 광범위한 규정이라거나, 반드시 명시적으로 특정 투자를 배제하는 문언이 있어야 그러한 투자자 보호 대상에서 벗어나는 것은 아니라고 보면서, 당사자의 의도 또는 조약의 목적을 벗어나는 새로운 형태의 투자를 중재판정부가 인정할 권한이 없다고 보았다(비엔나협약 제31조 제1항 참고).[31] 특히 본 조항은 "그리고 특히(and in particular)"라는 표현을 사용하여 투자의 종류

를 제한하고 있는 동시에, "국한되는 것은 아니나(though not exclusively includes)"라는 표현을 사용하여 그러한 제한이 절대적인 것은 아니라고 다시 열린 해석의 여지를 두고 있는바, 중재판정부는 '투자'에 해당하는지 여부를 판단함에 있어 열거적인 형태의 투자 종류와 개방적 형태의 투자에 대한 정의를 조화할 필요가 있다고 보았다.[32]

구체적으로 그리스-슬로바키아 BIT 제1조 제1항(c)는 "loans, claims to money or to any performance under contract having a financial value"라고 규정할 뿐, 아르헨티나-이탈리아 제1조 제1항(c)와 같이 "obligations, private or public titles or any other right to performances or services having economic value, including capitalized revenues"와 같은 규정이 없으므로, Abaclat v. Argentina 또는 Ambiente Ufficio v. Argentina 판정과 달리 '국채(bond)'를 '투자'로 해석할 근거가 부족하다고 설시하였다. 즉, 국채는 일반적으로 국가의 의무(obligation) 또는 공적 권리(public title)로 볼 수 있는 만큼, 이러한 형태의 문언 없이 BIT에 단순히 대출(loan) 및 금전 청구권(claims to money)이라고 규정하였다면 그러한 투자에 국채가 포함될 수는 없다고 판시한 것이다.[33]

"투자자의 투자를 위한 우호적 환경을 조성"해야 한다는 그리스-슬로바키아 BIT의 목적을 고려해야 한다는 청구인들의 주장에 대하여 중재판정부는 이러한 목적만으로 조약을 반드시 투자자에게 우호적으로 해석해야 한다거나, 투자를 보호하는 것이 조약의 유일한 목적인 것은 아니라고 하면서, BIT의 서문(Preamble) 부분은 어디까지나 "BIT의 문언에 기초하여(on the basis of the present Agreement)" 해석해야 한다고 판

31 Poštová banka v. Greece, paras. 287-288.

32 Poštová banka v. Greece, paras. 313-315.

33 Poštová banka v. Greece, paras. 305-308.

시하였다.[34] 따라서 단순히 서문만을 근거로 BIT의 문언해석을 벗어나는 특별한 보호를 청구인들이 요구할 수는 없다고 보았다.

또한 중재판정부는 그리스 국채가 결국 국가 부채(sovereign debt)에 해당하는데, 이는 기본적으로 정부의 통화정책 또는 경제정책에 좌우되고, 당시의 사회·경제적 정책에 따라 엄격한 규제 대상이 되는 등 큰 영향을 받으므로, 개인의 사적 부채나 회사채와 동일시될 수는 없다고 보았다.[35] 실제로 그리스 국채는 2차 시장에서 활발히 거래되고, 그 과정에서 국가에 대해 채권자 변동을 고지할 의무가 없다는 점에서 사적 부채와는 차이가 있다고 판단하였다. 그리스-슬로바키아 BIT 제1조 제1항(b)는 유일하게 채권과 직접 관련되는 조항이나, 본 조항은 회사채만을 언급할 뿐("shares in and stock and debentures of a company"), 국가 부채 일반에 관한 규정이 아니라는 점에서 이를 근거로 국채가 투자에 포함된다고 해석할 수 없다고 보았다.[36]

추가적으로 그리스-슬로바키아 BIT 제1조 제1항(c)는 '대출(loan)'을 투자의 한 유형으로 규정하고 있으나, 일반적으로 대출은 대주와 차주 간의 사적 계약관계(contractual privity)를 내포하는 반면에 국채는 이러한 계약관계를 포함하고 있지 않는다는 점에서[37] 차이가 있으므로 제1조 제1항(c)상 '투자'에도 해당하지 않는다고 보았다. 즉, Poštová banka는 그리스 국채를 취득하면서 룩셈부르크에 소재한 클리어스트림과의 계약을 통해 계좌에 예탁하였고, 다시 별도의 채권양도 계약

34 Poštová banka v. Greece, para. 310.

35 Poštová banka v. Greece, para. 324.

36 Poštová banka v. Greece, paras. 333-335.

37 국채 수지자와 최종 채무자(국가)와 사적 계약관계가 있는 것이 아니라, 최초 국채 발행 시 Participants와 Primary Dealers의 거래관계가 있을 뿐이다.

을 통하여 이를 J&T Finance 등 제3자에게 양도하였는바, 이는 예컨대 Poštová banka가 그리스에게 일정 금원을 대여한 경우와 달리 그리스와 직접 계약관계를 맺지 않고 자유롭게 제3자에게 권리 양도가능(tradability)하다는 점에서 근본적인 차이가 있다.[38]

또한 중재판정부는 그리스-슬로바키아 BIT 제1조 제1항(c)조에서 의미하는 '금전청구권(claims to money)'은 "claims to money or to any performance under contract having a financial value"라고 규정하고 있는 점에 비추어, '사적 계약관계'에 기한 금전청구권만을 의도하고 있다고 판시하였다. 그런데 본 사건에서 그리스는 국채 발행과 관련하여 오로지 Participants와 Primary Dealers와 계약관계에 있었을 뿐, Poštová banka와는 직접적 계약관계가 없었으므로(Poštová banka는 클리어스트림과의 거래 등을 통해 국채에 관한 이익을 취득하였다) 본 조항에서 의미하는 금전청구권을 지니고 있다고 볼 수 없는 것이다.[39] 물론 그리스 정부가 이자나 원금 등을 그리스 중앙은행에 상환하지 못하는 경우에는 Law 2198 of 1994[40]에 따라서 그리스 정부를 상대로 권리를 행사하는 것이 예외적으로 가능하나, 이 역시 Poštová banka와 그리스 정부 간 직접적인 계약관계에 기한 금전청구권이 아니라는 점에서 제1조 제1항(c)에서 의미하는 '금전청구권'에 포섭될 수는 없다고 보았다.

결국 (1) '회사채(debentures of a company)'라는 용어에 비추어 그리

38 Poštová banka v. Greece, paras. 337-339.

39 Poštová banka v. Greece, paras. 341-344.

40 Article 8.2 of Law 2198 of 1994: "the third party who acquires a security has a claim on his Security only against the Participant keeping his investor account. If the Greek government has not fulfilled its obligations under paragraph 6 of the present Article, the investor has claim arising from the Security only against the Greek Government."

스-슬로바키아 BIT 제1조 제1항(b)는 국가 부채를 염두에 둔 조항이 아니며, (2) 국채는 대출과 근본적인 차이가 있을 뿐만 아니라 BIT 제1조 제1항(c)에는 공적 부채를 암시하는 다른 문언('의무' 또는 '공적 권리' 등)이 전무하다는 점, (3) Poštová banka는 그리스 정부와 직접적인 계약관계를 맺지 아니한 점 등에 비추어 BIT 제1조 제1항(c)의 '대출' 또는 '금전청구권'에도 해당할 수 없다.

중재판정부는 따라서 청구인들은 그리스-키프로스 BIT 제1조 제1항(c) 및 그리스-슬로바키아 BIT 제1조 제1항(c)에서 규정하는 '투자'의 요건을 충족하지 아니하므로 물적 관할(jurisdiction *ratione materiae*)이 부정되며, 인적 관할 항변, 시적 관할 항변, 절차남용 주장 및 포괄적 보호조항(umbrella clause, 우산조항)에 기한 관할 항변이 정당한지 여부를 더 나아가 살펴볼 필요가 없다고 판시하였다.

▶ICSID 협약상 '투자'와의 관계

① ICSID 협약상의 투자에 해당하는지 여부에 대해서는 판단할 필요가 없음[41]

중재판정부는 ICSID 협약 제25조 제1항상 '투자' 요건의 검토가 필요한지 여부에 대해서는 그 필요성을 부정하였다. 일반적으로 ICSID 협약 제25조 제1항은 '투자'를 명시적으로 규정하고 있지 않아,[42] 투자

---

41 Poštová banka v. Greece, paras. 351-359 참고.

42 Convention on the Settlement of Investment Disputes Between States and Nationals of Other States (International Centre for Settlement of Investment Disputes [ICSID]) 575 UNTS 159 Article 25(1): "The jurisdiction of the Centre shall extend to any legal dispute arising directly out of an investment, between a Contracting State (or any constituent subdivision or agency of a Contracting State designated to the Centre by that State) and a national of another Contracting State, which the parties to the dispute consent in writing to submit to the Centre. When the parties

의 의미 및 BIT상 투자 개념과의 관계가 문제 된다. 예컨대 특정 투자자가 BIT상 열거된 투자의 일종에 해당하나 ICSID 협약상 간접적으로 도출되는 투자 요건을 충족시키지 못하는 경우가 문제 될 수 있다.[43] 이른바 '객관적 접근(objective approach)'을 취하는 판정례들[44]에서는 ICSID 협약상 '투자'는 동 협약의 목적과 의도에 비추어 일정한 객관적 요건(test)을 충족시켜야 한다고 보아, 투자란 (1) 금전 등 자산의 출자(a contribution in money or other assets), (2) 상당한 기간(a certain duration), (3) 위험의 요소(an element of risk), (4) 투자유치국의 발전에 대한 기여(a contribution to the host state's development)를 수반한다고 판단하였다.[45]

한편 다른 중재판정들[46]은 이른바 '주관적 접근(subjective approach)'을 취하여 ICSID 협약에서 의도적으로 '투자'를 정의하고 있지 않는 이상 그 구체적인 의미는 양 당사국이 체결한 BIT의 문언에 의존해야 한다고 보면서, 양 당사국의 동의에 기초한 BIT 문언이 '투자'의 의미를 가장 잘 나타내는 것이라고 판시하기도 하였다.

---

have given their consent, no party may withdraw its consent unilaterally."

43 Jeswald W. Salacuse, *The Law of Investment Treaties* (The Oxford International Law Library, 2015), 174-175.

44 "A definition included in a BIT being based on a test agreed between two States cannot set aside the definition of the ICSID Convention, which is a multilateral agreement."(Phoenix Action Ltd. v. the Czech Republic, ICSID Case No. ARB/06/5, Award [2009. 4. 15.], para. 96)

45 이른바 'Salini test'의 요건으로, 다만 "투자유치국의 발전에 대한 기여" 요건의 포함 여부에 대해서는 중재판정례 사이에 견해가 불일치한다.

46 "It follows that an important element in determining whether a dispute qualifies as an investment under the Convention in any given case is the specific consent given by the parties."(Ceskoslovenska Obchodni Banka, A.S. ('CSOB') v. The Slovak Republic, ICSID Case No. ARB/97/4, Decision of the Tribunal on Objections to Jurisdiction [1999. 5. 24.], para. 66)

중재판정부는 Poštová banka가 보유한 그리스 국채는 처음부터 BIT상 '투자'에 해당하지 않는다고 보고 있는 만큼, '객관적 접근'과 '주관적 접근' 사이에서 특정 입장을 선택할 필요성은 없다고 판단하였다.[47] 즉, 주관적 접근에 의하면 그리스 국채는 양 당사국의 합치된 의사가 반영된 BIT에 명백히 반하는 투자이며, 객관적 접근에 의하더라도 BIT상의 투자자 아닌 이상 ICSID 협약상 투자에 해당하는지 여부는 더 나아가 판단할 필요 없이 부정되는 것이므로(객관적 접근은 BIT상의 투자에 해당하더라도, ICSID 협약상 투자에 해당하지 않으면 물적 관할을 부정하는 소극적 해석 방식이므로), 본 사건의 쟁점이 아니라고 판단하였다.

② 예비적 검토: 객관적 접근을 취하더라도 ICSID 협약상의 '투자' 요건이 충족되지 않음[48]

다만 중재판정부는 양 당사자가 상당한 분량을 할애하여 ICSID 협약상의 '투자'에 해당하는지 여부에 대한 공방을 벌이고 있는 만큼, 가정적으로 객관적 접근에 따랐을 경우를 상정하여 투자의 요건 충족 여부를 분석하고 있는바, 중재판정부 다수의견[49]은 설사 경제적 출자(contribution), 기간(duration), 위험(risk)의 객관적 요건을 고려하더라도 청구인들의 투자는 ICSID 협약의 보호 대상인 '투자'가 아니라는 것이었다.

47 Poštová banka v. Greece, para. 359.

48 Poštová banka v. Greece, paras. 360-371.

49 한편 중재인 John M. Townsend는 다수의견의 이 부분 논리 또는 결론에 동의하지 않는다는 입장을 주석에 기재하였으나, 별도의 의견은 언급하지 않았다(Poštová banka v. Greece, paras. 360-371, 각주 504).

②-1 경제적 출자(contribution to an economic venture) 여부

우선 중재판정부는 청구인들이 그리스 국채를 취득하는 데 사용한 매수자금이 그리스 경제생산 활동에 어떻게 기여하였는지 입증하지 않았다고 판단하면서, 사실관계를 고려할 때 국채 발행으로 취득한 자금은 그리스 정부의 예산 운영 목적(주로 국가 부채 상환 목적)으로 사용되었다고 보았다. 즉, '경제적 출자'란 기본적으로 '새로운 가치의 창출(process of creation of value)'을 내포하는 것으로서, 국가 부채 상환 등 일반적인 자금 조성 목적(general funding purposes)으로 발행된 국채는 다른 공익 목적이나 공공 서비스 이용 목적으로 발행된 국채와는 구별되므로, 본 사건의 그리스 국채는 경제적 출자 요건을 충족하지 않는다고 결론 내린 것이다.[50]

②-2 상당 기간(element of duration) 여부

중재판정부는 Poštová banka가 취득한 그리스 국채는 청구인이 상당 기간 보유한 것으로 보아, 위 요건을 충족한다고 보았다.

②-3 투자 위험(investment risk) 여부

마지막으로 위험 요소 여부에 대하여 중재판정부는 '투자 위험'이란 본질적으로 운영상 위험(operational risk)을 의미하는 것으로, 상업적 위험(commercial risk)[51]이나 국가 위험(sovereign risk)[52]과는 구별되는 개념

50 Poštová banka v. Greece, paras. 363-364.

51 차주의 파산 또는 지급불능 상태에 기한 위험(Poštová banka v. Greece, para. 369)을 가리킨다.

52 정부가 계약관계에 개입하는 등의 이유로 국가의 채무 상환이 불가능해지는 위험으로, 반드시 국채에 국한되지 않는다(Poštová banka v. Greece, para. 369).

이라고 보았다.[53] 즉, 운영 위험이란 투자한 경제 사업의 흥망성쇠를 예단하기 어려워 투자이익을 낼 수 있을지 여부가 불확실한 상태를 의미하는 것으로서, 일반적인 의미의 채무불이행 또는 국가의 정책적 개입에 근거한 불특정 위험과는 분명히 구별되는 특성을 지니므로, 그리스 국채는 투자 위험에 해당하지 않는다고 판단하였다.

따라서 중재판정부는 ICSID 협약상 투자의 '객관적 요건'에 비추어 보더라도, 청구인들의 투자는 '투자'의 요소를 갖추지 못하여 물적 관할이 부정된다고 판시하였다.

▶주문

중재판정부는 최종적으로 본 분쟁에 대하여 중재판정부의 물적 관할이 미치지 않는다는 판단하에 청구인들의 모든 청구를 기각하였다. 다만 관할 쟁점이 복잡한 사실·법리판단을 요하는 등 까다로운 측면이 있었고, 양 당사자가 정당하게 각자의 주장을 펼친 만큼 중재비용은 서로 균분하여 부담하고, 기타 법률비용은 각자 부담하라고 판시하였다.

4. 판정의 의의와 시사점

본 사건은 중재판정부가 물적 관할에 대하여 BIT의 투자 요건과 ICSID 협약상 투자 요건의 관계 및 의미를 심도 깊게 다루었다는 점에서 큰 의미를 가지는 판정이다. 결국 '투자'에 해당하기 위해서는 BIT의 문언적 해석이 무엇보다도 중요한바, 중재판정부는 이를 엄격히 해석하여 본

53 Poštová banka v. Greece, paras. 368-370.

BIT에서는 '국채'를 따로 규정하지 않았을 뿐만 아니라, 이를 유추할 수 있는 다른 보충적 문언도 없어 결론적으로 보호 대상이 아니라고 판단하였다.

특히 본 판정은 그리스-키프로스 BIT상 문언이 "모든 종류의 자산(every kind of asset)"이라는 표현을 사용하면서, 그 예로서 정의하는 내용이 한정적인 열거가 아니라 예시적인 열거라는 점을 분명히 하였음에도 불구하고("and in particular, though not exclusively includes") 중재판정부가 이를 한정적으로 해석하였다는 점에서 의의를 가진다. 즉, 단순히 BIT의 문언이 포괄적인 표현을 사용하고 있다고 하여 모든 종류의 투자를 광범위하게 보호하고 있다고 볼 수는 없고, 다시 BIT 세부 조항의 문언(text)에 기초하여 치밀한 해석을 해야 한다는 점을 본 판정에서 보여 주고 있다. 결국 회사채와 국채 간에 근본적인 차이가 있다는 점을 BIT 세부 문언의 관계와 의미를 분석하여 도출하였기 때문이다. 이처럼 BIT상 '투자'의 정의가 표면적으로는 포괄적으로 규정되어 있다고 하더라도, 문언의 구체적인 해석 여하에 따라 그 의미가 제한적으로도 해석될 수 있다는 점을 본 판정은 시사하고 있다.

본 중재판정부는 BIT의 문언에 비추어 그리스 국채는 이미 투자의 요건을 갖추지 못하였다고 판단하였기 때문에, ICSID 협약상의 투자의 개념에 관한 Salini test와의 관계에 대해서는 심층적인 검토를 하지 않았다. Salini test와의 관계에 대해서 주관적 접근, 객관적 접근 중 특정 입장을 지지하지는 않았다. 물적 관할, 즉 투자의 범위를 정립해 놓는 것은 중재판정부가 본안에 대하여 판단하기에 앞서 가장 선행되어야 할 것인데, 유사한 정의 규정을 지닌 BIT에서 투자의 대상적격에 대한 판단이 중재판정부마다 달라진다면 법적 안정성이 크게 흔들릴 수 있다고 본다. 물론 ICSID 협약에서 별도로 투자의 요건을 규정하지 않은 것은 당사자의 사적 자치라는 중재절차의 기본 성격을 감안한 정책적 결단이라고 판단되지만, 투자중재 분야의 발전으로 수많은 중재판정들이 양산되는 상황에서 '투자'의 개념이 판정부마다 다르다면 투자를 장려하고 보호하려는 ICSID 협약의 목적과 이념이 훼손될 수 있을 것이다.

다만 본 판정에서도 볼 수 있듯이 중재판정부 입장에서는 양 당사자가 합의한 BIT상 '투자'의 정의에서 출발하여 투자의 물적 관할을 판단하게 되므로, BIT상의 구체적인 문언이 보호의 범위를 확정함에 있어 무엇보다도 중요하다고 할 것이다. 특히 앞으로도 국채와 같이 BIT 협상 당시 당사자들이 예측하지 못한 투자의 형태가 분쟁 대상이 될 소지가 많은 상황에서, BIT상 투자의 종류를 어떠한 식으로 세밀하고 구체적으로 규정하는지가 피청구인 입장에서 방어의 승패를 가를 수 있는 결정적 요소가 될 것이다. 예컨대 본 판정을 본보기 삼아 국채를 명시적으로 투자의 종류에서 배제하는 식의 방식을 택한다면, BIT 협상 당시 예측할 수 없었던 형태의 분쟁으로 제소를 당하는 상황을 모면할 수 있을 것이다. 국채가 투자협정의 보호 대상이 되는지 여부는 국채발행국의 입장에서는 매우 중요한 의미를 가진다. 이 사건 및 아르헨티나 국채 관련 투자분쟁 사건에서 볼 수 있듯이 국채가 투자분쟁의 대상이 된다면 그것은 국채발행국이 국가 부도가 우려되는 상황에서 국채조건의 변경을 시도한 경우이기 때문이다. 따라서 투자협정에서 보다 신중하고 명확하게 국채의 포함 여부를 명시할 필요가 있다. 반대로 투자자 입장에서도, 본안판단의 기회도 없이 관할을 부정당하는 상황을 모면하기 위해서는 투자자의 국적국이 투자유치국에서 보호받고자 하는 투자의 종류를 보다 분명하고 엄격하게 BIT 문언에 반영할 필요가 있을 것이다.

제2장

간접수용

ADC v. Hungary 사건

이정효[1]

1. 사건의 개요

1) 사건명

ADC Affiliate Ltd. and ADC & ADMC Management Ltd. v. Republic of Hungary, ICSID Case No. ARB/03/16, Award (2006. 10. 2.)(이하 'ADC v. Hungary')

2) 청구의 근거가 된 협정

키프로스-헝가리 BIT(1989. 5. 24. 체결) 및 ICSID 협약에 의하여 절차가 진행되었다.

1 산업통상자원부 행정사무관, 서울대학교 법학전문대학원 박사과정

3) 당사자

(1) 청구인(Claimants)

· ADC Affiliate Ltd.(키프로스 법에 따라 설립된 회사, 이하 'ADC Affiliate')

· ADC & ADMC Management Ltd.(키프로스 법에 따라 설립된 회사, 이하 'ADC & ADMC Management')

(2) 피청구인(Respondent)

· 헝가리(Republic of Hungary)

4) 중재판정부의 구성

· 의장중재인: Allan Philip(덴마크 국적) 사임 후 Neil Kaplan(영국 국적)

· 청구인 지명 중재인: Charles N. Brower(미국 국적)

· 피청구인 지명 중재인: Albert Jan Van Den Berg(네덜란드 국적)

5) 사건의 배경 및 판정요지

청구인은 공항 건설 및 운영을 전담하는 회사(Project Company, 이하 '프로젝트 컴퍼니')의 모회사였다. 프로젝트 컴퍼니를 감독하는 행정기관인 항공교통및공항행정기관(Air Traffic and Airport Administration, 이하 'ATAA')이 법률 및 시행령의 개정에 따라 전면적으로 변경되어 청구인이 소유한 프로젝트 컴퍼니와 ATAA 간의 모든 계약이 무효화되었다. 따라서 청구인은 해당 회사에 대한 투자 및 투자이익에 손해를 입게 되었다. 이에 중재판정부는 국가의 규제할 권한이 국가의 조약이행 의무를 면책하지 않으며, 법률 제·개정에 의한 피청구인의 조치는 BIT를 위반한 불법수용이라고 판시하였다.

6) 절차의 개요

2003. 5. 7.	청구인의 중재신청서(Request for Arbitration) 제출
2003. 7. 17.	ICSID 중재요청 등록
2004. 1. 26.	중재판정부 구성 완료 및 절차 개시
2004. 3. 8.	최초 절차기일(네덜란드 헤이그)
2004. 9. 3.	의장중재인 Allan Philip 건강상의 이유로 사임
2004. 9. 28.	새 의장중재인 Neil Kaplan 선정, 절차 재개
2004. 7. 30.	청구인 서면(Memorial) 제출
2005. 1. 17.	피청구인의 반박서면(Counter-Memorial) 제출
2005. 2. 15.	피청구인의 절차 분리 신청에 대한 중재판정부의 기각 결정
2005. 7. 22.	청구인의 재반박서면(Reply) 제출
2005. 8. 12.	피청구인 측 변호인 Clifford Chance LLP 사임
2005. 9. 29.	피청구인 측 새 변호인 Bodnar Law Firm 선임
2005. 11. 4.	피청구인의 추가 반박서면(Rejoinder) 제출
2005. 12. 11.	청구인의 관할에 대한 재추가 반박서면(Sur-Rejoinder on Jurisdictim) 제출
2006. 1. 17 - 25.	심리기일 진행(영국 런던)
2006. 10. 2.	중재판정부 중재판정

2. 사실관계

1) 공항건설을 위한 논의 및 계약체결

국가 자산인 헝가리의 부다페스트 국제공항(Budapas-Ferihegy International Airport)은 터미널 1과 터미널 2/A로 이루어져 있었다. 해당 국제공항은 교통부 산하 국영기업인 ATAA가 교통부 시행령에 근거하여 사용수익권을 가지고 운영 중이었다.

ATAA는 1992년 공항의 수용인원 확장 및 허브 발전을 위한 계획에 따라 해당 공항의 터미널 2/A의 리노베이션과 터미널 2/B 신설(이하 '공항 건설')과 공항과 인접한 공공도로 및 출입로 설계, 관련 인프라 구축 및 공항시설의 자금 조달, 건설, 리스, 운영 등에 관한 프로젝트(이하 '공항 프로젝트')를 실시하기로 결정하였다. 이에 따라 ATAA는 세 단계에 걸친 입찰을 개시하였고, 캐나다에 설립된 Huang & Danczkay Properties의 자회사인 Airport Development Corporation (ADC)는 1994년 4월 29일 컨소시엄으로서가 아니라 단일 회사로서 제안서를 제출하였다. ATAA는 (1) 터미널 2/A의 레노베이션, (2) 터미널 2/B 신축 및 (3) 터미널 2/A 및 2/B 운영 참여에 관한 사업자로 ADC를 선정하여 공항 프로젝트에 관한 계약서를 체결하였다. 본 계약서는 프로젝트 전반에 대한 기본 골격에 해당하는 마스터계약서(Master Agreement), 당사자의 프로젝트 수행을 위한 프로젝트계약서(Projet Agreement) 및 신용계약서(Credit Agreement)로 구성되어 있었다.

우선 마스터 계약서는 헝가리 법률에 따라 공항 프로젝트만을 목적[2]으로 설립될 회사(프로젝트 컴퍼니) 형식을 명시하였고, 프로젝트 컴퍼니는 1995년 3월 31일 설립되어 ADC가 단독으로 소유하였다. 그 내용은 거래의 필수 조건 및 프로젝트 컴퍼니와 ATAA의 권리와 의무 등 기본적 구조를 명시하고 프로젝트 컴퍼니에게 일정 조건을 전제로 터미널 운영 및 터미널 수익징수권을 부여하는 운영기간 계약서 체결을 포함하였다. 또한 마스터 계약서의 첫 계약기간은 운영 개시일로부터 12년간이고, 일정 조건하에서 6년까지 연장되고, 계약서상의 규정집(Regulatory Framework)에 따라 터미널에서 징수되는 요금을 책정할 수 있었다.

다음으로 마스터계약서에 포함된 프로젝트계약서는 프로젝트의 계약사항을 이행하고, 당사자의 참여 조건 설정 및 프로젝트 컴퍼니의 참여를 규정한 계약서로 1997년 3월 31일에 체결되었다. 약정 내용은 ADC가 프로젝트 컴퍼니에 출자하는 총 자본 중 지분의 66%에 해당하는 자본을 ATAA의 이름으로 출자하고, 그 대가로 프로젝트 컴퍼니에게 렌탈 형식의 약속어음을 받는 것이었다. 또한 ATAA는 프로젝트 컴퍼니로부터 66%의 지분을 획득하면서 프로젝트 컴퍼니에 터미널 운영권을 부여하였다. (따라서 ADC는 여전히 프로젝트 컴퍼니의 34%의 지분과 약속어음을 보유하고 있다고 주장하였다) 약속어음의 렌탈 형식은 ADC와 프로젝트 컴퍼니 간의 운영기간 리스계약서를 체결하여 이행하였다.

마지막으로 신용계약서는 입찰의도와 다르게[3] 일반은행의 채권단과 ADC가 당사자로 정부(대표: 재무장관)가 보증하여 자금을 프로젝트 컴퍼니에게 제공하고, 10년간 리보금리 0.95%로 상환하기로 1997년 2월 27일에 계약을 체결하였다.

---

2 마스터 계약서에 따르면 프로젝트 컴퍼니 설립 목적은 프로젝트 채무자로서 건설 작업의 자금 운용, 전반적 운영 및 자산관리계획 준비, 공사 완료 전 터미널 운영에 관한 준비 작업, 공항운영 개시일 이후 터미널 운영 및 기간만료까지 채무 지급 등이다. 동 회사는 설립 후 14년 동안 유지되고, 1회에 한해 4년 연장 가능하며, 1995년 6월 15일에 1명의 유한책임회사로 1995년 3월 31일부터 법적 효력을 지닌 회사로 등록되었다.

3 ATAA는 ATAA 또는 국영기업이나 타 공공기관이 프로젝트에서 발생한 채무를 보증하지 않을 것을 입찰 시 명시하였고, ADC는 입찰 시 European Bank for Recon-

2) 청구인의 투자

ADC는 프로젝트 컴퍼니로의 자금출자를 용이하게 하고 프로젝트 컴퍼니의 세금혜택을 위해 1997년 2월 키프로스 법에 따라 계열회사인 ADC Affiliate와 ADC & ADMC Management를 설립하였다. ADC Affiliate는 프로젝트 컴퍼니의 회사지분을 모두 구매하여 ADC의 지분, 약속어음 등의 모든 권리와 의무를 ADC Affiliate에 이전하였다. 그에 따라 ADC와 ADC Affiliate는 지분매매계약서와 대출 및 이전 계약서를 1996년 2월에 체결하고, ATAA와 프로젝트 컴퍼니는 상기 양도에 서면 동의하였다. ADC & ADMC Management는 프로젝트 컴퍼니에 공항 프로젝트에 관한 관리 전문가를 제공하고 그 수익의 3%를 대가로 받는 내용의 터미널 관리계약서를 프로젝트 컴퍼니와 1997년 2월에 체결하였다.

3) 프로젝트 컴퍼니의 운영 및 재정

1998년 11월 ATAA와 프로젝트 컴퍼니는 터미널2/B에 대한 인계서(taking-over certificate)에 서명했고, 다음 달인 12월 헝가리에 터미널 2/B의 소유권이 이전되었다. 공항건설 후 프로젝트 컴퍼니의 주요 목적은 운영기간 리스계약서에 명시된 사업운영 의무이행을 하고, 그 사업운영에 따른 수익을 징수하는 것이었다. 총 12년의 운영기간에 대한 재정결과가 포함된 사업계획절차는 운영기간 리스계약서의 일부로서 운영

---

struction and Development (EBRD) 등을 채권자로 하여 2.5% 리보금리로 상환하기로 제안하였다.

초기 프로젝트 컴퍼니의 연간사업계획서의 근거로 제공되었다. 연간사업계획서를 이행하기 위한 절차로 매 운영 연도 전에 ADC & ADMC Management에서 프로젝트 컴퍼니로 파견된 터미널 매니저가 ATAA에 연간사업계획서 초안을 제출하고 지분소유주 총회에서 그 승인을 득하는 것이었다. 이때 1999년부터 2001년까지 각각의 연간사업계획서가 지분소유주 총회에서 승인을 받았다. (2002년 사업계획서가 지분소유주회의에서 승인되지 않았다는 피청구인의 주장이 있었으나, 관련 서류를 통해 승인되었음을 중재판정부가 확인하였다)

프로젝트 컴퍼니는 ADC Affiliate에 두 종류의 배당을 하는데, 하나는 반년마다 약속어음에 따른 지급이고, 다른 하나는 프로젝트 컴퍼니의 이윤에 대한 배당금으로 매년 3월에 지급하는 배당이다. 또한 ADC & ADMC Management에 지급되는 관리비는 반년마다 지급되었고, 세 건의 독립감사보고서(1998, 2000, 2001년)는 그 운영에 문제 없음을 표명하였다.

4) 개정 입법 및 시행령에 따른 조치 후 프로젝트 컴퍼니의 수용

1999년 헝가리는 유럽연합 가입 준비와 항공산업의 현대화 및 항공산업 분야에 대한 국내법과 유럽연합법의 조화 또는 일치를 위해 ATAA의 전면적인 조직변경을 계획하였다. 그 구체적인 내용은 정책결정의 충돌방지 및 재정에 관한 투명성을 보장하기 위해 2002년 1월 31일까지 ATAA를 항공관제 및 통제와 공항운영의 두 기관으로 분리하는 것이었다.

2001년 9월 20일 ATAA는 조직이 분리되어 공항운영을 담당할 Budapest Airport Rt(이하 'BA Rt')와 항공관제 및 통제를 담당할 Hungaro Control이 설립되었다. 이에 맞추어 2001년 12월 20일 교통부는 시행령(No. 45/2001([XII.20])) 및 교통 관련 법률 개정에 따른 항공교통법(이하 '개정법률')을 제·개정[4]하기로 하여 해당 개정 조문의 정당성에 대한 '논거(reasoning)'를 소개하였다.[5]

2001년 12월 18일 헝가리 의회는 해당 법령을 통과시켰고, 3일 후 프로젝트 컴퍼니의 터미널 책임자가 그 법령 발효 사실을 알게 되었다. 2002년 1월 1일 개정법률, 시행령 및 그에 따른 조치로 ATAA가 제3자와 체결한 모든 계약은 무효가 되어 프로젝트 컴퍼니는 더 이상 터미널 운영 및 수익징수 권한을 행사할 수 없게 되었다. 또한 ADC Affiliate는 2001년 수익에 대한 배당금 및 지분에 대한 배당과 프로젝트 컴퍼니의 약속어음에 따른 지급을 받지 못했고, 2001년 2분기에 대한 관리비를 포함하여 프로젝트 컴퍼니로부터 ADC & ADMC Management에 지급되던 관리비도 지급이 중지되었다.

시행령 개정 이후(2001년 이후) 공항이용 승객의 수는 실질적으로 증가하여 유럽 내 공항이용 승객 수의 평균 성장률의 세 배를 기록했고, 2004년부터 2008년까지 전 세계에서 세 번째로 빠르게 급성장하는 공항이 될 거라는 관측이 있었다. 2005년 6월 1일 정부는 공항을 민영화하기 위해 항공교통법 제45조 제1항을 개정하여, BA Rt 산하에서 프로젝트 컴퍼니의 후임 격인 Budapest Ferihegy International Airport Management의 지분 과반수를 외국 기업이 소유하도록 하였다. 이에 영

---

4 교통 관련 개정법률의 제19조는 항공교통법 제45조의 개정 등을 명시하고, 항공교통법 제45조 제5항은 시행령 제1조 제5항에서 명시한 "ATAA 또는 그 후임자는 프로젝트 컴퍼니 및 터미널 책임자가 이전에 수행한 활동(프로젝트 컴퍼니의 활동)을 제3자에게 이전하는 것을 금하는 내용"을 명시한다.

5 그 내용은 "시행령 제1조에 열거된 활동들은 부다페스트 국제공항의 운영과 발전에 상당한 영향을 끼치므로, […] 양허회사인 기관이 그 활동을 한다면 국가는 이 활동들과 관련한 '전략적 이익(strategic interest)'을 갖는데, 동 조에 언급된 활동이 계약체결로 제3자에게 이전하는 경우 국가의 전략적 요건이 달성될 수 없다"는 것이었다.

국 기업인 BAA international가 입찰에서 최종 선정되어, 2005년 12월 18일 미화 22억 3천만 달러에 헝가리 정부와 민영화 계약 및 75년간 자산관리에 관한 계약을 체결하였다.

3. 쟁점

1) 청구인이 문제 삼은 투자유치국의 조치

청구인은 2001년 교통 관련 법률과 시행령, 그리고 항공교통법의 제·개정 및 그 적용에 의해 투자 대상인 프로젝트 컴퍼니의 운영 및 투자수익권 등이 박탈된 조치가 해당 BIT를 위반한 수용이라고 주장하였다.

2) 청구인의 청구취지

피청구인의 개정법률 및 시행령과 그 적용에 의한 조치에 의해 청구인의 투자와 투자수익을 박탈한 것은 BIT를 위반한 불법수용이므로 그 손해액 산정기준을 국제관습법에 따른 원상회복의 원칙을 적용하여, 수용된 투자 대상의 판정시점에 평가된 시장가치의 금액, 수용된 이후부터 판정일자까지의 투자이익 및 수용에 따른 결과적 손해(consequential damages)에 대한 배상을 청구하였다.

Hungary - Cyprus BIT Article 4

1. Neither Contracting Party shall **take any measures depriving, directly or indirectly**, investors of the other Contracting Party of their investments unless the following conditions are complied with:

(a) the measures are taken in the public interest and under due process of law;

(b) the measures are not discriminatory;

(c) the measures are accompanied by provision for the payment of just compensation.

2. The amount of compensation must correspond to the market value of the expropriated investments at the moment of the expropriation.
3. The amount of this compensation may be estimated according to the laws and regulations of the country where the expropriation is made.
4. The compensation must be paid without undue delay upon completion of the legal expropriation procedure, but not later than three months upon completion of this procedure and shall be transferred in the currency in which the investment is made. In the event of delays beyond the three-months' period, the Contracting Party concerne shall be liable to the payment of interest based on prevailing rates.

헝가리-키프로스 BIT 제4조

1. 어느 체약당사국도, 아래 조건에 부합되지 아니하는 한, 직접 또는 간접적으로 타방 체약당사국 투자자의 투자를 박탈하는 조치를 취하여서는 아니 된다.

(a) 동 조치는 공익을 위하여 정당한 법 절차에 따라 행하여져야 한다.

(b) 동 조치는 차별적이어서는 아니 된다.

(c) 동 조치는 정당한 보상 지불의 제공이 수반되어야 한다.

2. 보상 액수는 투자 시점에 수용된 투자의 시장가치에 상당하여야 한다.
3. 보상 액수는 투자자 이루어진 국가의 법령에 따라 산정될 수 있다.
4. 동 보상은 법적 수용 절차 완료 후 부당한 지체 없이 지불되어야 하고 어느 경우든 동 절차 완료 후로부터 3개월을 도과하여서는 안 되며 투자가 이루어진 통화로 송금되어야 한다. 만일 3개월의 기간을 넘어 지불이 지연되는 경우 관련 체약당사국은 정해진 이율에 따른 이자를 지급할 책임을 부담한다.

3) 당사자들의 주장

(1) 청구인의 주장

청구인은 피청구인의 2001년 개정법률 및 시행령과 그 적용에 의한 조치는 청구인의 투자 및 투자수익을 박탈함으로써 헝가리-키프로스 BIT 제4조를 위반하였다고 주장하였다.

특히 헝가리-키프로스 BIT 제4조 제1항 문구의 범위가 다른 투자협정에 비해 넓기 때문[6]에 피청구인의 개정법률·시행령 및 해당 조치가 "직접 또는 간접적으로 박탈(measures depriving, directly or indirectly)"라는 문구에 포함된다고 강조하였다. 따라서 헝가리의 조치가 해당 조문에서 (1) 공공이익, (2) 적법절차, (3) 비차별적 대우, (4) 정당한 보상의 수용의 요건들을 충족하지 않으므로 불법수용에 해당한다고 주장하였다. 각 요건에 대한 주장은 다음과 같다.

▶공공이익

청구인은 개정법률 또는 시행령에 공공이익을 명시한 적이 없고, 공공이익의 정당성을 표명한 적도 없었다고 주장하였다. 특히 법률 개정의 목적이 헝가리 법률을 유럽연합법 및 정책과 일치하게 하는 목적과 "관련된 전략적 이익"이라고 개정절차에서 언급하였으나 그에 대한 설명이 없고, 실제 목적은 외국 투자자를 공항운영에서 배제하기 위한 것이라고 강조하였다.[7]

---

6 해당 원문은 "the wording of Article 4(1), compared with that in many other BITs, has a '*very broad reach*'"라고 명시되어 있다. 피청구인의 반박 및 청구인의 재반박의 맥락에서 '문구의 범위가 넓다'는 것은 박탈(deprivation) 의 범위가 수용(cxpropriation)보다 넓다는 것을 의미한다.

Hungary-Cyprus BIT Article 3(1)

Each Contracting Party shall ensure fair and equitable treatment to the investments of investors of the other Contracting Party and shall not impair, by unreasonable or discriminatory measures, the operation, management, maintenance, use, enjoyment or disposal thereof by those investors

헝가리-키프로스 BIT 제3조 제1항

각 체약당사국은 타방 체약당사국의 투자자의 투자에 대하여 공정하고 공평한 대우를 보장하며, 비합리적이거나 차별적 조치에 의하여 동 투자자에 의한 투자의 운용, 관리, 유지, 이용, 향유 또는 처분을 침해하여서는 아니 된다.

청구인은 적법절차가 조약상 최소대우기준(minimum standard of treaty)과 조약상 추가적 요건(additional treaty requirement)의 두 단계에 의해 확인될 수 있다고 주장하였다. 조약상 최소대우기준은 헝가리-키프로스 BIT 제4조 제4항에 명시된 "법적 수용 절차(legal expropriation procedure)"에 따라 개정법률과 시행령에 대한 법률심사를 구할 기회를 청구인에게 제공해야 하는 것인데, 피청구인은 최소한의 합리적인 통지와 공정한 심리 및 공정한 법관에 대한 권리를 제공하지 않았다고 주장하였다. 또한 두 번째 단계인 조약상 추가적 요건으로서 헝가리-키프로스 BIT 제3조 제1항의 공정하고 공평한 대우(Fair and Equitable Treatment, 이하 'FET')와 동 조 제2항의 충분한 안전 및 보호를 제공하지 않았다고 주장하였다.

---

7 ADC v. Hungary, paras. 372-374.

특히 FET와 관련하여 피청구인의 조치가 청구인의 계약상 권리의 실현에 대한 기본적 기대를 박탈하여 당혹감(total surprise)을 줌은 물론, 적법절차의 부재는 사법구제의 거부(denial of justice)로 이는 FET의 위반이라고 주장하였다.

▶비차별적 대우 및 정당한 보상

개정법률과 시행령 및 그 적용에 의한 조치는 차별적으로 청구인만이 구체적 표적이 되었으므로 비차별적 조치에 위반되며, 보상이 전혀 지급되지 않았으므로 BIT 제4조 위반이라고 주장하였다.

(2) 피청구인의 반박

피청구인은 청구인의 주장이 국가경제를 규제할 국가의 본질적인 국제법적 권리를 부인했기 때문에 피청구인의 조치가 헝가리-키프로스 BIT 협약 위반이 아니라고 주장하였다.[8] 즉 투자자가 국가에 투자할 때 해당 국가에서 규제되는 위험을 감수하고 규제를 따라야 한다고 주장하였다.

그리고 헝가리-키프로스 BIT 제4조의 '박탈(deprivation)'과 관련하여 그 범위는 수용(expropriation)보다 좁고, 이는 헝가리 법에 따라 해석해야 한다고 주장하였다. 또한 해당 조문은 '박탈조치(depriving measures)'만을 명시하므로, 청구인이 수용의 범위를 넓게 인정한 관련 사례들을 본 사건에서 인용할 수 없다고 강조하였다.[9]

피청구인은 박탈이 수용에 해당하기 위해서는 (1) 조치가 실질적 박탈(substantial deprivation)이고 (2) 영구적(permanent)이어야 한다고 주장

8 ADC v. Hungary, para. 384.

9 ADC v. Hungary, paras. 385-386.

하면서 본 사건의 조치는 두 요건을 모두 충족하지 못한다고 강조하였다. 구체적으로 살펴보면 청구인은 UNCITRAL 중재규칙에 의한 중재를 제기하여 권리 구제를 받을 수 있으므로 계약상 권리를 실질적으로 박탈당한 것이 아니고, 시행령의 효력이 그 권리에 영구적으로 미치는 것도 아니라고 하였다.[10] 피청구인의 조치가 수용이라 하더라도 헝가리-키프로스 BIT 제4조 제1항의 네 가지 요건에 다음과 같이 충족하므로 적법한 수용이라고 주장하였다.

▶공공이익

2004년 헝가리의 유럽연합 가입을 준비하는 과정에서 유럽연합법과 헝가리의 운송전략, 법률 및 규정의 일치를 위한 해당 운송입법의 개정과 시행령의 시행은 공공이익과 관련이 있으므로 '국가의 전략적 이익'이라고 주장하였다.[11]

▶적법절차

피청구인의 조치는 자의적이지 않고 헝가리의 유럽연합 가입을 위해 유럽연합 규정과 헝가리 법 간의 조화정책에 따라 신중하게 이행된 것으로, 청구인은 조치의 이행 전 그 해당 법령의 개정을 충분히 인지하고 있었고, 시행령에 따라 공항운영을 목적으로 2001년 10월에 설립된 BA Rt의 활동을 알고 있었다고 주장하였다. 따라서 청구인은 헝가리 법에 따라 해당 수용을 검토하는 절차를 제공 받을 수 있었으며, 계약 내용에 따라 분쟁해결을 위한 계약상 권리를 보유하고 있다고 강조하였다.[12]

10 ADC v. Hungary, paras. 389-390.

11 ADC v. Hungary, para. 392.

12 ADC v. Hungary, paras. 393-395.

▶비차별적 대우 및 정당한 보상

피청구인은 다른 외국 투자자가 공항의 운영과 관련이 없으므로 차별 자체가 존재하지 않고, 모든 외국 투자자가 공항운영을 금지한다는 내용을 포함한 개정 법령 및 시행령은 모든 자연인과 기업에 대해 적용되므로 법률상 차별로 인정될 수 없다고 주장하였다.[13] 보상에 관해서 ATAA가 프로젝트 컴퍼니의 계좌를 통해 합의를 요청했으나 청구인이 협조하지 않았고, 청구인은 헝가리 법원에서 헝가리 법상 수용에 따른 보상을 받을 수 있다고 주장하였다.[14]

마지막으로 헝가리-키프로스 BIT 제3조의 위반에 대한 청구인의 주장에 대해 동 BIT 제3조는 주요 문구인 공정하고 공평한 대우, 비합리적 또는 차별적 조치, 충분한 안전 및 보호에 대한 정의를 내리지 않으므로, 그 의미가 특정 사안별로 구체적 상황에 따라 결정되어야 한다고 주장하면서 청구인은 해당 요건 위반을 입증하지 못했다고 강조하였다.[15]

(3) 청구인의 재반박

헝가리-키프로스 BIT 제4조의 범위에 대한 반박으로 동 BIT가 헝가리 국내법에 따라 해석될 법적 근거가 없고, BIT의 '박탈'이 '수용'보다 좁은 개념이라고 판단한 사례는 전혀 없으며, OECD 보고서도 두 개념을 동시에 사용했다고 인용하였다.[16]

본질적이고 필수적인 국제법적 권리를 행사한 것이라는 피청구인의 항변에 대해서는, '국가의 규제권한'은 국제관습법과 조약상 의

13 ADC v. Hungary, para. 397.
14 ADC v. Hungary, para. 398.
15 ADC v. Hungary, paras. 399-400.
16 ADC v. Hungary, paras. 405-406.

무를 포함한 법의 지배(rule of law)를 준수하는 것으로, 국가는 그 위반에 의한 피해를 보상하고 책임을 다해야 한다고 주장하였다. 규제할 권리가 박탈행위를 정당화하기에 충분하지 않고, BIT 또는 국제관습법상 규제권리가 수용을 포함한다는 근거가 없으며, 오히려 수용과 관련된 중재판정들은 그 보상의 의무를 폭넓게 인정하고 있다고 강조하였다.[17]

프로젝트 계약서상 UNCITRAL에서 중재를 청구할 권리가 있으므로, 수용의 조건이 충족되지 않는다는 주장에 대해 청구인은 본 사건은 국가와 투자자의 수용에 관한 분쟁으로 계약적 분쟁이 아니기 때문에 상기 주장은 부적절하다고 항변하였다.[18]

마지막으로 헝가리-키프로스 BIT 제4조의 요건을 모두 충족한다는 피청구인의 주장[19]에 대해 공공이익과 적법절차에서 청구인이 충분히 그 수용에 대해 예측하고 있다는 주장의 근거가 부족하다고 항변하였다. 특히 적법절차에 관해 청구인의 증인진술서에 따르면 ATAA의 조직 변경이 투자의 수용 및 프로젝트 계약서의 효력정지(frustration)를 수반할 것을 전혀 예측하지 못했고 피청구인이 수용에 관한 정보를 미리 제공한 적이 없었다고 강조하였다. 세 번째 요건인 비차별적 대우에서는 외국 투자자로서 청구인만이 그 조치의 구체적인 목표가 된다는 사실이 오히려 비차별적 대우임을 증명한다고 주장하였다. 마지막으로 보상에 대해서는 계좌에 따른 합의 또는 헝가리 법원 제소가 보상의 지급의무를 준수했다는 증거로서 여겨질 수 없다고 강조하였다.

---

17 ADC v. Hungary, paras. 402-403.

18 ADC v. Hungary, para. 407.

19 ADC v. Hungary, paras. 408-412.

(4) 피청구인의 추가 반박

국제법상 국가가 규제할 권한으로서, 국가는 양허권(concession right)의 수혜자가 법률규제에 부합하지 않는 다양한 분야에서 운영활동을 하고 있다고 판단한다면, 그에 대한 법질서를 재건할 권한이 있다고 주장하였다.[20]

피청구인은 본 사건 이전의 수용에 관한 중재판정들을 인용하면서 박탈을 증명하기 위해서는 국내법원에 배상청구가 선행되고, 국내 헌법재판소에 개정법률과 시행령의 적법성에 관한 소를 제기함으로써 법적 보상을 구해야 하나 청구인은 그러한 절차를 전혀 이행하지 않았다고 주장하였다.[21]

헝가리-키프로스 BIT 제4조 제1항의 요건에 관한 청구인의 항변 중 공공이익에 대해 헝가리 수용법[22]을 인용하면서 피청구인의 조치가 법률에 적합한 공공이익이라고 강조하고, 적법절차에 대해 입법절차는 공개적이고 청구인은 언제든 그 개정을 알 수 있다고 주장하였다. 또한 불복하는 당사자(discontented party)가 국내 헌법재판소에서 헌법과 충돌한다고 판단되는 법률에 대한 법적 검토를 신청할 수 있으므로 적법한 심리가 있다고 주장하였다. 마지막으로 청구인은 프로젝트를 통해 획득한 상당한 이익이 적법한 보상이라고 주장하였다.[23]

---

20 ADC v. Hungary, para. 415.

21 ADC v. Hungary, paras. 416-417.

22 헝가리 수용법의 해당 조문에는 "공공이익은 […] 제4조 제1항: 부동산 재산은 다음을 목적으로 수용될 수 있다. […] f) 운송수단"이라고 명시되어 있다.

23 ADC v. Hungary, paras. 418-421.

4) 법률적 쟁점 및 중재판정부의 판단

본 사건 판정문의 법률적 쟁점은 (1) 피청구인의 조치가 청구인의 투자 및 투자이익을 박탈하여 헝가리-키프로스 BIT 제4조를 위반한 불법수용인지 여부와 (2) 불법수용인 경우 보상액 산정 기준(국제관습법 또는 해당 BIT), 시기(수용 시 또는 중재판정 종료 시) 및 방법(할인현금수입가치 또는 잔여지급)과 산정근거의 적정성 여부인바, 이에 대한 판단은 다음과 같다.

(1) 피청구인의 조치가 BIT 제4조를 위반한 불법수용인지 여부

▶국가가 규제할 권리

중재판정부는 주권국가가 국내 문제를 규제할 본질적 권리를 보유하고 있으나 그 권리행사는 제한되어야 한다고 판단하여 피청구인의 주장을 배척하였다. 법의 지배가 국가의 규제권리를 제한한다는 청구인의 주장을 인용하면서, 본 사건과 같이 양자조약 체결 시 해당 조약이 권리에 대한 경계가 되어 국가는 투자보호 의무를 준수해야 한다고 판시하였다. 또한 중재판정부는 투자자가 국가규제 체제와 관련된 위험을 감수해야 한다는 피청구인의 주장을 배척하면서, 투자자가 재산권 박탈 가능성이 있는 조치에 대한 위험을 인지한다면 이는 공정한 대우와 정당한 보상을 받을 것이라는 적법하고 합리적인 기대를 가진 위험을 감수한다는 의미라고 판시하였다.[24]

24 ADC v. Hungary, paras. 423-424.

▶ 헝가리–키프로스 BIT 제4조의 범위[25]

피청구인의 조치가 (1) 명백히 헝가리-키프로스 BIT 제4조 '박탈'의 범위 내에 있으므로 박탈의 기준이 헝가리 법에 따라 해석되어야 한다는 주장 및 (2) 박탈과 수용의 의미와 범위가 다르다는 피청구인의 주장을 배척하였다. 또한 BIT 제4조의 문구("any measure depriving [···] directly or indirectly [···] investors [···] of their investment")는 명시한 대로 의미가 전달되므로 적용 범위가 넓거나 좁다는 이의제기의 여지가 없다고 판시하였다.[26]

▶ 공공이익

중재판정부는 유럽연합법과의 국가 운송전략, 법률 및 규정과의 조화를 위해 법률 및 시행령과 그 적용이 정당화되는 공공의 이익이라는 피청구인의 주장은 법리나 사실관계 입증이 충분치 않고, '국가의 전략적 이익'에 대한 충분한 설명이 없다고 보았다. 또한 공공이익에 대한 조약의 요건은 공공에게 실질적인 이익이 되어야 하는 것이고, 단순히 국내법령에 언급되었다는 것만으로 그 요건이 충족될 수 없으므로 피청구인의 주장은 배척되었다.[27]

▶ 적법절차

중재판정부는 청구인의 주장을 인용하면서, 해당 조문의 맥락에서 수용의 적법절차는 발생할 또는 발생된 박탈행위에 대해 외국 투자자가 청

25 ADC v. Hungary, para. 426.

26 해당 원문은 다음과 같다. "the plain language of Article 4 says what it says and there is no room for the Respondent to challenge its broad scope of coverage nor to read it down."

27 ADC v. Hungary, paras. 429-433.

구를 제기할 실제적이고 실질적인 법적 절차를 부여하는 것이라고 판단하였다. 따라서 법적 절차는 해당 투자자가 합리적인 사전 통지, 공정한 심리 및 공평하고 중립적인 사법적 구제와 같은 적법한 권리를 청구하고, 그 청구의 심리가 합리적인 기간 내에 합리적 기회로 제공된다고 보았다. 그러나 본 사건에서 '적법절차에 따른 행위'라는 피청구인의 주장은 전혀 근거가 없다고 판단하였다.[28]

청구인이 입법 내용을 사전에 인지했는지 여부에 대해 피청구인의 증인진술서들을 인용하면서 프로젝트 컴퍼니의 교체 및 법률 제·개정을 사전에 인지하거나 통지받은 바 없다고 한 청구인의 주장에 중재판정부는 동의하였다. 즉 피청구인 측 증인인 ATAA 직원 및 임원의 진술서에 따르면, 정책결정기관의 중심(ATAA)에 있는 담당자가 프로젝트 컴퍼니의 교체와 관련 법률의 제·개정을 사전에 인지하지 못했다면 외국 투자자도 당연히 사전에 통지받을 수 없을 것으로 판단하였다. 또한 피청구인 측 증인인 당시 ATAA 대표자의 진술서에 따르면, ATAA의 전면변경에 관한 회의 내용이 정부 관련자 간에만 유지되어 피청구인의 주장처럼 청구인과 그 동료들이 2001년 12월 18일 입법개정이 되기 전에 그 토의 내용을 알 수 없었을 것으로 여겨진다고 판시하였다.[29]

중재판정부는 피청구인이 ATAA 변경의 필요성과 공항 프로젝트에서 청구인 투자의 박탈조치 간의 연관성 및 헝가리 법률이 청구인의 수용을 검토하는 방법을 제공했다는 주장을 충분히 입증하지 못했으므로 그 주장 또한 배척하였다.[30] 또한 청구인이 여전히 분쟁해결을 위한 계약상 권리를 보유한다는 피청구인의 주장에 대해서는 해당 사

28 ADC v. Hungary, para. 435.

29 ADC v. Hungary, para. 436.

30 ADC v. Hungary paras. 436-437.

건은 비계약적 특성을 가지므로 중재판정부는 동의할 수 없다고 판시하였다.

▶비차별 대우 및 정당한 보상

중재판정부는 공항운영에 관련된 유일한 외국 투자자로서 차별적 대우가 없다는 피청구인의 주장에 대해 피청구인이 지명한 운영인이 받은 대우와 전반적인 외국 투자자가 받은 대우 간에 차별이 존재하므로 피청구인의 조치는 차별적이라고 판시하였다.[31] 마지막으로 청구인이 정당한 보상을 제공받은 사실이 없기 때문에 피청구인의 조치 또한 요건 위반으로 판단된다.[32]

▶BIT 제3조의 보호기준

중재판정부는 헝가리-키프로스 BIT 제3조의 FET, 비합리적이거나 차별적 조치 및 충분한 안전과 보호의 의미가 각 사건에 따라 구체적으로 달리 적용된다는 데는 의문이 없으나, 본 사건의 사실관계에 비추어 상기 요건들을 적용할 때 피청구인은 동 BIT 제3조의 모든 요건을 위반했다고 판단하였다.[33]

(2) 보상액 산정(Quantum)

보상액의 산정에 대한 자세한 내용은 이 책 제9장(김지언, 「손해액의 산정: ADC v. Hungry」) 참고.

---

31 ADC v. Hungary, para. 442.

32 ADC v. Hungary, para. 444.

33 ADC v. Hungary, para. 445.

5) 기타 쟁점 또는 추가할 사항

피청구인은 투자자의 투자 자체가 무효가 되기 때문에 본 사건은 법적 책임문제(liability)에 관한 것이므로 수용에 따른 보상을 하는 것은 부적절하다고 항변하였다. 이에 대해 중재판정부는 다음과 같이 판단하였다.

(1) 운영기간 리스계약서가 프로젝트 컴퍼니의 부적절한 회사 형태로 인해 무효인지 여부

프로젝트 컴퍼니가 항공교통법 제45조 위반으로 당사자적격이 없으므로 계약이 무효라는 피청구인의 주장에 대해, 중재판정부는 해당 법령은 프로젝트 컴퍼니가 아니라 헝가리 정부의 예산기관으로 해당 회사 66%의 지분을 보유하고 있는 ATAA에 적용되는바, 항공교통법 제45조의 위반이 없다고 인정하였다. 또한 계약의 타당성에 이의를 제기할 수 있는 소멸시효가 없다는 피청구인의 주장에 대해, 모든 계약서의 구조가 헝가리 정부기관에 의해 자발적으로 체결되었고 정부의 보증이 있었으므로 피청구인이 소멸시효가 존재하지 않는다는 사실을 몰랐다고 볼 수 없다고 판단하였고, 헝가리 민법의 해석(concept)에 따르면 본 사건에 대해 5년의 소멸시효가 존재하며 이는 도과되었으므로 피청구인은 위 운영기간 리스계약서의 효력을 다툴 수 없다고 판단하였다.

(2) 프로젝트 계약서가 프로젝트 컴퍼니의 지분 소유주 총회(quotaholders' meeting)의 승낙이 없었으므로 무효인지 여부

중재판정부는 증거 문서 및 헝가리 회사법에 비추어 볼 때 지분 소유주 총회에서 계약체결을 승낙한 것이 분명하므로 부적절한 계약체결 과정으로 인한 무효 사유는 없다고 보았다.

(3) 청구인의 서비스와 피청구인의 대가 간에 극도로 불공정한 격차(Grossly Unfair Difference in Value)가 있는지 여부

중재판정부는 본 사건이 계약협상력(bargaining power)에 관한 분쟁이 아니라고 판단하였다. ATAA는 계약 당시 계약 내용을 충분히 인지하였고, 받은 이익이 실제로 발생하고 실질적이므로 따로 판단할 필요가 없으며, 계약서가 절차 중에 진행되는 동안 이의를 제기한 적이 없기 때문에 해당 주장은 BIT 적용을 방해하려는 의도로 보인다는 이유에서 그 주장을 배척하였다.

(4) 터미널 관리 계약서가 공공조달법을 위반하였는지 여부

중재판정부는 피청구인이 당시 계약의 복잡한 구조를 충분히 인지하고, 전체적인 회사 조직 및 구조에 관해 제안했으며, 계약의 상대방인 ATAA는 계약서상의 이익을 모두 취한 후이기 때문에, 절차상 이의제기를 주장하기에 너무 늦다고 판단하였다.[34]

(5) 피청구인의 계약행위 자체의 무효 주장에 대한 중재판정부의 판단

헝가리 법을 근거로 계약의 적법성에 대해 이의를 제기하면 투자자가 정부 또는 그 기업이 해당 계약의 체결을 거절할 수 있다는 것을 예측할 수 있다. 그러나 충분한 법적 조언을 받은 후 계약을 체결하고 수년간 이행하며, 충분한 이익을 획득한 후 계약서의 적법성 또는 유효성에 대해 이의를 제기하는 것은 적절치 않다고 보았다. 또한 중재판정부는 헝가리 민법 제4조를 근거로 권리행사와 의무이행 중 모든 당사자는 신의성실하게 서로에게 협조해야 한다고 판시하였다.

---

34 ADC v. Hungary, para. 494.

(6) 지분 및 약속어음 회수

중재판정부는 ADC Affiliate가 손해배상을 지급받은 즉시 피청구인에게 지분에 대한 소유권을 이전해야 한다고 보고, 약속어음은 판정에 대한 보상이 지급됨에 따라 법적 효력이 중지된 것으로 판시하였다.

4. 판정의 의의와 시사점

외국 투자와 관련된 수용은 투자가 국유화되거나, 권리가 박탈되거나, 또는 점유가 이전되는 경우와 같이 직접적으로 나타날 수 있다. 직접적인 재산권이 박탈되거나 점유가 이전되지 않더라도 국가가 투자자의 이익을 향유하거나 재산의 사용을 침해하는 경우 수용이 발생할 수 있다.[35] 전자는 직접적인 수용으로 보고, 후자는 '간접적인(Indirect)', '점진적인(creeping)' 또는 '사실상의(*de facto*)' 수용 또는 수용에 '준하는(tantamount)' 조치라고 한다.[36] 특히 투자자의 이익이나 재산권에 영향을 끼치는 조치가 수용인지 여부는 사건에 따라 다르고, 그 정의도 명확하지 않다.[37] 따라서 법학자 및 중재인들은 수용에 관한 조문이 범

---

35 OECD, ""Indirect Expropriation" and the "Right to Regulate" in International Investment," in *OECD Working Papers on International Investment* (OECD, 2004), p. 2.

36 OECD, ""Indirect Expropriation" and the "Right to Regulate." p. 3

37 L. Yves Fortier & Stephen L. Drymer, "Indirect expropriation in the Law of International Investment: I Know It When It, or Caveat Investor," *19 ICSID Rev. F.I.L.J. 293* (2004), p. 296; Jan Paulsson & Zachary Douglas, "Indirect Expropriation in Investment Treaty Arbitrations," in *Arbitrating Foreign Investment Disputes: Procedural and Substantive Legal Aspects, Studies in Transnational Economic Law*, Vol.19, pp. 145-158; George C. Christie, "What Constitutes a Taking of Property under International Law?," *38 Brit. Y.B. Int'l L. 307* (1962), p. 338.

위가 넓고 불분명하여 중재인이 재량에 의해 해석할 수밖에 없다고 지적하고 있다.[38] BIT 또는 FTA 투자 챕터 중 수용(expropriation)에 관한 조문을 보면 수용 이외에 'dispossession', 'taking', 'deprivation', 'privation'과 같은 문구가 명시된다.[39] 수용과 상기 문구들을 협정의 맥락에 따라 호환하여 사용하기도 하지만, 엄밀히 구분하는 경우도 있다. Tippetts 사건[40]에서는 'deprivation'과 'taking'은 유의어지만, 해당 사안에 있어서는 'deprivation'이 더 적절하다고 판시하였다.[41] 반면 본 사건에서 키프로스-헝가리 BIT 제4조 제1항은 '수용' 문구가 명시되지 않았기 때문에 '박탈(depriving)조치'가 수용의 범위에 포함되는지에 대해 다투고 있다. 중재판정부는 해당 조문에서 '박탈'은 용어 그대로의 의미로 그 범위를 판단할 여지가 없다고 판시하였다. 동조 제1항의 박탈조치에 관한 보상기준인 제2항을 보면 'deprivation'을 다시 사용하지 않고 'expropriation' 문구가 처음 명시되었으나, 'a'가 아닌 'the'를 사용하였다. 이를 보더라도 '박탈'과 '수용'은 본 협정에서는 동일한 의미로 여겨진다.[42]

이와 같이 수용의 범위와 의미가 협정의 문구 및 사안에 따라 다르

38 Peterson Luke Erik-Gray Kevin R., "International Human Rights in Bilateral Investment Treaties and in Investment Treaty Arbitration," in *International Institute for Sustainable Development (IISD)* (Canada, 2003), p. 9.

39 Rudolph Dolzer & Magrete Stevens, *Bilateral Investment Treaties* (ICSID, 1995), p. 98.

40 Tippetts v. TAMS-AFFA Consulting Engineers of Iran, 6 CL.Trib.219 (1984).

41 원문은 다음과 같다. "Tribunal said that it "prefers the term 'deprivation' to the term 'taking,' although they are largely synonymous, because the latter may be understood to imply that the government has acquired something of value, which is not required."

42 본 사건의 판정에서 직접적인 재산권의 몰수나 이전이 아닌 청구인의 '이익(interest)'에 대한 수용이 박탈조치라고 판시하므로, 해당 수용은 간접수용으로 본다.

게 해석되므로 특히 간접수용의 경우 협정 또는 중재판정의 해석으로 구체화하는 노력은 계속되고 있다. 예를 들어 한미 FTA 제11장(투자 챕터) 제6조 및 부속서 11-B는 간접수용의 기준을 명백히 규정하고 있다. ICSID 판정례에서는 간접수용이 국가의 조치가 투자 또는 투자자의 재산에 점진적으로 영향을 끼친 경우에도 영구적이라면 인정될 수 있고, 소유 또는 점유권뿐만 아니라 투자의 경제적 사용이나 가치의 전부 또는 상당 부분을 해당 조치가 박탈하는 경우 등이 해당한다고 설시하였다.[43]

또한 국제투자의 증대로, 수용을 판단하는 기준이 합리적인 기대이익의 침해나 투자유치국의 조치의 목적을 깊이 고려[44]하는 등으로 더 구체화된 경향이 있다. 그러나 간접수용의 요건을 구체적으로 판단할 때 투자자의 합리적인 기대 침해 여부 또는 적법절차에 따른 진행 여부와 같이 FET의 판단 기준과 동일한 기준을 적용하여 FET와의 경계가 더욱 모호해질 수 있다. 본 사건에서도 중재판정부는 청구인의 주장을 인용하여 헝가리의 문제 된 조치가 BIT 제3조의 요건 역시 충족시키지 못했기 때문에 해당 조문 위반이라고 판시하였다. 간접수용과 FET의 경계 이외에 국가의 규제권한 역시 수용의 예외 또는 충돌로 해당 조치가 수용이라는 투자자의 주장을 투자 유치국이 부인하거나 협정에 명시하기도 한다. 한미 FTA 제11장(투자 챕터) 부속서 11-B 제3항(b)는 '공공 복지 목적을 보호하기 위한 당사국의 비차별적 규제행위'는 수용의 예외임을 규정하였다. ICSID 중재판정례는 협정문에 국가의 규제권리가 명시되지

---

43 L. Yves Fortier & Stephen L. Drymer, "Indirect Expropriation," in Meg Kinnear et. al. (eds.), *Building International Law: The First 50 Years of ICSID* (Wolters Kluwer, 2016), pp. 351-353

44 오원석, 「간접수용의 판단기준에 관한 ICSID 중재사례연구」, 『중재연구』 제25권 제1호, (2015), 68-72쪽; 이재민, 「투자분쟁해결절차에서의 간접수용의 개념」, 『서울법학』 제20권 제2호, (2012), 179-184쪽 참고.

않은 경우 수용과 구분하는 방식은 조치의 영향이나 목적만 판단하거나 규제와 수용이 이루는 균형의 일환으로 조치의 목적과 영향을 함께 고려한다고 설시하고 있다.[45] 본 사건에서도 피청구인인 헝가리가 해당 조치는 국가의 규제권리로 해당 협정 위반이 아니라고 항변하였으나, 중재판정부는 키프로스-헝가리 BIT가 국가의 규제권리의 경계가 되므로 문제된 조치는 BIT 제4조를 위반한 수용이라고 판시하였다.

본 사건에서 키프로스-헝가리의 BIT 제4조는 수용 요건인 공공이익, 적법절차, 비차별 대우 및 정당한 보상을 충족하는 경우에만 박탈조치(depriving measures)가 가능하다고 명시하고, 그 보상 기준에 관해 구체적으로 규정하고 있다. 중재판정부는 피청구인의 조치가 상기 요건을 모두 위반하여 불법수용이라고 판시하였고, 이후 수용에 관한 16개의 판정 중 14건이 본 사건과 같이 적법한 수용과 불법수용으로 구분되었다.[46]

그러나 투자유치국의 조치가 BIT 또는 국제관습법상 수용의 모든 요건을 충족하고 보상만 적절하지 못할 경우 여전히 불법수용인지 여부가 문제 될 수 있다. Tide water v. Venezuela에서 중재판정부는 보상 금액만을 요청하는 수용에 관한 청구는 '양 당사자가 지명한 중재판정부'가 그 보상을 결정할 수 있기 때문에 불법수용이 아니라고 판시하였다.[47] 또

---

45 L. Yves Fortier & Stephen L. Drymer, "Indirect expropriation in the Law of International Investment: I Know It When It, or Caveat Investor," p. 300.

46 Silke Noa Elrifai, "Equity-Based Discretion and the Anatomy of Damages Assessment in Investment Treaty Law," in *Journal of International Arbitration*, Vol. 34, Issue 5 (2017), pp. 835-888.

47 "an expropriation wanting only a determination of compensation by an international tribunal is not to be treated as an illegal expropriation [⋯] precisely because the tribunal dealing with the case will determine and award such compensation."(Tidewater Investment S.R.L. & Tidewater Caribe, C.A. v. Venezuela, ICSID Case No. Arb/10/5, Award [2015. 3. 13.], paras. 140-141)

한 Goetz v. Burundi에서도 보상의 결여가 문제 된 조치를 국제법상 불법으로 보기에 충분치 않고, 만일 피청구인이 보상에 대한 중재판정부의 판정을 부인한다면 국제법 위반이 명백할 것이라고 설시하였다.[48] 이와 같이 보상의 금액만 분쟁이 되는 조치를 적법한 수용으로 보는 반면 투자중재에서 협정 위반에 대한 배상(remedy)으로 보상액을 산정할 수 있어도 협정 위반이 없는 적법수용의 보상액 산정은 관할이 성립할 수 없다는 견해도 있다.[49] 보상의 금액에 대한 다툼은 수용의 다른 요건인 공공이익, 적법절차 또는 비차별적 조치에 대한 위반과는 증명하는 정도에 차이가 있고, 다른 수용의 요건 위반과 동등한 기준으로 불법행위에 기한 수용으로 판단하여 그 산정 기준이나 시기를 적용하기에 과한 면이 있다. 따라서 보상액의 적절성 또는 공정성에 관한 다툼은 적법수용으로 간주하고 산정 시기 및 기준을 판단하는 것이 바람직하다고 여겨진다.

48 Antoine Goetz and others v. Republic of Burundi, ICSID Case No. ARB/95/3, Award (1999. 2. 10.), paras. 130-131.

49 David Khachvani, "Compensation for Unlawful Expropriation: Targeting the Illegality," (2017).

제3장

국가의 공중보건정책과 상표권의 침해

Philip Morris v. Uruguay 사건

정교화[1]

1. 사건의 개요

1) 사건명

Philip Morris Brands Sàrl, Philip Morris Products S.A. & Abal Hermanos S.A. v. Oriental Republic of Uruguay, ICSID Case No. ARB/10/7 (2016. 7. 8.)(이하 'Philip Morris v. Uruguay')[2]

2) 청구의 근거가 된 협정

스위스-우루과이 BIT(1988. 10. 7. 체결) 및 ICSID 협약과 ICSID 중재규칙에 의거하여 절차가 진행되었다.

1 (現) Microsoft Korea, Head of Corporate, External and Legal Affairs. (前) 김·장 법률사무소 변호사

3) 당사자

(1) 청구인(Claimants)

· Philip Morris Brands Sàrl(스위스 법에 따라 설립된 회사, 이하 'PMB')

· Philip Morris Products S.A(스위스 법에 따라 설립된 회사)

· Abal Hermanos S.A.(우루과이 법에 따라 설립된 회사, 이하 'Abal')

(2) 피청구인(Respondent)

· 우루과이(Oriental Republic of Uruguay)

4) 중재판정부의 구성

· 의장중재인: Piero Bernardini(이탈리아 국적)

· 청구인 지명 중재인: Gary Born(미국 국적)

· 피청구인 지명 중재인: James Crawford(호주 국적)

5) 사건의 배경 및 판정요지

본 사건은 우루과이의 보건당국이 담배 포장과 관련하여 (1) 단일포장 규제(Single Presentation Requirement, 이하 'SPR')[3]와 (2) 80/80 규제(80/80 Regulation) 조치[4]를 시행함에 따라 청구인들 제품에 대한 상표권 등을

2 이 글에서는 같은 ICSID 사건에서 2013년 7월 2일 내려진 중재판정부의 관할 결정(Decision on Jurisdiction)에 대해서는 다루지 않기로 한다.

3 각 브랜드는 하나의 포장 디자인(예컨대 Marlboro 브랜드라면 Marlboro Red)만을 사용하도록 규제한 조치

침해하였다는 이유로, 청구인들이 스위스-우루과이 BIT에 기하여 공정하고 공평한 대우(Fair and Equitable Treatment, 이하 'FET') 의무 위반, 수용(expropriation), 사법구제의 거부(denial of justice)를 주장한 사건이다. 청구인들은 우루과이 정부를 상대로 최소한 미화 22,267,000달러(한화 약 250억 원) 이상의 손해배상을 청구하였다. 공공분야 중에서도 특히 보건 및 건강 부문에서 국가의 규제권이 어디까지 미치는 것이 타당한지가 쟁점이 된 사건이었고, 중재판정부는 최종적으로 위 조치들이 국가의 정당한 규제권한행사라는 우루과이의 입장을 지지함으로써 청구인들의 청구를 모두 기각하였다. 다만 청구인들이 지명한 중재인인 Gary Born은 판정부의 결론에 대부분 동의하면서 부분적으로 반대하는 소수의견(concurring an dissenting opinion)을 개진하였다.

6) 절차의 개요

2010. 2. 22.	ICSID, 청구인들로부터 중재신청서(Request for Arbitration) 접수
2010. 5. 26.	ICSID, 중재신청 등록
2010. 9. 1.	청구인 측 중재인 Gary Born 선정
2010. 9. 24.	피청구인 측 중재인 James Crawford 선정
2011. 3. 15.	의장중재인 Piero Bernardini 선정(중재판정부 구성 완료)
2011. 9. 24.	피청구인 관할서면(Memorial on Jurisdiction) 제출
2012. 1. 23.	청구인 관할 반박서면(Counter-Memorial on Jurisdiction) 제출
2012. 4. 20.	피청구인 관할 재반박서면(Reply on Jurisdiction) 제출

4 담뱃갑 전후 면적의 80% 이상을 건강경고문으로 채우도록 규제한 조치

2012. 7. 20.	청구인 관할 재반박서면(Rejoinder on Jurisdiction) 제출
2013. 2. 5 - 6.	관할 심리기일 진행(프랑스 파리)
2013. 7. 2.	중재판정부 관할 결정(Decision on Jurisdiction): 관할 인정
2014. 3. 3.	청구인 본안서면(Memorial on the Merits) 제출
2014. 10. 13.	피청구인 본안 반박서면(Counter-Memorial on Merits) 제출
2015. 1. 28.	세계보건기구(WHO)와 세계보건기구 담배 규제기본협약 사무국(WHO Framework Convention on Tobacco Control Secretariat) 제3자의견서(Amicus Curiae) 제출(2015. 2. 12. 중재판정부 허가)
2015. 3. 6.	범미보건기구(Pan American Health Organization) 제3자의견서(Amicus Curiae) 제출(2015. 3. 18. 중재판정부 허가)
2015. 4. 18.	청구인 본안 재반박서면(Reply on Merits) 제출
2015. 7. 22.	Avaaz Foundation 제3자의견서(Amicus Curiae) 제출 신청(15. 8. 7. 중재판정부 불허[5])
2015. 9. 14.	Inter-American Association of Intellectual Property (ASIPI) 제3자의견서 제출 신청(2015. 9. 24. 중재판정부 불허[6])
2015. 10. 19 - 29.	본안 심리기일 진행(미국 워싱턴 D.C.)
2016. 7. 8.	중재판정부 본안 판정: 청구 기각

5 중재판정부는 Avaaz Foundation의 견해가 분쟁당사자들과 다른 특별한 관점이나 지식을 제공하지 못한다고 판단하였다(Philip Morris v. Uruguay, para. 52.).

6 중재판정부는 ASIPI와 청구인들과의 관계가 충분히 중립적이지 않다고 판단하였다(Philip Morris v. Uruguay, para. 55.).

2. 사실관계

1) 청구인들의 투자

Abal은 우루과이 법에 따라 설립된 우루과이 회사로서 1945년부터 우루과이 내 담배 제조와 판매를 담당하였다. 미국에서 설립된 청구인들의 궁극적 모회사인 Philip Morris International Inc.(이하 'PMI')는 1979년 Abal을 인수하였고, 스위스에서 설립된 PMB가 2010년 Abal의 100% 모회사가 되었다. 본 사건에서 청구인들은 (1) Abal 그 자체(PMB가 보유하는 Abal 주식 포함), (2) 브랜드 자산(brand assets)[7] 및 이와 관련하여 청구인들이 보유하고 있거나 등록을 마친 지적재산권, (3) 청구인들의 브랜드와 관련된 영업권 등을 투자라고 주장하였다.[8]

2) 우루과이 정부의 금연 장려 정책

2009년 우루과이는 남미에서 세 번째로 높은 흡연율을 가진 나라라는 불명예를 안고 있을 정도로 흡연율이 매우 높았고, 매년 5,000여 명의 인구가 폐암 등 담배 관련 질병으로 사망하고 있었다. 담배 관련 질병으로 인한 30세 이상 우루과이 국민 사망률은 세계 평균 사망률인 12%보다 높은 15%에 달했다. 이에 타바레 바스케스(Tavare Vazquez) 당시 우루과이 대통령은 다각도의 금연 정책을 입안하여 흡연율을 줄이고자 하였

---

7 여기에는 청구인들의 브랜드와 브랜드 가족(Marlboro, Fiesta, Philip Morris 등), 그리고 브랜드 내 다양한 종류의 디자인(variants)이 포함된다(Marlboro Red, Marlboro Bluc, Marlboro Gold 등).

8 Philip Morris v. Uruguay, para. 70.

고, 이에 따라 광고 규제, 건강경고문의 의무화, 담배세 증세, 공공장소에서의 금연 실시 등 다양한 금연 정책들이 실시되었다.[9]

한편 우루과이 보건부(Ministry of Public Health)는 2004년부터 금연을 위한 국가자문위원회(National Advisory Commission for Tobacco Control)를 발족시키고, 2005년 이를 위한 금연 국가계획(National Program for Tobacco Control)을 개시함으로써 흡연에 대한 경각심을 높이고자 했으며, 2003년 WHO의 담배 규제기본협약[10](WHO Framework Convention on Tobacco Control, 이하 'FCTC') 최초의 남미 체약국이 되는 등 담배에 대한 국제적 규제 기준에 부합하고자 노력하였다.

3) SPR 조치

본 사건 분쟁에서 문제가 된 우루과이 정부의 조치로는 (1) SPR 조치와 (2) 80/80 규제가 있는데, 우선 SPR 조치는, 2009년 발효된 보건부 규칙 제514호(Ordinance 514)[11]에 근거한 것으로서 각 브랜드가 하나의 포장 디자인(예컨대 Marlboro Red)만을 사용하도록 하는 것을 내용으로 한다. 이는 2008년

---

9 Philip Morris v. Uruguay, paras. 75-78.

10 FCTC가 마련한 지침(Guidelines) 제11조는 건강경고문을 담뱃갑 표지 50% 이상으로 키울 것을 권고하고 있고, 제13조는 소비자들을 기망하거나 현혹시킬 수 있는 다양한 디자인의 브랜드 종류를 제한하고 있다(Philip Morris v. Uruguay, paras. 92-93).

11 "**Each brand of tobacco products shall have a single presentation**, such that it is forbidden to use terms, descriptive features, trademarks, figurative signs or signs of any other kind such as colors or combinations of colors, numbers or letters, which may have the direct or indirect effect of creating a false impression that a certain tobacco product is less harmful than another, varying only the pictograms and the warning according to article 1 of the present Ordinance." (Ordinance 514[3], Philip Morris v. Uruguay, para. 110)(이하 고딕체 강조는 모두 인용자)

3월 6일 우루과이 국회가 제정한 법 제18,256호[12] 및 2008년 6월 9일 시행된 대통령령 제284/008호(Presidential Decree 284/008)에 근거한 조치였는데, 담배의 유해성과 관련하여 소비자를 기만할 수 있는 내용의 표현을 금지하는 법령이었다. 규칙 제514호에 의하면 청구인들은 Marlboro 브랜드 중에서 오직 한 종류의 디자인 사용만 강제되어, Marlboro Light, Blue, Fresh Mint 등 여러 종류의 디자인을 사용할 수 없고, 청구인들이 선택한 한 종류의 디자인(청구인들은 Marlboro Red를 선택)에 대한 판매만이 허용되었다. 보건부가 브랜드 디자인을 통제한 이유는 다양한 종류의 포장 디자인을 담배회사가 제조하면서 특정 계열 디자인은 니코틴 함량이 적거나(예: 'Light') 프리미엄 제품이라고 홍보하여, 소비자로 하여금 위 브랜드 디자인은 건강에 해롭지 않을 것이라고 오해하도록 만들었다는 데 기반을 두었다.

4) 80/80 규제

한편 법 제18,256호[13]에는 건강경고문이 담뱃갑 표지 면적의 최소 50%

12 "It is forbidden for packages and labels of tobacco products to promote such products in a false, wrong or misleading way which may lead to a mistake regarding their features, health effects, risks or emissions. It is likewise **forbidden to use terms, descriptive features, trademarks or brands, figurative signs or any other kind**, which have the direct or indirect effect of creating **a false impression that a certain tobacco product is less harmful than others.**"(Law 18,256[8], Philip Morris v. Uruguay, para. 105)

13 "All packaging and packets of tobacco products and all external labeling and packaging thereof must contain health warnings and images or pictograms describing the harmful effects of tobacco consumption or other appropriate messages. Such warnings and messages must be approved by the Ministry of Public Health, as well as large, clear, visible and legible, and **shall occupy at least 50% (fifty percent) of the total main exposed areas**. These warnings must be periodically modified in

이상을 차지하여야 한다는 내용도 포함되었는데, 2009년 6월 15일 대통령령 제287/009호를 시행하면서 제1조[14]에서 건강경고문의 크기를 50%에서 80%로 확대하였다. 또한 2009년 9월 1일 보건부는 규칙 제466호(Ordinance 466)에서 건강경고문이 80%의 면적을 차지하여야 한다는 점을 재확인하였다. 그 결과 청구인들은 담뱃갑 표지의 나머지 20% 면적에 대해서만 브랜드 상표나 로고를 삽입할 수 있게 되었다. 청구인들은 SPR 조치와 80/80 규제로 인하여 Abal의 우루과이 담배시장 점유율이 2010-2011년 20.4%에서 2013년 13.9%로 급격히 하락했다고 주장하였다.[15]

5) 우루과이 국내법원의 절차

청구인들은 문제 되는 위 조치들의 효력을 다투기 위하여 (1) SPR의 근거가 된 규칙 제514호와 SPR 조치의 적법성에 대해서는 우루과이 행정법원(Tribunal de lo Contencioso Administrativo, 이하 'TCA')에, (2) 80/80 규제의 적법성에 대해서는 TCA와 우루과이 대법원에 각각 제소하였다.

(1) SPR에 대한 행정법원 (TCA) 절차

Abal은 2009년 6월 9일 보건부를 상대로 규칙 제514호는 법 제18,256호

accordance to the implementation regulation."(Law 18,256[9], Philip Morris v. Uruguay, para. 105)

14 "It is ordered that the health warnings to be included on packages of tobacco products, including images and/or pictograms and messages, **shall cover 80% (eighty percent) of the lower part of each of the main sides of every cigarette package** and in general of every packet and container of tobacco products and of any similar packaging and labelling."(대통령령 287/009호 제1조, Philip Morris v. Uruguay, para. 121)

15 Philip Morris v. Uruguay, para. 149.

및 대통령령 제284/008호가 위임한 권한의 범위를 남용하여, 보건부가 아무런 권한 없이 새롭게 자의적인 규제를 한 것이어서 무효라는 소송을 TCA에 제기하였다.[16] 2011년 6월 14일 위 청구는 기각되었는데, 특이하게도 본 판결에서 TCA는 비슷한 취지로 신청을 제기한 다른 담배회사 British American Tobacco(이하 'BAT')의 이름을 수차례 언급하였고, Abal이 제출한 신청서에 언급되지 않은 다른 전문가의 진술을 인용하였다. 이에 Abal은 2011년 8월 24일 TCA가 다른 당사자의 신청과 헷갈려서 신청인이 아닌 다른 당사자의 주장과 증거에 기초하여 잘못된 판단을 내렸다고 이의를 제기(motion for clarification and expansion)하였으나, 2011년 9월 29일 TCA는 Abal에 대한 판결의 핵심적인 부분에 오류가 없다는 이유로 위 신청을 다시 기각하였다.[17]

(2) 80/80 규제에 대한 대법원과 행정법원의 상이한 판단

2009년 9월 11일 Abal은 법 제18,256호 제9조 및 제24조[18]는 우루과이 헌법상 행정부에게 허용되지 않는 권한을 위임하여 위헌이라는 취지로 대법원에 위헌소송을 제기하였다. 이에 대하여 입법부와 정부 측 대리인은 제9조의 "[such warnings and messages] shall occupy at least 50% (fifty percent) of the total main exposed areas"에서 "최소한(at least)"이라는 문언의 의미는 50%보다 더 낮은 면적의 건강경고문을 금하는 취지이고, 이를 상회하여 더 넓은 면적의 건강경고문을 강제하는 취지는 아니므로, 행정부는 50%를 상회하는 면적의 건강경고문을 규정할 아무런

16 Philip Morris v. Uruguay, para. 155.

17 Philip Morris v. Uruguay, paras. 159-161.

18 본 법의 시행과 관련한 구체적인 사항은 "대통령령으로 위임(the Executive Branch shall regulate this law)"한다고 규정되었다.

권한이 없고, 따라서 법 제18,256호는 허용되지 않는 권한을 위임한 바 없다고 주장하였다.[19] Abal은 2010년 3월 22일 TCA에 80/80 규제가 무효라는 취지의 소송을 제기하였고 TCA는 대법원의 판단을 기다리기 위하여 절차를 정지하였다.

대법원은 2010년 11월 10일 법 제18,256호는 행정부에 개인의 권리를 무제한적으로 제약할 권한을 위임한 바 없다("Law 18,256 did not grant the Executive Power "the unlimited power to restrict individual rights")는 이유로 위헌이 아니라고 판단하여 Abal의 위헌소송을 기각하였다. 나아가 TCA는 2012년 8월 28일 80/80 규제가 행정부의 권한을 넘어선 규제이므로 무효라는 Abal의 청구 또한 기각하였다.[20] TCA는 판결이유에 법 제18,256호가 행정부로 하여금 80/80 규제를 도입할 수 있는 권한을 위임하였기 때문에 위 규제는 적법한 수권에 근거한 조치라고 판단하였는 바, '권한위임의 범주(scope of delegation)' 측면에서 대법원의 판단과 상반되는 결정을 하였다.

3. 쟁점

1) 청구인들이 문제 삼은 투자유치국의 조치

살펴본 바와 같이 본 사건에서 문제 된 우루과이 정부의 조치는 브랜드 내 디자인 종류를 획일화한 SPR 조치, 그리고 건강경고문을 담뱃

19 Philip Morris v. Uruguay, para. 164.

20 Philip Morris v. Uruguay, paras. 166-167.

갑 표지 면적의 80%로 상향한 80/80 규제였다. 추가적으로 청구인들은 80/80 규제에 대한 TCA와 대법원 사이의 상반된 내용의 판결에도 불구하고 이에 대한 구제수단을 인정하지 않는 우루과이 사법제도의 불완전성이 '사법구제의 거부(denial of justice)'에 해당된다고 주장하였다.

2) 청구인들의 청구취지

청구인들은 우루과이 정부의 이러한 일련의 조치로 인하여 청구인들의 담배 브랜드 상표권 등 지적재산권이 침해되었으며, 이는 스위스-우루과이 BIT (1) 제3조 제1항(투자의 사용·향유 방해), (2) 제3조 제2항(FET 위반 및 사법구제의 거부), (3) 제5조(수용), (4) 제11조(약속 준수 의무 위반)를 위반한 것이라고 주장하였다. 그리고 이와 같은 조치로 인하여 청구인들이 입은 손해에 대한 배상으로 미화 22,267,000달러(한화 약 250억 원)를 청구하였다.

3) 당사자들의 주장

(1) 청구인의 주장

청구인들은 피청구인의 브랜드 종류의 획일화 및 건강경고문 면적 확대 조치로 인하여 브랜드와 결부된 청구인들의 지적재산권 및 영업권[21]

21 청구인들은 브랜드 디자인의 다양성이 소비자들을 현혹하고 있다는 피청구인의 잘못된 주장으로 인하여, Abal의 특정 프리미엄 제품에 대해 더 많은 금액을 기꺼이 지불했던 소비자들이 이를 외면하게 되면서 청구인들이 수익이 악화되었다고 주장하였다(Philip Morris v. Uruguay, para. 194).

이 수용(스위스-우루과이 BIT 제5조 제1항[22])되었다고 주장하였다. 결과적으로 Abal의 브랜드 디자인 13가지의 사용·판매가 금지되었고 나머지 브랜드 디자인의 가치도 하락하였기 때문이다.[23] 청구인들은 상표권을 등록함으로써 이를 규제 없이 사용할 수 있는 권리(right to use)를 취득하였다고 주장하였다. 또한 수용은 투자가치가 '상당히 침해(substantially deprived)'되는 것으로 족하고, 미국-우루과이 BIT와 달리 국민건강 또는 국가의 규제로 인하여 국가의 책임이 면책되거나 배제된다는 조항(carve-outs)이 없는 이상, 단순히 공익적 목적이 있다고 하여 수용이 아니라고 볼 수 없다고 주장하였다.[24]

BIT 제3조 제2항[25] 'FET' 위반 여부에 대하여, 청구인들은 FET는 외국 투자자 보호에 있어 그 문언 자체로 독립적인 기준(autonomous treaty standard)을 갖는 요건으로서, 피청구인은 과학적인 근거나 충분한 입법적 고려 없이 자의적으로 규제조치를 시행하였고, 이에 따라 브랜드 자산에 대한 가치를 향유할 수 있을 것이라는 청구인들의 정당한 기

---

22 "Neither of the Contracting Parties shall take, either directly or indirectly, measures of expropriation, nationalization or any other measure **having the same nature or the same effect** against investments belonging to investors of the other Contracting Party, unless the measures are taken for the public benefit as established by law, on a non discriminatory basis, and under due process of law, and provided that provisions be made for effective and adequate compensation. The amount of compensation, interest included, shall be settled in the currency of the country of origin of the investment and paid without delay to the person entitled thereto."(Switzerland-Uruguay BIT 5[1], Philip Morris v. Uruguay, para. 182)

23 Philip Morris v. Uruguay, para. 180.

24 Philip Morris v. Uruguay, paras. 183-184.

25 "Each Contracting Party shall **ensure fair and equitable treatment** within its territory of the investments of the investors of the other Contracting Party."(Switzerland-Uruguay BIT 3[2], Philip Morris v. Uruguay, para. 308)

대(legitimate expectations)를 침해하였기 때문에 이는 FET 위반이라고 주장하였다.[26]

사법구제의 거부는 FET에서 도출되는 원칙으로, 청구인들은 80/80 규제와 관련해 우루과이 대법원과 TCA가 같은 쟁점에 대하여 서로 상충되는 판결을 내린 것에 대하여 사법적 구제수단이 마련되어 있지 않다는 점, 또 TCA의 SPR 조치에 대한 판결은 Abal의 주장 및 증거를 외면하고 다른 경쟁사의 청구에 바탕을 두었다는 점에서 사법구제의 거부에 해당한다고 주장하였다.[27]

(2) 피청구인의 주장

이에 대하여 피청구인은 자국이 행한 규제조치는 국민건강을 보호하기 위한 주권국가의 정당한 규제권한(police power) 행사이고 선의(good faith)에 의한 비차별적 조치였으므로 수용에 해당하지 않는다고 주장하였다. 특히 규제조치 이후에도 Abal의 사업은 여전히 수익을 얻고 있었으며, 우루과이 법에 의하면 상표권은 제3자와의 관계에서 제3자의 사용 배제를 요청할 수 있는 '소극적 권리(negative right)'일 뿐이지 어떠한 규제도 받지 않는 절대적 권리가 아니므로 수용에 해당되지 않는다고 주장하였다.[28]

FET 위반 여부에 대하여 피청구인은 BIT의 FET 규정은 국제관습법에 근거한 '최소기준대우(minimum standard of treatment)'를 재확인한 것으로 그 자체로 별도의 독립적인 기준이 있는 것이 아니며, 설령 독립적인 기준이 있다고 하더라도 국민건강 보호 목적으로 정당하게 행해

---

26 Philip Morris v. Uruguay, para. 309.

27 Philip Morris v. Uruguay, para. 483.

28 Philip Morris v. Uruguay, para. 181.

진 국가 규제권한의 행사인 만큼 FET 위반이 될 수 없다고 주장하였다. 특히 자국의 정책이 WHO의 담배 규제기본협약에 부합하는 등 국제적으로도 허용되는 조치이고, 우루과이의 담배 규제에 관한 입법 동향이 전혀 예측 불가능한 것이 아니었던 이상[29] 청구인들의 '정당한 기대'가 침해되었다고 볼 수 없다고 주장하였다.[30]

사법구제의 거부 주장에 대하여 피청구인은 우루과이의 사법제도는 남미 내에서도 그 독립성과 합리성을 인정받고 있을 뿐만 아니라, 대법원과 TCA 사이에 일견 상충하는 것으로 보이는 판결들은 대법원과 TCA가 서로 각자 보유한 '권한범위 안에서(within its sphere of competence)', 정당하게 재량을 행사한 것으로, 어느 한쪽이 우월한 관계에 있는 것이 아니므로[31] 사법구제의 거부에 해당하지 않는다고 반박하였다. 또한 TCA의 SPR 조치에 대한 판단은 동일한 처분에 대해 무효를 주장하였던 다른 당사자의 청구를 고려하여 종합적으로 판단한 것일 뿐, Abal의 주장을 외면하였다고 볼 정도의 절차적인 하자가 있다고 할 수 없어 사법구제의 거부가 아니라고 반박하였다.[32]

---

29 피청구인은 정당한 기대가 성립하려면 투자 당시에 청구인들에 대한 '구체적인 확약(specific representations)'이 있어야 하는데, 청구인들이 신뢰하였다고 주장한 일반적인 입법정책들은 이에 해당하지 않는다고 주장하였다(Philip Morris v. Uruguay, paras. 376-377).

30 Philip Morris v. Uruguay, para. 310.

31 피청구인에 의하면 대법원은 법률의 헌법 위반 여부를 판단하는 최종적인 사법기관이고, TCA는 행정청 처분의 법률 위반 여부를 판단하는 최종적인 기관으로서, TCA는 대법원이 법률에 대한 "위헌" 판단을 하였을 때만 유일하게 그 판단에 구속되고 합헌 판단에 대해서는 어떠한 구속 없이 자유롭게 행정행위에 대한 판단을 내릴 수 있다(Philip Morris v. Uruguay, para. 528).

32 Philip Morris v. Uruguay, para. 484.

4) 법률적 쟁점 및 중재판정부의 판단

(1) 수용 주장 관련(BIT 제5조 제1항)

▶지적재산권의 보호 범위

중재판정부는 우선 수용의 대상이 되는 지적재산권의 보호 범위에 대하여, 지적재산권이 '소극적 권리(negative right)'라는 피청구인의 견해를 지지하였다. 우루과이 상표법(Trademark Law, 법 제17,011호)[33]에 의하면 등록된 상표권자는 혼돈을 줄 수 있는 유사 상표를 사용하는 제3자에 대하여 '사용 배제를 요구할 수 있는 권리(right to challenge the use)' 또는 제3자에 대한 '배타적인 권리(exclusionary right)'가 있을 뿐, 상표권자에게 상표를 사용할 수 있는 '절대적 권리(absolute right)'를 부여하지는 않는다고 판단하였고, 청구인들이 주장하는 형태의 절대적인 사용권은 상표법의 문언에 반한다고 보았다.[34] 따라서 청구인들의 지적재산권은 제3자가 자신의 사용권을 침해하는 경우에 소극적으로 그 사용 배제를 요구할 수 있을 뿐 절대적인 권리가 아니므로, 국가의 규제가 적용되는 영역이라고 보았다.

▶지적재산권 등 투자의 수용 여부

중재판정부는 지적재산권이 '소극적 권리'라고 하여 피청구인의 주장대로 수용의 대상이 되는 권리에 해당하지 않는 것은 아니어서, 지적재산권도 우루과이 법상 보호되는 자산(property)에 해당하는 이상 수용의 대

33 "Any individual or legal entity complying with the requirements of this Act shall have **the right to oppose use** or registration of any mark that may lead to confusion between goods or services."(Law 17,011[14])

34 Philip Morris v. Uruguay, paras. 256-257.

상 적격이 있다고 판단하였다.[35]

피청구인의 조치로 청구인들에게 수용 또는 수용 유사 결과가 있었는지 여부와 관련하여, 중재판정부는 결과적으로 피청구인의 규제조치로 투자의 사용, 향유 및 투자가치에 대한 "실질적 박탈(substantial deprivation)"은 없었다고 판단하여 청구인들의 수용 주장을 배척하였다. 청구인들은 문제 된 규제조치가 없었다면 Abal의 수익이 더 증가하였을 것이라고 주장하였지만, 중재판정부는 2011년 이후에도 Abal이 사업을 유지하고 지속적으로 수익을 낸 이상 이러한 가정적인 판단으로 투자자치의 상당한 손실이 발생한 것으로 볼 수 없다고 판단하였다.[36] 즉, 단순히 예상되는 수익의 일정 부분에 손실이 있다고 하여 이를 수용의 성격을 지닌다고 단정할 수 없다고 본 것이다.[37]

나아가 중재판정부는 피청구인의 '국가규제권한' 주장을 받아들여 이를 수용이 인정되지 않는 또 하나의 근거로 보았다. 청구인들은 BIT 제5조 제1항에는 공익적 목적의 규제조치인 경우 국가의 보상책임을 면제한다는 내용이 문언상 없다고 주장하였는데, 중재판정부는 BIT는 조약법에 관한 비엔나협약(Vienna Convention on the Law of Treaties, 이하 '비엔나협약') 제31조 제1항[38]에 따른 목적과 문맥뿐만 아니라 제31조 제

35 Philip Morris v. Uruguay, para. 272.

36 Philip Morris v. Uruguay, paras. 284-286.

37 특히 중재판정부는 BIT 제5조 제1항의 문언이 간접수용(indirect expropriation)을 정의하며 수용과 '같거나 같은 결과를 주는 조치'로 엄격하게 규정하고 있을 뿐, 다른 BIT에서처럼 수용에 '버금가거나(tantamount)', '동등한(equivalent)' 효과를 주는 조치까지 폭넓게 규정하고 있지 않다고 지적하였는데, 이러한 점도 판단의 전제로 작용한 것으로 보인다(Philip Morris v. Uruguay, para. 192).

38 "A treaty shall be interpreted in good faith in accordance with the ordinary meaning to be given to the terms of the treaty in their context and in the light of its object and purpose."

3항(c)[39]의 '적용가능한 국제법(relevant rules of international law applicable)'에 따라 해석되어야 하며, 여기에는 현재 발전하고 있는 형태 그대로의 국제관습법이 포함된다고 보았다.[40]

즉 국가의 규제권한에 대하여는 오랜 기간 축적된 중재판정례[41]와 OECD 및 다양한 국제협약을 통해 그 의미가 구체적으로 발전하여 왔는데, 국가가 공익적 목적으로 행한 선의의(bona fide), 비차별적이며(non-discriminatory), 비례성을 갖춘(proportionate) 조치들은 설령 손실을 입은 투자자에 대한 적절한 보상이 없더라도 수용에 해당하지 않는다는 점이 보편적으로 받아들여지고 있고, 특히 국민건강은 이러한 규제조치의 대표적인 정책 목적에 해당한다고 보았다.[42] 본 사건에서는 우루과이 보건당국이 국민건강 증진이라는 정당한 목적하에 시행한 정책들이고, 비록 SPR 조치와 80/80 규제가 각각 과학적으로 어떠한 개선효과가 있었는지 구체적으로 입증하기는 어렵지만, 이러한 일련의 정책들로 인하여 전체적인 흡연자 비율, 특히 청소년 흡연자 비율이 결과적으로 감소하였다는 점에서 효과적인 정책이었다고 판단하였다.[43] 중재판정부는 우루과이 정부정책이 WHO 및 범미보건기구와 같은 국제보건기구가 지지하는 국민보건복지를 위한 효과적인 정책(effective means to

---

39 "There shall be taken into account, together with the context: (c) Any relevant rules of international law applicable in the relations between the parties."

40 Philip Morris v. Uruguay, para. 290.

41 Técnicas Medioambientales Tecmed, S.A. v. Mexico, ICSID Case No. ARB (AF)/00/2, 2003, para. 119; Saluka Investments B.V. v. The Czech Republic, UNCITRAL, 2006, para. 255; Methanex Corporation v. United States of America, UNCITRAL, 2005, para. 7 등.

42 Philip Morris v. Uruguay, paras. 295-300.

43 Philip Morris v. Uruguay, paras. 306, 136-138.

protecting public health)이라는 점도 강조하였다.[44]

결론적으로 중재판정부는 본 규제조치들이 국민건강 증진이라는 공익적 목적하에 수행된 국가의 정당한 규제권한행사라는 점에서, 또한 청구인들의 투자가치가 심각하게 손상되지 않았다는 점에서 BIT 제5조 제1항의 '수용'에 해당하지 않는다고 판단하였다.

(2) FET 주장 관련(BIT 제3조 제2항)

▶FET의 법적 기준

중재판정부는 먼저 FET 위반 여부의 판단에 앞서 전제가 되는 FET의 법적 기준에 관하여 검토하였다. 중재판정부는 BIT 제3조 제2항의 문언에 비추어 볼 때, 피청구인의 주장대로 단순히 국제법상 최소기준대우를 확인한 것이라고도 볼 수 없고, 청구인의 주장대로 해당 BIT 규정에 "국제법에 따른 대우(treatment in accordance with international law)"와 같은 언급이 없다고 하여 BIT가 그 자체적으로 독립적(autonomous)인 기준을 규정한 것도 아니라고 보았다. BIT 제3조 제2항 역시 비엔나협약 제31조 제3항(c)에 따른 국제관습법을 고려하지 않을 수 없는데, FET의 법적 기준은 1926년 Neer 사건[45]에서 처음 다루어졌을 때보다 오

44 Philip Morris v. Uruguay, paras. 306, n407.

45 L.F.H. Neer & Pauline Neer v. Mexico, General Claims Commission (US/Mexico), Decision (1926. 10. 15.)(이하 'Neer v. Mexico'), para. 61. 이 사건에서는 국제관습법상 최소기준대우를 매우 좁게 해석하였다.("The treatment of an alien, in order to constitute an international delinquency, **should amount to an outrage, to bad faith, to willful neglect of duty, or to an insufficiency of governmental action** so far short of international standards that every reasonable and impartial man would readily recognize its insufficiency.")

늘날 그 기준이 넓어졌다고 보았다.[46] 중재판정부는 FET의 기준은 구체적 사안에 따라 그 의미가 조금씩 달라지겠지만, 일반적으로 투명성(transparency), 투자자의 정당한 기대 보호, 강제력(coercion) 배제, 절차적 정당성(due process), 선의 등의 요소로 구성된다고 보았다. 본 사건에서는 FET와 관련하여 투자자의 '정당한 기대' 및 '우루과이 사법제도의 안정성' 측면을 구체적인 판단 요소로 삼았다.[47]

▶FET 위반 여부

중재판정부는 특히 건강·보건과 같은 공공분야에서는 정책을 입안하는 정부당국의 판단재량(margin of appreciation)이 가급적 존중되어야 한다는 전제[48]하에 해당 규제조치들이 현저하게 자의적인 조치였는지 여부를 판단하였다. WHO와 범미보건기구의 제3자의견서에서 확인된 바와 같이, SPR 조치와 80/80 규제는 WHO의 담배 규제기본협약에 부합하는 정당한 목적이 있었으며, 외국 회사와 국내 회사 모두에게 일률적으로 적용된 만큼 차별적인 요소가 없었고, 특히 Abal의 사업에 상대적으로 경미한 영향을 끼쳤다는 점을 고려할 때 자의적인 요소를 발견할 수 없다고 하였다.[49] 또한 입법 과정을 보면 특정 공무원에 의하여 갑작스럽게 고안되어 시행된 것이 아니라, 담배 규제에 대한 국제적 동향 및 국내 흡연 실태를 고려하여 어느 정도의 과학적 근거에 바탕을 두고 시행

46 "The standard today is broader than it was defined in the Neer case although its precise content is far from being settled."(Philip Morris v. Uruguay, para. 319) FET 기준이 Neer 사건 때보다 넓어진 것을 인정하였지만 구체적이고 정확한 의미에 대해서는 의견이 분분하다는 점도 언급하였다.

47 Philip Morris v. Uruguay, paras. 319-324.

48 Philip Morris v. Uruguay, paras. 397-399.

49 Philip Morris v. Uruguay, paras. 391, 402, 410.

된 정책이라고 보았으며, 이 경우 실제 국가가 의도한 효과를 거두었는지 여부가 아니라 당시 상황에 비추어 합리적(reasonable)인 정책이었는지 여부를 살펴보아야 한다고 판단하였다.[50]

투자자의 정당한 기대 여부에 대하여 중재판정부는 안정화 조항(stablization clause)이 없는 일반적인 법안에 대해서는 국가의 정책 기조에 따라 변화가 생길 수 있다는 점이 인정되고, 이와 달리 국가의 구체적인(specific) 확약에 근거한 신뢰가 있지 않은 이상, 국가의 규제권한에 따른 합리적인 재량(acceptable margin of change)을 벗어나지 않는 한도에서는 투자자의 정당한 기대가 성립하지 않는다고 보았다. 또한 당시 담배의 해로움과 국민 흡연율 증가에 대한 경각심이 세계적으로 일고 있었다는 점에 비추어, 오히려 투자자 입장에서는 담배에 대한 규제가 더 심해질 것이라는 점을 예측할 수밖에 없었다고 지적하였다.[51]

결론적으로 중재판정부는 보호받을 만한 투자자의 정당한 기대가 없었으며, 우루과이 정부의 규제조치들이 우루과이 사법제도의 안정성을 위해할 정도의 영향을 준 것은 아니므로, 스위스-우루과이 BIT 제3조 제2항의 FET 위반에 해당되지 않는다고 판단하였다.

(3) 사법구제의 거부 주장 관련(BIT 제3조 제2항)

▶증명책임 관련

중재판정부는 사법구제의 거부 주장은 기본적으로 BIT 제3조 제2항의 FET 개념에서 도출되는 원칙이라고 보면서, 다만 청구인들과 피청구인이 다투고 있는 입증책임에 대해서는 사법구제의 거부란 단순히 사법제

50 Philip Morris v. Uruguay, para. 409.

51 Philip Morris v. Uruguay, paras. 423, 426, 430.

도의 하자가 아니라 '근본적으로 불공정하거나(fundamentally unfair)', '명백하게 잘못된(outrageously wrong)' 판결로 인하여 정상적인 절차에 의해 사법구제가 어려운 사정에 이르러야 하는 만큼 엄격한 증명책임(high threshold)이 적용되며, 따라서 사법제도에 근본적인 결함이 있으며 충분하고 효과적인 국내 구제절차가 소진되었다는 점을 청구인들이 증명하여야 한다고 전제하였다.[52]

▶**사법구제의 거부 해당 여부**

중재판정부는 기본적으로 피청구인의 주장을 받아들여, 사법구제의 거부에 이를 정도의 중대한 위법 내지 사법적 구제가 어려운 사정을 발견할 수 없다고 판단하였다. 중재판정부는 중재판정이 국내 판결의 적법성을 최종적으로 다투는 상고심(courts of appeal)으로 기능할 수 없다는 전제하에, 우루과이 대법원과 TCA는 각자 헌법상 보장된 자신의 권한을 충분히 행사하여 판결을 내린 것이며 일견 상충되는 것처럼 보이는 판결[53]로 인하여 사법구제의 거부를 구성할 정도의 위법은 발생하지 않았다고 결론 내렸다. 대법원과 TCA는 헌법상 동등한 사법기관이며, 대법원은 법률의 위헌 여부에 대하여, 그리고 TCA는 행정행위의 위법 여부에 대하여 종국적인 판단 권한을 보유하기 때문이다. 특히 TCA는 대법원이 법률에 대하여 '위헌' 판단을 한 경우에만 그 판단에 구속될 뿐이므로, 합헌 판단을 내린 본 사건에서는 TCA가 행정행위의 위법성에

---

52 Philip Morris v. Uruguay, paras. 498-503.

53 대법원은 법 제18,256호에 대해 합헌 판단을 하면서 보건부에 담뱃갑 면적의 50% 이상을 건강경고문으로 채우도록 권한을 위임한 바 없다고 판단하였고, TCA는 80/80 규제는 법에 따라 정당하게 위임받은 권한을 행사하였기 때문에 적법하다고 판단하여, 판결 이유에 모순이 있다(이 글의 75면 (2) 80/80 규제에 대한 대법원과 행정법원의 상이한 판단" 참고).

대하여 그 재량에 따라 판단할 수 있다고 보았다.[54] 중재판정부도 우루과이의 사법제도가 이러한 이분적인 심사제도를 운영하면서도 판결 내용에 불일치가 있는 경우를 대비하여 따로 구제책을 마련하지 않은 점이 다소 '특이(unusual)'하다는 것은 인정하였지만, 청구인들은 법원에서 충분히 공방의 기회를 가진 만큼 대법원의 판결 이유와 다르게 TCA가 독자적인 판결을 내렸다고 하여 사법구제의 거부에 이를 만큼 명백한 위법이 존재하지는 않는다고 하였다.[55]

SPR 조치에 대하여 TCA가 내린 판결이 다른 당사자에 대한 내용을 포함하고 있어 위법하다는 청구인들의 두 번째 주장에 대하여 중재판정부는 판정문에 Abal 외에 BAT가 언급된 것은 사실이나, 이는 Abal과 BAT의 청구가 행정청의 동일한 처분을 다투고 있어 유사한 사실관계에 바탕을 두고 있었기 때문이고, Abal의 주장 일부도 판정문에서 분명히 다루어지고 있는 이상 단순히 Abal의 특정 주장이나 증거를 언급하지 않았다고 하여 이러한 하자만으로 사법구제의 거부를 구성하지는 않는다고 판단하였다.[56]

결론적으로 중재판정부는 사법구제의 거부는 청구인들이 그 요건에 해당한다는 점을 매우 엄격하게 증명하여야 하는데, 본 사건에서는 사법구제의 거부에 해당할 정도의 근본적이거나 명백한 하자가 없으므로, 국내 구제절차 소진 여부에 대하여 더 살펴볼 필요 없이 사법구제의 거부 주장은 인정되지 않는다고 보았다.

---

54 Philip Morris v. Uruguay, paras. 521-525.

55 Philip Morris v. Uruguay, para. 527.

56 Philip Morris v. Uruguay, para. 563.

(4) 중재판정부의 판정

중재판정부는 최종적으로 청구인들의 수용, FET 위반, 사법구제의 거부 주장 등 관련 청구를 모두 기각하였다. 중재비용 및 법률비용 부담과 관련해서는 패소자부담원칙에 따라 청구인들이 피청구인에게 피청구인의 법률비용 중 미화 7,000,000달러를 배상할 것을 명하였고,[57] 중재판정부 비용 및 ICSID 행정비용은 피청구인이 이미 부담한 비용을 포함하여 모두 청구인들에게 지급책임이 있다고 판단하였다.

(5) Gary Born의 소수의견

세 명의 중재인 중 청구인들 측 중재인으로 선정된 Gary Born은 본 판정에 대하여 소수의견을 제시하였는데, 두 가지 쟁점에 대하여 다수의견과 견해를 달리하였다. 우선 사법구제의 거부 주장에 대하여 Gary Born은 본 사건은 대법원과 TCA가 최초로 서로 모순되는 판단을 한 경우로서, 같은 당사자를 대상으로 하여 밀접하게 관련된 두 건의 소송절차에서 서로 모순되는 판결이 있었다는 점, 이를 구제할 아무런 국내 사법절차가 마련되어 있지 않았다는 점을 고려할 때 충분히 사법구제의 거부를 구성한다고 보았다.[58]

또한 SPR 조치는 충분한 사전 연구나 내부 검토 없이 행해진 것으로서 세계적으로 전례가 없는 조치였으며, 입법 목적과 조치 사이에 최소한의 관련성이 결여되어 자의적이고 비례성을 벗어난 조치로서 FET 위반에 해당한다고 판단하였다.[59] 즉 SPR 조치는 본래 입법 목적이었

57 피청구인의 총 법률비용은 미화 10,319,833.57달러로 산정되었다.

58 Philip Morris v. Uruguay, ANNEX B, Concurring and Dissenting Opinion, paras. 55, 76.

59 Philip Morris v. Uruguay, ANNEX B, Concurring and Dissenting Opinion, para. 167.

던 '소비자를 현혹할 수 있는 광고의 제한'에서 벗어나 실제 그러한 문구를 사용하는지 여부와 관계없이 일괄적으로 하나의 브랜드 디자인만을 강제함으로써 지나치게 '광범위한 규제(over-inclusive)'라는 측면이 있었고, 반대로 같은 브랜드 내의 디자인 종류를 제한할 뿐 다른 유사 브랜드 간에 소비자를 현혹할 수 있는 문구를 사용하는 경우는 제한하지 않았다는 점[60]에서 지나치게 '한정적인 규제(under-inclusive)'라고 주장하였다.[61] 그러나 결론적으로 Gary Born도 우루과이 정부에게 국민건강과 안전을 보호하기 위한 폭넓은 규제권한이 있다는 점을 인정함으로써 다수의견의 나머지 결론에는 동의하였다.

5) 기타 쟁점

(1) 투자의 사용 및 향유 방해 여부(BIT 제3조 제1항)[62]

청구인들은 부수적인 쟁점으로 피청구인의 규제조치가 지적재산권 등 청구인들의 투자의 사용 및 향유를 부당하게 방해함으로써 스위스-우루

---

60 이와 관련하여 Gary Born은 일명 '알리바이 브랜드(alibi brands)'가 서로 다른 상호를 가진 브랜드의 색깔과 디자인만 살짝 바꿔 가면서 SPR 조치가 방지하고자 하였던 바로 그 목적의 판매행위를 하고 있는데도 불구하고, 이는 전혀 규제 대상이 아니었다는 점을 지적하였다(Philip Morris v. Uruguay, ANNEX B, Concurring and Dissenting Opinion, para. 168).

61 Philip Morris v. Uruguay, ANNEX B, Concurring and Dissenting Opinion, paras. 168-172.

62 "Each Contracting Party shall protect within its territory investments made in accordance with its legislation by investors of the other Contracting Party and **shall not impair** by unreasonable or discriminatory measures the management, maintenance, **use, enjoyment**, extension, sale and, should it so happen, liquidation of such investments."(Philip Morris v. Uruguay, para. 437)

과이 BIT 제3조 제1항을 위반하였다고 주장하였다. 중재판정부는 이는 결국 규제조치가 자의적이고 비합리적인 조치였는지 여부에 대한 판단과 동일하므로, FET 위반에 해당하지 않는 이상 같은 이유로 BIT 제3조 제1항 위반에도 해당하지 않는다고 판단하였다.[63]

(2) 우산조항 위반 여부(BIT 제11조)[64]

청구인들은 또한 피청구인이 상표권의 정당한 사용·수익을 방해함으로써 투자와 관련된 약속(commitment)준수 의무를 위반하였고, 이는 스위스-우루과이 BIT 제11조의 우산조항(Umbrella Clause)을 위반한 것이라고 주장하였다. 우산조항은 투자자와 국가 간의 일반 계약상 의무 위반이라 할지라도 이를 조약상 의무 위반으로 볼 수 있도록 매개해 주는 역할을 하는 BIT 조항을 의미하는데,[65] 중재판정부는 '약속의 준수를 지속적으로 보장(shall constantly guarantee the observance of the commitments)한다'는 문언에 비추어 적어도 계약상 청구에 관하여는 BIT 제11조가 우산조항으로 기능한다고 판단하였다.[66] 다만 중재판정부는 단순히 법령에 따라 상표권 등록이 허용된다고 하여 국가 입장에서 특정한 작위의무가 발생하는 것은 아니라고 하여, 상표권은 BIT 제11조에서 의미하는 투자 관련 '약속'으로 볼 수 없다고 판단하였다. 따라서 BIT 제11조 위반 주장도 받아들이지 않았다.

---

63 Philip Morris v. Uruguay, paras. 444-446.

64 "Either Contracting Party **shall constantly guarantee the observance of the commitments** it has entered into with respect to the investments of the investors of the other Contracting Party."(Philip Morris v. Uruguay, para. 447)

65 Rudolf Dolzer & Christoph Schreuer, *Principles of International Investment Law*, 2nd edition, (Oxford University Press, 2012), p. 166.

66 Philip Morris v. Uruguay, paras. 471-472.

4. 판정의 의의와 시사점

본 사건은 청구인들이 중재를 제기한 2010년부터 관할 단계와 본안 단계까지 무려 6년 이상 지속된 사건으로서, 그만큼 다양하고 복잡한 쟁점에 관하여 청구인들과 피청구인이 치열하게 다투었고 WHO와 범미보건기구가 제3자의견서를 제출하였으며 양측에서 7명의 사실 증인과 17명의 전문가 증인이 참여하였다. 특히 본 판정은 당사자들이 흡연의 유해성에 대해서는 다투지 않는 가운데 국가의 공중보건 규제정책을 문제 삼은 중재판정부의 첫 번째 본안 판정[67]으로서, 국가의 규제권한의 범위, 특히 국민의 건강과 보건에 대한 규제가 과연 어느 선까지 인정되는 것이 타당한지를 깊이 있게 다루었다. 중재판정부는 이 사건 청구를 기각하면서 공공 분야 중 국민의 건강에 관한 국가의 규제권한은 보다 폭넓게 인정되어야 한다고 판단한 것으로 보인다.

이 사건은 물론 공공이익을 위한 정책의 경우 어느 정도의 합리성과 비례성이 인정되는 이상 국가의 판단재량(margin of appreciation)을 비교적 광범위하게 인정하였다는 점에서 시사점을 찾을 수도 있지만, 중재판정부가 이와 같은 결론에 이르게 된 경위에서 더 큰 시사점을 찾을 수 있다. 국가의 합리적인 재량권 행사의 근거로 비록 우루과이 정부의 조치가 다소 세련되지 못하고 공공 목적에 부합하는 조치인지 여부에 대하여 의문을 가질 만한 정황이 있었음에도, 중재판정부는 WHO와

---

67 Philip Morris Asia가 호주 규제당국의 플레인패키징(plain packaging) 법령이 호주-홍콩 BIT에 위반된다는 이유로 호주를 상대로 2011년 제기한 ISD 사건(Philip Morris Asia Ltd. v. The Commonwealth of Australia, UNCITRAL, PCA Case No. 2012-12, Award [2015. 12. 17.])은 중재판정부가 관할을 부정하여 최종 기각되어, 본안판단을 거치지 않았다.

범미보건기구와 같은 국제기구의 제3자 의견을 적극적으로 경청하면서, 우루과이 정부정책이 국제적인 동향을 따르면서 국제협약에 부합한다는 제3자 의견을 상당히 신뢰하였다. 이러한 점은 투자자중재와 국제상사중재가 분명히 차별화되는 부분으로, 어느 한 국가의 정책의 합리성에 대하여 국제기구나 NGO가 발언권을 가지면서 중재판정부의 판정에 영향력을 행사할 수 있다는 점을 잘 보여 준다. 다만 이에 대한 소수의견도 있듯이, 국가규제의 목적이 아무리 공공의 이익을 위한 선의의 것이라고 하더라도 비례성의 원칙과 그러한 규제를 통하여 달성하고자 하는 효과를 간과하여서는 아니 되며 국가 정책이 그 목적에도 불구하고 궁극적으로 외국 투자만을 침해하는 것으로 비춰질 수 있는 경우에는 지난한 투자자 중재에 휘말릴 우려가 있다는 점을 유의할 필요가 있다. 즉 국가 입장에서는 공공 목적을 위한 국가의 규제권한을 합리적으로 사용하도록 주의를 기울일 필요가 있으며, 나아가 다른 국가들 및 국제기구들은 같은 공공 목적을 위해 어떠한 정책을 실시하는지 여부도 계속 모니터링할 필요가 있다는 점을 상기시켜 준다.

본 사건 판정은 지적재산권의 보호와 관련해서도 의미 있는 판단을 내렸는데, 지적재산권은 규제를 받지 않거나 무제한적으로 주장할 수 있는 절대적인 권리가 아니라, 정당한 사용·수익을 방해하는 제3자를 상대로 방해 배제를 요청할 수 있는 '소극적 권리'로서 성격을 갖는다고 판단한 점이다. 물론 이는 우루과이 국내법령의 해석에 의존한 바도 크지만, 향후 지적재산권에 대한 보호범위를 상정함에 있어 유의미한 해석을 제공해 준다. 중재판정부는 단순히 상표권 등록이 되어 있다고 하여 이를 국가에 대한 특정한 작위의무를 발생시키는 '약속(commitment)'으로 볼 수 없다고 하였는데, 향후 지적재산권 관련 투자자-국가 간 분쟁이 빈번해질 경우 중요한 선례로 작용할 것이다.

본 판정은 FET 위반과 관련하여 투자자의 정당한 기대(legitimate

expectations) 여부를 판단함에 있어 국제관습법상의 최소기준을 해당 BIT가 명시적으로 언급하고 있지 않더라도 비엔나협약상 국제관습법을 고려할 수밖에 없으며, Neer 사건 결정 당시보다는 FET 위반 범위가 넓어졌다고 판단한 점에서 시사점이 크다. FET 위반은 대부분의 투자자 중재에서 문제 되는 쟁점으로서 FET 기준에 대해서도 중요한 선례로 작용할 것으로 보인다. 투자자의 정당한 기대가 있었는지 여부를 판단함에 있어서도 담배 규제가 엄격해지고 있는 국제적인 추세를 고려하였다는 점에서, 투자자 또는 국가 입장에서 정당한 기대를 입증하거나 반박하는 경우 해당 규제에 대한 국제적인 추세나 동향도 간과할 수 없는 요소라는 점에 주의할 필요가 있다.

마지막으로 본 사건 중재판정은 사법구제의 거부를 엄격하게 인정해야 한다는 태도를 취함으로써 투자자 중재가 국내 사법절차의 항소심 내지는 최종심이 되는 것을 경계하였다. 그러나 구체적인 판결이나 특정 조치가 아닌 사법제도의 잠재적인 불완전성마저도 사법구제 거부의 심사 대상으로 삼았고, 결론적으로 세 명의 중재인 중 한 명의 중재인이 사법절차의 불완전성을 사법구제의 거부로 보았다는 측면에서 투자자 중재에서 문제 될 수 있는 조치가 광범위하다는 점을 상기시켜 준다. 사법구제의 거부가 인정되기 위한 벽은 높지만 앞으로 사법구제의 거부가 쟁점이 되는 사건이 많아지지 않을까 조심스레 예측해 본다.

제4장

공정하고 공평한 대우: 투자자의 정당한 기대 보호 (1)

Tecmed v. Mexico 사건

임아영[1]

1. 사건의 개요

1) 사건명

Técnicas Medioambientales TECMED S.A. v. The United Mexican States, ICSID Case No. ARB(AF)/00/2, Award (2003. 5. 29.)(이하 'Tecmed v. Mexico')

2) 청구의 근거가 된 협정

멕시코-스페인 BIT(1996. 12. 18. 체결) 및 ICSID 추가절차규칙에 의거하여 절차가 진행되었다.[2]

1 법무법인 광장 변호사, 서울대학교 법과대학원 박사과정

2 피청구인 멕시코가 ICSID 협약의 체약국이 아닌바, ICSID 추가절차규칙 제2조(a), 제4조에 따라 ICSID 추가절차규칙이 중재절차에 적용되었다.

3) 당사자

(1) 청구인(Claimant)
· Técnicas Medioambientales TECMED S.A.(스페인 회사)[3]

(2) 피청구인(Respondent)
· 멕시코(Mexico)

4) 중재판정부의 구성

· 의장중재인: Horacio A. Grigera Naon 박사(아르헨티나 국적)
· 청구인 지명 중재인: Jose Carlos Fernandez Rozas 교수(스페인 국적)
· 피청구인 지명 중재인: Carlos Bernal Verea(멕시코 국적)[4]

5) 사건의 배경 및 판정요지

본 사건은 외국 투자자의 위험폐기물 처리시설 운영에 대해 투자유치국 정부가 운영면허 갱신을 거부하고 시설폐쇄 명령을 부과한 행위가 BIT

3 청구인은 Tecmed, Técnicas Medioambientales de Mexico, S.A. de C.V(멕시코 법에 따라 설립된 회사, 이하 'Tecmed')의 99% 이상 지분을 보유한 모회사이며, Tecmed는 Cytrar, S.A. de C.V.(멕시코 법에 따라 설립된 회사, 이하 'Cytrar')의 99% 이상 지분을 보유한 모회사다.

4 멕시코 정부가 초기에 중재인으로 지명한 Guillermo Aguilar Alvarez는 그가 다른 중재사건에서 표명한 의견이 본 사건에서도 문제 될 법적 쟁점과 연관된다는 피청구인의 의견에 따라 사임하였고, 그 후 피청구인은 Carlos Bernal Verea를 피청구인 측 중재인으로 선정했다(Tecmed v. Mexico, paras. 13-16.).

의 위반인지가 문제된 사건이다.

청구인은 멕시코 정부의 (1) 멕시코-스페인 BIT 제5조 제1항의 간접수용 조항 위반, (2) BIT 제4조 제1항의 공정하고 공평한 대우(Fair and Equitable Treatment, 이하 'FET') 위반, (3) BIT 제3조 제1항의 충분한 보호와 안전(full protection and security)을 위반했다고 주장하였으며, 이에 따른 (1) 원상회복(Restitution-in kind)으로 운영에 필요한 면허 발급과, (2) 손해배상으로 수용일(1998. 11. 25.) 직전 기준 현금할인법(disccounted cash flow)으로 산정한 공정시장가액 미화 52,000,000달러 및 이자 상당액을 청구했다.

중재판정부는 (1) BIT 제5조 제1항의 간접수용과 제4조 제1항의 FET 위반을 인정하며,[5] (2) 미화 5,533,017.12달러(약 553만 달러) 및 연이율 6% 복리이자 상당액을 더한 손해배상과 위험폐기물 처리시설의 이전을 명하고, (3) 중재절차비용 및 법률비용은 각 당사자가 부담해야 한다고 판단했다.

6) 절차의 개요

2000. 7. 28.	ICSID, 중재신청서(Request for Arbitration) 접수
2000. 8. 28.	ICSID, 피청구인에 중재신청 등록 사실 통보
2000. 10. 2.	청구인 측 중재인 Jose Carlos Fernandez Rosas 선정
2000. 11. 7.	피청구인 측 중재인 Guillermo Aguilar Alvarez 선정
2000. 11. 7.	의장중재인 후보로 Albert Jan van den Berg 지명

5 충분한 보호와 안전(full protection and security)과 관련해 중재판정부는 (1) 충분한 보호·안전 제공 의무는 국가에 엄격책임(strict liability)을 부과하는 법리가 아니고, (2) 멕시코 당국이 위험폐기물 처리시설에 대한 반대시위를 조장했다고 볼 근거가 없기 때문에 이에 관해 국가에 귀속되는 위반행위가 없다고 판시했다.

2000. 11. 29.	청구인이 의장중재인 후보 Albert Jan van den Berg에 반대
2000. 11. 29.	중재인들이 의장중재인을 선정하기로 당사자 간 합의
2001. 1. 30.	의장중재인 Horacio A. Grigera Naon 지명
2001. 3. 13.	중재판정부 구성 완료
2001. 5. 7.	최초 절차기일(프랑스 파리)
2001. 9. 4.	청구인 서면(Memorial) 제출
2001. 11. 16.	피청구인 측 중재인 Guillermo Aguilar Alvarez가 사임 의사 표명함에 따라 중재인 재선임 시까지 중재절차 중단
2001. 11. 20.	피청구인 측 중재인 Guillermo Aguilar Alvarez 사임
2001. 12. 17.	피청구인 측 중재인으로 Carlos Bernal Verea를 선정, 절차 재개
2002. 2. 11.	피청구인 반박서면(Counter-Memorial) 제출
2002. 5. 20 - 24.	심리기일 진행(미국 워싱턴 D.C.)[6]
2002. 8. 1.	양 당사자 최종 변론서면(closing statement) 제출
2003. 4. 9.	중재심리절차 종료 선언
2003. 5. 29.	중재판정부 중재판정

6 중재판정부는 양측 재반박서면(Reply 및 Rejoinder) 제출 절차를 생략하고 증거조사를 심리기일에 포함하여 진행하기로 결정하였다(Tecmed v. Mexico, para. 21).

2. 사실관계

1) 위험폐기물 처리시설 설립 및 운영허가 발급

1988년 당시 멕시코의 소노라(Sonora)주 에르모시요(Hermosillo) 지방정부는 위험폐기물 처리시설을 짓기 위해 라스 비보라스(Las Viboras) 부지의 토지 소유권을 취득하고, 그 위에 위험폐기물 처리시설을 건설했다. 이 처리시설의 운영을 위해 멕시코 연방정부의 도시개발생태계 부처(Ministry of Urban Development and Ecology, 이하 'SEDUE')에서 소노라 주의 공공기관인 Parques Industriales de Sonora에 운영 라이선스를 발급했다. 이 운영 라이선스는 1988년 12월 7일에 발급된 것으로, 유효기간이 5년이었으며 갱신도 가능한 것이었다.

그 후 1994년에 처리시설 소유권이 에르모시요 지역 지방기구인 Confinamiento Controlado Parque Industrial de Hermosillo O.P.D.에 이전되었다. 이에 따라 처리시설의 운영허가도 새로이 받게 되었는데, 이때의 허가 발급은 SEDUE에게서 권한을 이임받은 연방정부 환경·천연자원·수산 부처(Ministry of Environment, Natural Resources and Fisheries, 이하 'SEMARNAP')의 산하기관인 National Ecology Institute of Mexico(이하 'INE')에서 담당하고 있었다.[7] INE는 1988년 12월 7일에 발급된 기존 허가를 취소하고, 1994년 5월 4일 새로운 운영 라이선스(무기한)를 발급했다.

1995년 중반에 Confinamiento Controlado Parque Industrial de

---

7 INE는 위험폐기물 처리시설의 운영허가를 발급할 권한뿐만 아니라, SEDUE 및 SEMARNAP가 정한 범위 내에서 환경을 이유로 한 규제권한도 갖고 있었다는 점이 중요하다.

Hermosillo O.P.D.의 해산 및 청산으로 위험폐기물 처리시설의 소유권은 다시 소노라 주정부 재산으로 귀속되었다가 Promotora라는 지방기관에 기부되었다. 이 Promotora가 1996년 본 사건의 발단이 된 처리시설의 공공입찰절차를 개시했다.

2) 위험폐기물 처리시설 운영권 취득 및 운영 라이선스 발급

청구인의 멕시코 자회사인 Tecmed는 1996년 2월 16일 Promotora의 위험폐기물 처리시설의 운영권 입찰에 참가하여 낙찰받았다. 그에 따라 Tecmed는 1996년 4월 16일 INE에 운영 관련 라이선스를 자신의 자회사인 Cytrar로 이전하고 그 명의를 Cytrar로 변경해 줄 것을 요청했다.[8]

INE는 1996년 11월 11일 Cytrar 명의의 운영 라이선스를 발급했는데, 그 면허는 1년 동안 유효하며 기한 종료 30일 전에 신청인의 신청으로 매년 갱신되도록 하는 조건이 부과되어 있었다. Cytrar의 운영 라이선스는 1회 갱신되어 1998년 11월 19일까지 유효했는데, INE는 1998년 11월 19일에 이를 갱신해 주지 않았으며 1998년 11월 25일 갱신거부결정을 내렸다.

INE의 1998년 11월 25일 갱신거부결정이 핵심적으로 다투어지는 피청구인의 행위이며, 손해배상액 산정 기준일도 이 날짜에 맞춰져 있는데, 그 배경에는 1997-1998년 Cytrar의 위험폐기물 처리시설 운영에 대한 에르모시요 지역사회의 반대시위가 크게 작용했다는 주장이 제기되었다.

---

8 당시 운영 라이선스 명의는 Confinamiento Controlado Parque Industrial de Hermosillo O.P.D. 앞으로 되어 있었다.

3) Cytrar의 처리시설 운영에 대한 지역사회의 반대

에르모시요 지역사회에서는 1997년부터 Cytrar의 위험폐기물 처리시설 운영을 반대하는 시위가 치열하게 전개되었고, 반대시위자들은 시설 이전에 압박을 가했다. 반대시위는 위험폐기물 처리시설 앞에서의 행진, '환경 범죄'에 대한 형사 고소, 처리시설 봉쇄 및 출입 차단 시도, 국가인권위원회 진정 등 다양한 방식으로 여러 차례 진행되었으며, 지역주민 200-400명과 시민단체들이 여기에 참가했다. 이들의 반대시위는 Cytrar의 일상적인 처리시설 운영이 아니라, 처리시설의 근접성 및 폐토양 운반 사실에 초점을 맞추고 있었다.[9]

반대시위자들은 처리시설의 위치가 에르모시요 도심으로부터 8km 밖에 떨어져 있지 않다는 점이 멕시코 국내법(10,000명 이상의 인구가 거주하는 지역으로부터 최소 25km의 거리에 위치할 것을 요하는 규정)에 위반된다고 주장했는데, 멕시코 법상 이미 운영 라이선스가 발급된 이상 소급적으로 취소하는 것은 불가능했다.[10]

또한 반대시위자들은 Alco Pacifico 공장(멕시코의 바하칼리포니아[Baja California]주 티후아나[Tijuana]시에 위치한 재활용 및 재생 공장)에서 폐토양을 수거하여 운반하는 폐기물 운반 과정이 끼치는 영향도 지적했다.[11] 이에 대해 1997년 10월경 Federal Environmental Protection Attorney's Office(이하 'PROFEPA')[12]가 조사를 실시한 후 그 결과에 따라 Cytrar에

9 Tecmed v. Mexico, para. 108.

10 Tecmed v. Mexico, para. 106.

11 Cytrar는 1996년 11월 19일에 PROFEPA, 미국 로스앤젤레스 카운티, Fomento de Ingenieria S.A. de C.V.와 맺은 계약에 따라 Alco Pacifico 공장의 폐기물 및 폐토양의 수거·운반·처리를 수행해 오고 있었다.

12 PROFEPA는 INE와 동일한 연방정부부처(SEMARNAP) 산하에 병렬적으로 존재

시정조치를 명한 바 있고, Cytrar는 시정조치를 이행했다.[13] 그 후에도 몇 차례 비슷한 일이 발생하여 PROFEPA는 Cytrar에 시정조치 및 벌금을 부과하고, Cytrar는 그때마다 시정조치를 이행하고 벌금을 납부하였다.

위험폐기물 처리시설 운영 과정에서 PROFEPA가 검토한 문제 중에는 Cytrar의 처리시설 중 제2호기의 처리용량 초과 문제도 포함되어 있었다. 위험폐기물 처리시설 중 제2호기 설비의 처리활동이 활발하였는데, 그 용량이 기존에 정해진 한도를 초과한다는 문제가 있었다.[14] 이 문제에 대해 Cytrar는 1998년 6월과 7월 두 차례에 걸쳐 INE에게 제2호기의 확장 및 처리설비 추가 신축에 대한 허가 요청을 했으나, 1998년 10월 23일 INE는 위 요청은 허가 갱신 결정과 함께 판단하여 결정하겠다고 회신하였다.[15]

PROFEPA는 1999년 5월 25일 공문을 발령하여 이 문제가 "공중보건에 중대한 영향을 미치거나 생태계에 불균형을 불러오는 것은 아니(did not have a significant effect on public health or generate an ecological imbalance)"라고 명시한 바 있었다.[16] 1999년 12월 16일 PROFEPA는 Cytrar에 위 처리 용량 초과에 대해 벌금을 부과하면서도, 5월 공문에서와 같은 입장을 유지하였다.[17]

하는 규제기구로, 연방 환경법령 준수 여부 등을 심사하여 운영권 박탈 등을 제재할 권한을 갖고 있었다.

13 Tecmed v. Mexico, para. 107.

14 Tecmed v. Mexico, para. 99.

15 Tecmed v. Mexico, para. 101.

16 Official communication No. PFPA-DS-UJ-1105/99 (1999. 5. 25.).

17 Official communication No. PFPA-DS-UJ-2625/99 (1999. 12. 16.).

4) 투자자와 정부 간 시설 이전 논의

멕시코 정부는 에르모시요의 반대시위 등을 의식하여 위험폐기물 처리 시설을 이전하고자 했고, 1997년 7월 3일 연방·주·지방정부 합동선언 (joint declaration)으로 환경상 안전을 위해 처리시설의 이전이 필요하다는 내용을 Cytrar에 통보하였다.

에르모시요 지방정부와 INE 입장에서는 지역주민의 반대로 인해 1997년 말부터 Cytrar에 위험폐기물 처리시설의 이전을 제안하여 그에 대한 논의를 이어 오고 있었다. 다른 한편 Cytrar 입장에서는 제2호기의 처리용량 초과 등의 사정으로 앞서 살펴본 바와 같이 위험폐기물 처리시설의 확장을 정부에 요청한 상황이었다. 그런데 1997년 11월부터 1998년 11월 사이에 Cytrar의 처리시설 운영에 반대하는 시위가 격화되었고, 지역사회 주민들이 Cytrar의 시설 이전을 강하게 요구하는 집회 및 시위를 지속하면서 정부 당국에 Cytrar의 시설 운영허가 갱신을 하지 말 것을 촉구하는 청원을 제기하는 등 활동을 계속하는 상황이 이어지자, 에르모시요 지방정부와 INE 측은 1998년 11월경 Cytrar의 제2호기 확장을 허용하는 대신 Cytrar로부터 현 처리시설을 이전한다는 확약을 받는 방안을 검토했다.[18] 청구인의 주장에 따르면, 청구인들은 논의 초기부터 시설 이전 자체에는 별다른 이의가 없었고, 다만 라스 비보라스의 시설 운영이 중단되기 이전에 새로운 이전 장소가 확정되고 그 장소에서의 운영허가가 보장될 것을 정부에 요구하였다고 한다.[19]

이 논의의 결과 Cytrar는 시설을 이전하는 데 동의하였다. 그에 따

18 Tecmed v. Mexico, paras. 108 109.

19 Tecmed v. Mexico, para. 110.

라 작성된 시설이전약정(relocation agreement)은 Tecmed의 지원을 받아 Cytrar가 시설 이전 소요 비용의 상당 부분을 부담하기로 하고, 정부 측은 (1) 새로운 장소의 물색, 취득, 이전, (2) 영향평가 등 관련 검사의 수행, (3) 필요한 허가 및 라이선스를 발급하기로 정하고 있었다.[20] 1998년 10월경 소노라주의 산하기관인 Sonora's Environmental and Sustainable Development Institute(이하 'IMADES')는 처리시설 이전을 위한 후보지를 세 곳 선정했고, Cytrar와 INE는 이 후보지들에 대한 현장답사를 시행하였으며, 후속조치로서 필요한 타당성 조사를 시행하기로 하였다.[21]

5) INE의 운영허가 갱신거부결정

Cytrar의 종래 처리시설 운영허가는 1998년 11월 19일까지 유효했다. 1998년 11월 9일 Cytrar는 소노라 주정부에 보낸 서신에서 위 작성된 시설이전약정에 관련 절차에 따라 서명을 한 점, 새로 확정될 장소로 시설을 이전할 계획이라는 점, 새로운 장소의 토지 취득 및 시설 이전 비용은 Cytrar가 모두 부담할 것이라는 점, 다만 시설 이전이 유효하게 완료될 때까지 시설 운영허가의 효력이 온전히 존속해야 한다는 점을 강조했다.[22] 중재판정부의 판단을 보면, 위 시설이전약정은 끝내 모든 이해관계자들의

---

20 Tecmed v. Mexico, paras. 44, 158. 청구인은 시설 이전 완료 전까지 라스 비보라스 처리시설을 Cytrar가 운영하고 그에 관한 운영허가의 효력 존속도 시설이전약정의 내용이었다고 주장했다. 중재판정부의 판단에 따르면 위 시설이전약정은 모든 이해관계자들의 서명을 받아 정식 체결되지 않은 것으로 보인다(Tecmed v. Mexico, para. 160 참고).

21 Tecmed v. Mexico, paras. 111-112.

22 Tecmed v. Mexico, para. 112.

서명을 받아 정식 발효되지는 못한 것으로 추측된다. 다만 중재판정부는 1998년 11월 18일 위 시설이전약정의 체결을 촉구하는 에르모시요 지방정부와 INE 사이의 서신 등 관련 증거 및 정황들을 종합했을 때 그러한 내용의 합의의 존재가 인정된다고 판단하였다.[23]

INE는 1998년 11월 19일에 처리시설 운영허가를 갱신하는 대신, 1998년 11월 25일 위험폐기물 처리시설의 운영에 관한 허가 갱신을 거부하는 결의를 하면서, Cytrar에 위험폐기물 처리시설의 폐쇄 계획안 제출을 요청하였다. 위 1998년 11월 25일 자 갱신거부결정에서는 그 근거로서 (1) 처리시설은 오직 농약이나 살충제 및 그로부터 오염된 용기나 물질의 폐기물만 처리하도록 되어 있다는 점, (2) PROFEPA의 소노라 지부에서 보낸 1998년 11월 11일 자 공문에 따르면 처리시설 설비 중 제2호기가 정해진 처리용량 한도를 초과한다는 점, (3) 처리시설 외부에 일시적으로 폐기물을 적재함으로써 허가 내용에 없는 행위를 했다는 점, (4) 허가되지 않은 액체 및 생물학적 감염 가능성 있는 폐기물을 처리하였다는 점이 기재되었다.[24]

INE의 갱신거부결정 당시 처리시설이 이전될 새로운 장소는 확정되지 않았으며, 양측은 그 후에도 시설 이전에 관한 논의를 지속했지만 2000년 1월 이후로는 논의가 더 이상 진행되지 않았다.

---

23 Tecmed v. Mexico, paras. 160, 163.

24 Tecmed v. Mexico, para. 99. 청구인은 (3)과 (4)에 관해 이 행위들은 Cytrar가 아니라 이러한 행위에 대한 허가를 받은 계열사인 Técnicas Medioambientales Winco S.A. de C.V.가 수행한 것이라고 반박하였다(para. 102 참고).

3. 쟁점

1) 당사자들의 주장

(1) 청구인의 주장

청구인은 INE의 갱신거부결정이 간접수용이며 FET에 위반되는 자의적 처분이라고 주장하면서, (1) 운영 라이선스의 기간 및 조건이 Tecmed의 공공입찰 참가 당시와 비교하여 일방적으로 변경되었고, (2) 위험폐기물 처리시설의 이전 결정은 법적 근거에 기한 것이 아니라 정치적 고려에 기인한 것이며, (3) Cytrar의 처리시설 운영에는 라이선스가 취소될 정도의 환경·공중보건 관련 위반이 없었음[25]을 강조하였다.

구체적으로 청구인은 INE의 갱신거부결정이 자신들이 투자를 할 시점에 가졌던 투자의 연속성 및 존속 기간에 대한 정당한 기대(legitimate expectation)를 침해하고 투자액 및 기대 수익의 회수를 제한한다고 주장했다.[26] 또한 그 배경에는 1997년 7월 멕시코 선거 결과에 따라 에르모시요 지방정부를 비롯하여 소노라주의 다수 지방에서 지방자치단체장이 교체됨에 따른 정치적 상황 변동이 있었으며, 이들은 반대 시위를 지지하는 입장을 취했으며 INE에게 갱신을 거부하도록 압력을 가했다고 했다. 즉 연방정부는 Cytrar의 처리시설 운영에 반대하는 소노라주와 에르모시요 지역의 지방정부들과 지역주민들의 압력에 굴복했다는 것이다. 또한 PROFEPA의 제재권한을 설명하면서, PROFEPA

---

25 청구인은 PROFEPA의 조사 결과 등을 지적하며, 위반이 중할 경우 PROFEPA가 라이선스를 취소할 수 있음에도 취소하는 대신 시정조치 및 벌금을 부과한 사실을 강조했다.

26 Tecmed v. Mexico, para. 41. 간접수용과 관련해서도 동일하게 주장되었다.

의 조사 결과 벌금이 부과되었을 뿐이며 이보다 중한 제재를 받을 만한 환경·보건상의 위반은 없다는 점을 강조하였다.[27]

(2) 피청구인의 주장

피청구인은 INE의 갱신거부결정은 적법한 규제권의 행사로서 자의적 재량의 행사가 아니라고 주장하면서, (1) 위 결정은 환경 및 공중보건의 목적을 위한 정당한 조치이며, (2) 위험폐기물 처리시설의 위치 및 Cytrar의 시설 운영 중 위반행위에 대한 우려를 표명한 시민사회의 반대에도 불구하고 정부당국은 투자자의 직원 및 처리시설에 대한 투자를 보호하기 위한 BIT상의 의무를 준수했음을 강조하였다.[28]

우선 피청구인은 본 사건의 거부결정은 고도로 규제된 산업 분야의 규제조치로서 공익과 밀접한 연관이 있다고 주장했다. 또한 INE가 1996년 11월 11일 운영 라이선스를 발급할 때의 조건들은 INE의 법률상 권한범위 내에 있었을 뿐 아니라 당시 발급된 다른 허가 등에 부과된 조건과 유사했다는 점을 지적했다. 또한 위험폐기물 처리시설의 위치와 Cytrar의 폐토양 운반 과정에서의 처리 방식에 대한 지역사회의 강한 비판이 있었기 때문에, INE가 1997년 11월 19일 Cytrar에 운영허가를 새로이 발급할 때 엄격한 법령 준수를 요청할 필요성이 있었다고 설명하였다.[29]

---

27 Tecmed v. Mexico, paras. 39-43.

28 Tecmed v. Mexico, paras. 46-51.

29 Tecmed v. Mexico, para. 49. 참고로 피청구인은 여기에서 1997년 Cytrar의 운영 라이선스(operating license)가 갱신된 것이 아니라 허가(permit)가 새로이 발급되었다는 전제하에 주장을 전개하고 있다. 중재판정부는 판단 부분에서 이를 '허가'로 지칭하고 있는데, 이는 피청구인의 주장에서의 허가라기보다는 단순히 개념을 통칭하기 위해 사용된 것으로 보인다.

그리고 PROFEPA의 조사 결과에 관한 청구인의 주장에 대해서는, 본 사건에서 기간이 만료된 허가의 갱신 여부를 판단할 권한은 오직 INE에만 있으며, 판단 시 PROFEPA와 INE의 고려 요소가 다른바, Cytrar에 대한 PROFEPA의 조사 결과는 본 사건과 무관하다고 주장하였다. 다만 PROFEPA가 지적했듯이 Cytrar의 처리시설 운영 과정에는 다수의 위반 행위들이 있었음을 강조하였다.[30]

2) 법률적 쟁점 및 중재판정부의 판단

(1) 법률적 쟁점

▶FET 위반 여부

멕시코-스페인 BIT 제4조 제1항은 FET에 대해 다음과 같이 규정하고 있다.

Mexico-Spain BET 4(1)

Each Contracting Party shall guarantee fair and equitable treatment in its territory pursuant to international law for investments made by investors from another Contracting Party [···]. Such treatment shall not be less favorable than that afforded in similar circumstances by each Contracting Party to investments made in its territory by investors from a third party state.

멕시코-스페인 BIT 제4호 제1항

각 체약 당사자는 타방 체약 당사국 투자자가 행한 투자에 대하여 국제법에 따라 자국 영역 내에서 공정하고 공평한 대우를 보장한다. 그러한 대우는 타방

30 Tecmed v. Mexico, para. 50.

체약국의 투자자가 자국 영역 안에서 행한 투자에 대하여 각 체약 당사자가 유사한 상황에서 부여하는 대우보다 불리하지 아니한다.

중재판정부는 BIT 제4조 제1항의 FET가 국제법상 인정되는 신의성실(bona fide)의 원칙을 구현하므로 그에 따라 해석했을 때 외국 투자자가 투자를 할 당시에 고려했던 기본적인 기대(basic expectations)를 침해해서는 안 된다는 판단 기준을 정하면서, 그 내용으로 (1) 투명성, (2) 일관성, (3) 취지에 부합하는 법령의 적용·집행 및 그에 대한 보상 등을 제시하였다. 그런데 이 사건에서 INE의 갱신거부결정이 이러한 요건들을 충족하지 못하였으므로 중재판정부는 피청구인이 BIT상의 FET 의무를 위반했다고 판시하였다.

▶ 기타 쟁점

그 밖에 관할(jurisdiction) 및 청구의 수리 가능성(admissibility)과 관련하여 (1) 시적 관할(jurisdiction *ratione temporis*) 유무,[31] (2) 3년의 제소기간 준수 여부,[32] (3) 입찰에서 취득한 처리시설의 범위[33]가 문제 되었고, 본안에서는 (1) 간접수용(indirect expropriation)[34] 및 (2) 충분한 안전, 보호(full-protection and security)[35] 등이 기타 쟁점으로 문제 되었으며, 손해배상액

31 Tecmed v. Mexico, paras. 53-71.

32 Tecmed v. Mexico, paras. 72-74.

33 Tecmed v. Mexico, paras. 75-92.

34 Tecmed v. Mexico, paras. 95-151. 본 사건은 간접수용에서의 비례성(proportionality)의 적용에 관한 판시로도 유명하지만, 이 글에서는 FET에 관한 중재판정부의 판단에 초점을 맞추어 분석하기로 한다.

35 Tecmed v. Mexico, paras. 175-182.

의 산정[36]도 쟁점으로 다투어졌으나, 본 장에서는 투자자의 정당한 기대에 대한 중재판정부의 판단에 초점을 맞추어 검토하기로 한다.

(2) 중재판정부의 판단

▶FET의 판단 기준

멕시코-스페인 BIT 제4조 제1항[37]의 FET 조항 위반 여부에 관해, 중재판정부는 먼저 FET는 국제법상 인정되는 신의성실의 원칙의 일부라고 천명했다. 그러면서도 특정한 행위가 FET를 위반했는지를 판단할 때 신의성실 위반(bad faith)에 이를 정도로 중대할 것을 요하지 않는다고 판시하면서, Mondev v. U.S. 사건의 중재판정 중 불공정하고 불공평한 대우는 신의성실 위반이 없더라도 인정될 수 있다는 판시 부분을 인용하였다.[38]

중재판정부는 FET의 내용을 국제법상 신의성실의 원칙(good faith principle)에 입각하여 해석하며, 후속 중재판정에서 투자자의 정당한 기대를 요건으로 고려할 때 종종 원용하게 된 판단 기준을 제시한다. 즉 FET는 외국 투자자가 투자를 할 때 고려했던 기본적인 기대에 영향을 끼치지 않게끔 대우할 의무를 의미한다는 취지다. 중재판정부가 판시한 원문을 그대로 옮기면 다음과 같다.

---

36 Tecmed v. Mexico, paras. 183-200.

37 "Each Contracting Party will guarantee in its territory fair and equitable treatment, according to International Law, for the investments made by investors of the other Contracting Party."

38 "To the modern eye, what is unfair or inequitable need not equate with the outrageous or the egregious. In particular, a State may treat foreign investment unfarily and inequitably without necessarily acting in bad faith."(Mondev International Ltd. v. United States of America, ICSID Arbitration NO. ARB[AF]/99/2, [2002. 10. 11])

The Arbitral Tribunal considers that this provision of the Agreement, in light of the good faith principle established by international law, requires the Contracting Parties to provide to international investments treatment that does not affect the basic expectations that were taken into account by the foreign investor to make the investment. The foreign investor expects the host State to act in a consistent manner, free from ambiguity and totally transparently in its relations with the foreign investor, so that it may know beforehand any and all rules and regulations that will govern its investments, as well as the goals of the relevant policies and administrative practices or directives, to be able to plan its investment and comply with such regulations.

중재판정부는, 본 협정의 조항은 국제법상 확립된 신의성실의 원칙에 비추어 체약 당사국들로 하여금 외국 투자자가 투자 당시에 고려했던 기본적인 기대에 영향을 미치지 않는 대우를 국제투자에 제공할 것을 요한다고 판단한다. 외국 투자자는 투자유치국이 외국 투자자와의 관계에서 모호하지 않고 완전히 투명한 일관된 태도로 임할 것을 기대하며, 이를 통해 사전에 자신의 투자에 적용될 모든 법규와 더불어 관련 정책 및 행정관행 또는 행정지도를 파악하여 자신의 투자를 계획하고 그러한 규제를 준수하고자 한다.[39]

나아가 투자자의 기본적인 기대(basic expectations)의 구체적인 고려요소로는 (1) 투명성(transparency), (2) 일관성(consistency), (3) 취지에 맞는 법령의 적용·집행(to use the legal instruments […] in conformity with the function usually assigned to such instruments) 및 보상(required compensation)이

39 Tecmed v. Mexico, supra note 3, para. 154.

있다고 판시했다. 이를 준수한 국가의 행위는 그 행위가 자의적(arbitrary)일 가능성을 배제한다고 볼 수 있으며,[40] 이러한 해석은 BIT 제4조 제1항을 조약법에 관한 비엔나협약(Vienna Convention on the Law of Treaties, 이하 '비엔나협약') 제31조 제1항에 따라 해석한 결과 내지는 국제법과 신의성실의 원칙에 따라 해석한 결과라는 입장을 취했다.[41] 또한 위와 같이 해석하지 않는다면 FET라는 의무의 실질적 내용이나 실익을 잠탈하게 될 것이고, 이는 해외 투자를 증진하고자 한 BIT 당사국들의 의사에도 반할 것이라고 판시하였다.[42]

중재판정부는 FET의 요건인 투자자의 정당한 기대를 침해하지 않기 위해 국가에게 요구되는 투명성이란 투자자가 투자 시에 자신의 투자를 규율할 모든 법규와 더불어 관련 정책, 행정관행, 행정지도의 목적을 미리 알아서 투자를 계획하고 이를 준수할 수 있도록 하는 것이라고 설명하였다. 또한 일관성은 투자자가 투자할 당시 의존했던 기존의 결정이나 허가 등을 자의적으로 번복하지 않는다는 의미라고 판시했다.[43] 그리고 투자에 적용되는 법령을 본래 취지에 맞게 해석하고 적용하며 필요한 보상을 해 주어야 할 것인바, 본 사건에서 청구인이 투자할 당시 가진 정당한 기대는 그 투자에 적용 가능한 멕시코 국내법의 적용과 위험폐기물 처리시설의 운영을 감독하는 당국들에게 주어진 감독, 통제, 예방, 제재부과 등 권한의 행사가 법률상 목적인 환경보호, 공

---

40 Tecmed v. Mexico, para. 154. 참고로 본 사건에서 중재판정부는 자의성(arbitrariness)의 의미에 대해 (1) 합리적인 제3자의 시각에서도 흠결(insufficiencies)를 드러내거나(Neer 사건 인용), (2) 구체적 법령을 위반하지 않았더라도 법감정(sense of juridical propriety)에 충격 내지 놀라움을 줄 정도의 위법(ELSI 사건 인용)을 말한다고 하였다.

41 Tecmed v. Mexico, para. 155.

42 Tecmed v. Mexico, para. 156.

43 Tecmed v. Mexico, para. 154.

중보건 및 생태계의 균형에 부합하도록 이루어지는 것이었다고 판시하였다.[44]

▶INE의 갱신거부결정이 FET를 위반했는지 여부

중재판정부는 앞에서 제시한 기준에 따라 판단하면 본 사건에서 INE의 갱신거부결정과 그 밖의 행위들은 청구인이 투자 시에 가졌던 정당한 기대를 침해하는 것으로서 FET 위반이라는 결론을 내렸다.

먼저 위험폐기물 처리시설 이전의 필요성과 그로 인한 지역사회의 반대에서 비롯한 엄격한 법령준수 요청이 INE의 갱신거부결정에 영향을 미쳤다는 피청구인의 주장에 대해, 위험폐기물 처리시설의 시설 이전 논의 당시의 증거를 종합해 볼 때 Cytrar로서는 당시 라스 비보라스에서의 처리시설 운영은 시설 이전이 유효하게 완료될 때까지 (합리적인 기간 동안) 지속될 것이라는 기대를 가졌다고 판단했다. 중재판정부는 이미 새로운 부지 선정을 위한 공동 탐사 등에 비추어 투자자와 정부 간 시설이전약정의 이행이 이미 시작되었고, 그 과정에서 INE를 비롯한 멕시코 정부당국은 시설이 이전되지 않을 경우 운영허가가 취소된다거나 취소될 수 있다는 입장을 명시적으로 투명하게 표명한 적이 없다는 점에 주목하였다.[45]

그리고 Cytrar이 위반사항들에 대한 피청구인의 주장에 대해서

44 Tecmed v. Mexico, paras. 154, 157. 원문은 다음과 같다. "Upon making its investment, the fair expectations of the Claimant were that the Mexican laws applicable to such investment, as well as the supervision, control, prevention and punitive powers granted to the authorities in charge of managing such system, would be used for the purpose of assuring compliance with environmental protection, human health and ecological balance goals underlying such laws."

45 Tecmed v. Mexico, paras. 158-160.

도, INE가 갱신거부결정을 내리기 전에 이러한 사유들이 허가의 갱신 여부에 영향을 미칠 것이라는 점을 통보하거나 하자를 치유할 기회를 Cytrar에 전혀 준 적이 없다는 점도 지적하였다. 1998년 7월 15일 Cytrar에서 제2호기의 확장 증축 및 제3호기의 신축에 관한 제안을 서한으로 보내고 INE가 1998년 10월 23일 그에 대한 회신을 할 때[46]에 처리용량 초과 등 기타 위반사항에 대한 아무런 언급이 없었던바 적절한 통보가 없었고, 1998년 11월 13일에 INE가 Cytrar의 위반사항을 언급한 때에는 이미 운영허가 기간 만료 시점이 6일 정도 남아 있었으며 하자를 치유하기에 적절치 않은 시점이었다는 점을 중대하게 고려하였다.[47] 즉 피청구인은 위 위반사항들이 갱신 여부 판단 과정에서 고려될 것인지 여부에 대한 입장을 명확하게 전달하지 않음으로써 투명성을 준수하지 못했다는 것이다.

또한 INE의 행보에는 명확하게 일관되지 못하고 모순된 점들이 있었는데, 처리시설 이전을 논의함에 있어서 Cytrar의 운영 능력과 기술력을 문제 삼지 않으면서도 운영허가의 갱신에 관해 치유 가능한 하자들을 사전에 충분히 경고하지 않았다는 것이다. 다시 말해 갱신거부결정이 시설 이전을 전제한 것이었는지 아니면 시설 폐쇄를 위한 것이었는지 일관되지 못했다는 것이다. 중재판정부는 만일 INE가 위험폐기물 처리시설을 이전한 후 갱신을 거부할 계획이었다면 이를 Cytrar의 동의를 얻거나 최소한 상황을 통보했어야 하고, 반대로 INE가 실제 Cytrar에 요구했던 것처럼 위험폐기물 처리시설을 폐쇄할 계획이었다면 그 입장을

46 중재판정부는 이때가 Cytrar가 운영허가(permit)의 갱신을 요청한 1998년 10월 19일 이후이며 기존 운영허가의 기간 만료로부터 1개월 남짓 남은 시점이었음을 지적하였다.

47 Tecmed v. Mexico, paras. 161-162.

Cytrar에 명확히 전달했어야 했다고 판단하였다.[48] 중재판정부는 INE의 이러한 행동들이 Cytrar의 운영허가 존속 또는 유효 여부가 좌우되는 실제 사정들을 파악할 능력에 중대하게 부정적인 영향을 미쳤으며, 이는 합리적인 제3자의 관점에서 공정하고 공평한 것으로 보기는 어렵다고 하였다.

그리고 중재판정부는 피청구인들이 문제 삼은 Cytrar의 위반사항들이 INE의 갱신거부결정 사유로 명시되지 않았으며, 설령 문제가 되더라도 허가를 취소할 사유이지 갱신을 거부할 사유는 되지 못한다는 점도 언급하였다.[49] 결국 INE의 갱신거부를 비롯한 피청구인의 행위들은 법에 따른 것이 아니라 단지 정치적·사회적 압력에 굴복한 결과라고 판단한 것이다. 마지막으로 이런 결과에 대해 보상을 했어야 함에도 보상한 바가 없다는 점도 언급되었다.[50]

결론적으로 투자자가 가진 정당한 기대에도 불구하고, INE는 위험폐기물 처리시설 이전이 완료되지 않았음에도 갱신거부결정을 내렸고, 오히려 이를 통해 Cytrar가 시설 이전을 서두르게 될 것이라는 기대를 가졌으며, 이러한 행위들이 BIT상의 FET를 위반하여 투자자의 투자에 손해를 가져온 것이라고 판단하였다.[51]

48 Tecmed v. Mexico, paras. 162-166.

49 Tecmed v. Mexico, para. 162.

50 Tecmed v. Mexico, para. 164.

51 Tecmed v. Mexico, paras. 173-174.

4. 판정의 의의와 시사점

본 사건은 FET에 대한 초기 판정으로서, 오늘날 투자자의 정당한 기대를 FET의 가장 핵심적인 고려 요소 중 하나로 정립한 중재판정으로 인정받고 있다. 본 중재판정에서는 '기본적 기대(basic expectations)', '공정한 기대(fair expectations)' 등의 표현을 사용했고, 그 후 FET의 판단 기준으로 투자자의 정당한 기대를 받아들인 후속 중재판정에서는 본 중재판정을 종종 인용하고 있다.

본 사건 중재판정에서 투자자의 정당한 기대에 대한 판시는 몇 가지 측면에서 비판을 받기도 했다. 첫째는 BIT의 문언상 근거가 없음에도 투자자의 정당한 기대라는 새로운 개념을 FET의 내용으로 제시하였다는 점이며, 둘째는 본 중재판정에서 설정한 투자자의 정당한 기대의 보호 범위가 지나치게 넓어 투자유치국들에게 비현실적이고 과도한 부담을 부과한다는 점이다.

첫째 유형의 비판은 FET에 대한 중재판정부의 해석이 BIT에 없는 새로운 개념을 도입하였기 때문에 비엔나협약 제31조에 따른 올바른 해석이라고 보기 어렵다는 것으로, Suez v. Argentina에서 중재인 Pedro Nikken이 별개 의견으로 강하게 비판을 제기한 바 있다.[52] MTD v. Chile의 중재판정 취소(Annulment) 절차에서 특별위원회(ad hoc Committee) 역시 투자유치국의 의무는 BIT 문언에 근거해야 하는데, 투자유치국의 의무 위반을 투자자의 주관적인 기대에 따라 판단하는 것이

52 Suez, Sociedad General de Aguas de Barcelona, S.A. & Vivendi Universal, S.A. v. Argentine Republic, ICSID Case No. ARB/03/19, Decision on Liability (Separate Opinion of Arbitrator Pedro Nikken)(2010. 7. 30.), para. 3 참고.

적절한지에 대해 강한 의문을 표시한 바 있다.[53] 그러나 현재에 이르러서는 투자자의 정당한 기대에 대한 법리가 다수의 중재판정 누적에 따라 형성된 것으로 정리되고 있고,[54] 심지어는 투자자의 정당한 기대가 FET의 핵심적인 내용 중 하나라는 중재판정들이 이어지면서[55] 이러한 유형의 비판은 점차 약화되었다. El Paso v. Argentina의 중재판정부는 투자자의 정당한 기대가 지닌 의의에 대한 본 사건 중재판정부의 입장을 지지하며 다음과 같이 판시하였다.

> As can be seen, there is a broad range of conceptions of FET emerging from ICSID case-law. However, the legitimate expectations of the investors have generally been considered central in the definition of FET, whatever

---

53 "The Committee can appreciate some aspects of these criticisms. For example the TECMED Tribunal's apparent reliance on the foreign investor's expectations as the source of the host State's obligations (such as the obligation to compensate for expropriation) is questionable. The obligations of the host State towards foreign investors derive from the terms of the applicable investment treaty and not from any set of expectations investors may have or claim to have."(MTD Equity Sdn. Bhd. & MTD Chile S.A. v. Republic of Chile, ICSID Case No. ARB/01/7, Decision on Annulment [2007. 3. 21.], paras. 66 67.)

54 International Thunderbird Gaming Corporation v. United Mexican States, NAFTA /UNCITRAL, Award (Separate Opinion of Prof. Thomas Wälde)(2006. 1. 26.), para. 30.

55 Saluka Investments B.V. v. The Czech Republic, UNCITRAL, Partial Award (2006. 3. 17.), para. 302; EDF (Services) Ltd. v. Romania, ICSID Case No. ARB/05/13, Award (2009. 10. 8.) para. 216; El Paso Energy International Company v. Argentine Republic, ICSID Case No. ARB/03/15, Award (2011. 10. 31.), para. 348; Bayindir Insaat Turizm Ticaret Ve Sanayi A.S. v. Islamic Republic of Pakistan, ICSID Case No. ARB/03/29, Award (2009. 8. 27.), para. 179; Electrabel S.A. v. Republic of Hungary, ICSID Case No. ARB/07/19, Award (2015. 11. 25.) para. 7.75 등 참고.

its scope. There is an overwhelming trend to consider the touchstone of fair and equitable treatment to be found in the legitimate and reasonable expectations of the Parties, which derive from the obligation of good faith.

살펴본 바와 같이, ICSID 판정례에서 도출되는 FET의 개념은 광범위하다. 그러나 FET의 범위를 어떻게 설정하느냐에 관계없이, 투자자들의 정당한 기대는 FET의 정의에서 일반적으로 중요한 개념으로 받아들여지고 있다. FET의 시금석을 신의성실의 의무에서 유래된 당사자들의 정당하고 합리적인 기대에서 찾는 경향이 압도적이다.[56]

첫째 유형의 비판보다 더 치열하게 논의되고 있는 비판은, 투자자의 정당한 기대의 내용과 그 한계에 대한 둘째 유형의 비판이다. 이는 Tecmed v. Mexico의 중재판정부가 제시한 FET 요건으로서의 투자자의 정당한 기대가 광범위하며, 심한 경우 BIT에서 의도하는 투자자와 투자유치국 사이의 균형을 깨뜨린다는 것이다. 이러한 비판은 앞서 살펴본 본 사건의 중재판정부의 기준에 따를 경우, 투자유치국의 규제정책 변경 재량이 현저하게 축소될 수 있다는 우려에 기인한다.[57] 또한 투자자의

56 El Paso Energy International Company v. Argentine Republic, para. 348.

57 그렇기 때문에 투자자의 정당한 기대를 FET의 요건으로 받아들이는 것을 지지하는 중재판정들도 동시에 국가의 정당한 규제권한을 존중해야 한다는 판시를 덧붙이고 있는 경우가 많다. Saluka Investments B.V. v. The Czech Republic, para. 305("the host State's legitimate right subsequently to regulate domestic matters in the public interest must be taken into consideration as well"); Electrabel S.A. v. Republic of Hungary, para. 7.77("host State is entitled to maintain a reasonable

투자 시점에 그 투자를 규율할 모든 법령 및 행정관행 등을 투자자가 알 수 있도록 투자유치국이 자국 정책을 안내·통보해야 한다는 취지의 판시에 대해서는 지나치게 이상주의적인 관점이라는 비판도 제기되었다. Zachary Douglas는 이를 '완벽한 세계에서의 완벽한 공적 규제(perfect public regulation in a perfect world)'라고 하면서, 모든 국가가 지향해야 할 바이지만 실제 국가들이 이를 지킬 수 있을지는 의문이라고 평가하였으며,[58] El Paso v. Argentina의 중재판정부도 Tecmed v. Mexico의 중재판정이 그 어떤 국가도 항상 보장하기 어려운 이상적인 프로그램을 제시한다고 평하였다.[59]

본 중재판정 이후 수많은 사건에서 FET 위반이 주장되고 그에 대한 법리가 정교하게 발달함에 따라 이에 대해 유형화가 이루어지고 있다. 투자자의 정당한 기대가 발생하는 상황을 기준으로 본다면 (1) 투자자와 국가의 계약체결로 기대 형성, (2) 투자유치국이 일방적 선언, 약속, 보장 등을 통해 투자자에게 기대 제공, (3) 투자유치국의 법적·정책적 규제 시스템에 근거한 기대 형성으로 나눌 수 있다.[60] 그런데 전술한 비판은 세 번째 경우, 즉 투자자가 투자유치국의 규제 시스템(host State's regulatory

---

degree of regulatory flexibility to respond to changing circumstances in the public interest").

58 Zachary Douglas, "Nothing if Not Critical for Investment Treaty Arbitration: Occidental, Eureko and Methanex," *Arbitration International*, Vol. 22, No. 1 (2006), pp. 27-52.

59 "... looks like a programme of good governance that no State in the world is capable of guaranteeing at all times", El Paso Energy International Company v. Argentine Republic, para. 342.

60 자세한 내용은 Michele Potestà, "Legitimate Expectations in Investment Treaty Law: Understanding the Roots and the Limits of a Controversial Concept," *28 ICSID Rev. F.I.L.J. 88* (2013), pp. 88-122 참고.

framework)에 근거하여 기대를 형성한 경우도 투자자의 정당한 기대에 포함되는가 하는 문제와 밀접하게 연관된다. 이에 대해서는 중재판정들이 다양한 판시를 내놓고 있으나, 적어도 마지막 유형에 대해서는 투자자의 정당한 기대를 전면적으로 인정하기는 어렵다는 공감대가 형성되고 있다.[61]

정리하면 Tecmed v. Mexico에서 중재판정부가 제시한 투자자의 정당한 기대의 범위가 투자유치국에 과도하게 불리할 수 있다는 비판이 있고 이에 대해 여러 논의가 있지만, 본 중재판정의 의의는 종래 모호하고 불분명했던 FET의 기준을 판단할 개념적 틀을 제시했다는 점에 있다. 또한 FET의 내용으로서 정책의 투명성을 포함시켜 일부 후속 중재판정들이 이를 지지[62]했다는 점도 중요하다. 비록 투자유치국에 대해 현실에 비해 높은 기준을 요구한다는 비판을 받지만, 이로써 투자유치국도 자국 정책의 통보, 처분 사유의 설명 등에 대해 경각심을 갖게 되는 계기를 마련했다고도 평가할 수 있다.

본 사건의 중재판정 이후, 후속 중재판정들이 Tecmed v. Mexico 건이 제시한 기준을 지지·비판하는 과정에서 투자자의 정당한 기대의 내용과 한계가 정교하게 발달하고 있으며, Lucy Reed와 Simon

61 Michele Potestà, "Legitimate Expectations in Investment Treaty Law: Understanding the Roots and the Limits of a Controversial Concept."

62 Damien Charlotin, "Looking Back: Tecmed v. Mexico breaks ground in adopting expansive reading of the Fair and Equitable Treatment and upholding protection of investors' "legitimate expectations"". Investment Arbitration Reporter article (2017. 2. 17.), available at: http://www.iareporter.com/articles/looking-back-tecmed-v-mexico-breaks-ground-in-adopting-expansive-reading-of-the-fair-and-equitable-treatment-and-upholding-protection-of-investors-legitimate-expectations/ (최근 접속 시점: 2019. 2. 2.).

Consedine은 현재의 논의 상황이 '청소년기'에 있다고 진단하였다.[63] 앞으로도 FET의 꽃인 투자자의 정당한 기대의 내용과 한계에 대해 새로운 논의가 활발하게 진행될 것이다.

63 Lucy Reed & Simon Consedine, "Fair and Equitable Treatment: Legitimate Expectations and Transparency," in Meg Kinnear et. al. (eds.), *Building International Law: The First 50 Years of ICSID* (Wolters Kluwer, 2016), pp. 283-294.

제5장

공정하고 공평한 대우(공정형평대우): 투자자의 정당한 기대(법적 기대) 보호 (2)

Lemire v. Ukraine 사건

양충모[1]

1. 사건의 개요

1) 사건명

Joseph Charles Lemire v. Ukraine, ICSID Case No. ARB/06/18, Decision on Jurisdiction and Liability (2010. 1. 14.), Award (2011. 3. 28.) (이하 'Lemire v. Ukraine')

2) 청구의 근거가 된 협정

본 사건은 미국-우크라이나 BIT(1994. 3. 4. 체결) 및 ICSID 협약과 ICSID 중재규칙에 의거하여 절차가 진행되었다.[2]

---

1 중앙법률사무소 전문위원, 서울대학교 법과대학 박사과정 수료(2019. 2.)

2 참고로 2000년 화해로 종결된 제1사건은 미국-우크라이나 BIT(1996. 11. 16. 체결) 및 ICSID 추가절차규칙에 의거하여 절차가 진행되었다.

3) 당사자

(1) 청구인(Claimant)

· Joseph Charles Lemire(미국 국적)

(2) 피청구인(Respondent)

· 우크라이나(Ukraine)

4) 중재판정부의 구성[3]

· 의장중재인: Juan Fernández-Armesto 교수(스페인 국적)
· 청구인 지명 중재인: Jan Paulsson(프랑스 국적)
· 피청구인 지명 중재인: Jürgen Voss 박사(독일 국적)

5) 사건의 배경 및 판정요지

청구인은 우크라이나에서 라디오 주파수를 할당받아 방송할 권한이 있는 우크라이나 회사(CJSC Radiocompany Gala, 이하 'Gala')의 과반수 지분을 보유하고 있는데, 우크라이나 국가위원회가 우크라이나 라디오 주파수의 할당 절차에 있어 청구인에 대해 절차적·실체적 정당성이 결여된

---

3 Jan Paulsson과 Jürgen Voss 박사는 ICSID 추가절차규칙에 의거한 제1사건에서도 동일하게 중재인으로 선임되었다. 중재신청서 등록 후 90일이 경과함에 따라 청구인의 신청으로 ICSID 협약 제38조에 따라 ICSID 운영위원회(Administrative Council) 의장이 당사자들과의 협의하에 Juan Fernández-Armesto 교수(스페인 국적)를 의장중재인으로 선정하였다.

자의적이고 차별적인 의사결정을 하였는지 여부를 청구인이 다투면서 분쟁이 발생하였다.

중재판정부는 2010년 1월 14일 자 제1판정(First Decision, Decision on Jurisdiction and Liability) 및 2011년 3월 28일 자 최종 판정(Award)에서 우크라이나의 라디오 주파수 할당에 관한 피청구인의 행위가 미국-우크라이나 BIT상 공정하고 공평한 대우(Fair and Equitable Treatment, 이하 'FET')[4] 기준과 합치하지 않는다고 판단하여 청구인의 청구를 인용하고, 그에 따른 손해배상, 절차비용 및 그에 대한 이자의 지급을 명했다. 구체적으로 2004년 5월부터 2008년 2월까지 세 차례에 걸친 Gala의 주파수 할당 입찰 신청에 대한 국가위원회의 거부처분, 그리고 국가위원회가 운영되지 않았던 1999년 3월부터 2000년 6월까지의 공위기간(Interregnum) 중 국가위원회가 아닌 정부기관의 주파수 할당에 관한 행정관행이 BIT에서 정한 FET 의무를 위반했다고 판단하였다.

6) 절차의 개요

1997. 11. 14.	청구인 ICSID에 제1사건의 중재신청서 제출[5]
2000. 9. 18.	제1사건 화해판정으로 종결
2006. 9. 11.	청구인 제2사건 중재신청서(Request for Arbitration) 제출
2006. 12. 8.	ICSID, 중재요청 등록

4 'equitable'은 (1) '공평한', (2) '형평법상'의 두 가지 의미가 있으나, 이 글에서는 (2)를 선택해 'Fair and Equitable Treatment'를 '공정형평대우'라고 번역하였다. 본 사건 다수의견에서는 공정형평대우 '위반'에 대한 정의를 "적용 가능한 입찰 규정에 대한 명백한 무시"(본 판정문 20쪽 둘째 줄)라고 하였다. 이는 FET가 평등대우보다 일반적인 룰을 수정하는 형평법과 관련이 있다는 의견을 제시한 것이다.

5 Joseph Charles Lemire v. Ukraine, ICSID Case No. ARB(AF)/98/1.

2007. 2. 22.	청구인 측 중재인 Jan Paulsson 선정
2007. 3. 7.	피청구인 측 중재인 Jürgen Voss 선정
2007. 6. 6.	의장중재인 Juan Fernández-Armesto 선정
2007. 6. 14.	중재판정부 구성 완료
2007. 7. 23.	최초 절차기일
2007. 11. 12.	청구인 본안서면(Memorial on the Merits) 제출
2008. 2. 25.	피청구인 관할서면(Memorial on Jurisdiction) 제출
2008. 2. 26.	피청구인 본안 반박서면(Counter-Memorial on the Merits) 제출
2008. 3. 17.	청구인, 본안 반박서면에 대한 의견(Observations on Respondent's Memorial on Jurisdiction) 제출
2008. 8. 20.	청구인 본안 재반박서면(Reply on the Merits) 제출
2008. 11. 6.	피청구인 본안 재반박서면(Rejoinder on the Merits) 제출
2008. 12. 8 - 12.	심리기일
2009. 3. 4.	양 당사자 심리기일 후 주장서면(Post-Hearing briefs) 제출
2010. 1.14.	제1판정(First Decision, Decision on Jurisdiction and Liability)
2010. 2. 1.	잔여 쟁점 관련 절차 진행에 관한 협의
2010. 4.16.	청구인 잔여 쟁점에 대한 서면(Memorial on Remaining Issues) 제출
2010. 6. 21.	피청구인 잔여 쟁점에 대한 반박서면(Counter-Memorial on Remaining Issues) 제출
2010. 7. 12.	잔여 쟁점 관련 심리기일(프랑스 파리)
2011. 3. 28.	중재판정부 최종 판정
2011. 7. 26.	피청구인 우크라이나, 중재판정 부분적 취소(partial annulment) 절차 개시 신청

2011. 10. 7.	취소 절차 특별위원회(ad hoc Committee)[6] 구성
2013. 7. 8.	특별위원회, 판정 취소신청 기각

2. 사실관계

1) 청구인의 투자 및 제1중재

청구인 Joseph Charles Lemire는 우크라이나에 거주하는 미국 시민권자로서 변호사이고, 1995년 CJSC Mirakom Ukraine을 통하여 우크라이나 라디오 방송사업자인 Gala의 지분 30%를 취득하여 보유하고 있었으며, 2006년 이후부터는 우크라이나 회사인 CJSC Mirakom Ukraine과 Gala의 1인 주주였다.[7] Gala는 1995년부터 현대음악 라디오 방송을 해 왔으며 1990년대에 우크라이나에서 가장 인기 있는 라디오 방송사로 꼽히기도 하였다. Gala의 방송은 우크라이나 13개 지역에 미쳤으며, 방송 청취자는 우크라이나 인구의 22% 정도를 차지하고 있었다. Gala는 유일한 주주인 청구인의 출자를 받아 자금조달을 해 왔는데, 청구인은 출연 금액이 미화 5,000,000달러를 넘는다고 주장하였지만 청구인의 개인 자산과 Gala의 자산이 일부 혼융된 점을 고려하면 중재판정부는 입증된 투자 금액이 미화 236,000달러라고 판단하였다.[8]

---

6 특별위원회는 Claus von Wobeser(의장중재인), Azzedine Kettani 교수, Eduardo Zuleta로 구성되었다.

7 Lemire v. Ukraine, Decision on Jurisdiction and Liability, para. 230, Dissenting Opinion of Dr. Jürgen Voss (2011. 3. 1.) 참고.

8 Lemire v. Ukraine, Decision on Jurisdiction and Liability, para. 230.

피청구인 우크라이나는 1991년 8월 24일 독립국가가 되었고, 본 사건에서 문제 되는 산업 분야인 라디오 방송 산업 분야는 기술적으로 제한되어 있으며 정당한 공공정책에 대한 고려가 수반된다는 특성을 가지고 있었다.[9] 우크라이나 라디오 방송을 위한 주파수 할당 및 그에 수반되는 허가는 1993년 Law on Television and Radio Broadcasting(이하 'LTR법')에 따라 우크라이나 텔레비전 및 라디오 국가위원회(National Television and Radio Council of Ukraine, 이하 '국가위원회')의 소관 사항이었다. 국가위원회는 우크라이나 정부로부터 독립된 기관이며 위원들은 대통령과 국회에서 위원 수의 절반씩 임명하도록 되어 있었다. 국가위원회는 LTR법에서 정한 바에 따라 라디오 주파수를 공공입찰의 방식으로 할당할 수 있었는데, 우크라이나 법에 따라 설립된 회사만이 방송사업자로서 허가를 받을 수 있었고, 허가받은 방송사업자만이 주파수 입찰에 참여할 수 있었으므로 외국 투자자들은 자신의 이름으로 직접 주파수 입찰에 참여할 수 없었다.[10]

청구인은 우크라이나 회사인 Gala를 통해 세 곳의 전국 단위 방송 네트워크를 설립하고자 하였으며, 1995년 국가위원회가 청구인에게 이를 위해 필요한 주파수를 할당받을 수 있을 것이라는 법적 기대를 부여했다고 주장하였다. 그러나 1996년에 청구인과 국가위원회의 관계가 악화되

---

9 피청구인 우크라이나는 이에 대한 간접적인 근거로 BIT 부속서에 내국민대우가 일부 제한되는 분야로서 "TV와 라디오국의 소유 및 운영"이 명시적으로 규정되어 있다는 점을 든다. "Ukraine reserves the right to make or maintain limited exceptions to national treatment, as provided in Article Ⅱ, paragraph 1, in the sectors or matters it has indicated below: […] ownership and operation of television and radio broadcasting stations."(Lemire v. Ukraine, Decision on Jurisdiction and Liability [2010. 1. 14.], paras. 238-242.)

10 Lemire v. Ukraine, Dissenting Opinion of Dr. Jürgen Voss, Un-disputed Facts 참고.

었고(청구인은 그 이유가 우크라이나 정부에서 요구한 뇌물을 자신이 주지 않았기 때문이라고 진술하였으나, 중재판정부는 이에 대해 그 밖의 증거가 제출되지는 않았다고 명시하였다), 국가위원회의 결정으로 인해 Gala가 방송을 더 이상 할 수 없게 되자 청구인은 우크라이나 법원에서 소송을 한 후 1997년 11월경 제1사건 중재를 제기하였으며, 이는 2000년 화해판정으로 종결되었다.

2) Gala의 추가 주파수 할당을 위한 신청

2000년 화해판정에 따라 청구인은 피청구인으로부터 11개 라디오 주파수 대역을 할당받았으나, 청구인의 주장에 따르면 주파수 할당 시기가 늦었을 뿐만 아니라 방송품질에 문제가 있었다.[11] 이에 Gala는 추가 주파수 할당을 받기 위해 2001년부터 2008년까지 주파수의 모든 신호대역 할당을 위한 입찰 신청을 200번 이상 하였으나[12] 지방에 있는 작은 마을의 주파수 대역만을 허가받았을 뿐인 데 비해, Gala의 주요 경쟁자들은 38-56 주파수 허가를 얻어서 사업상 큰 성공을 거두었다.[13] Gala가 주파수를 유일하게 할당받은 체첼니크(Chechelnik) 지역은 약 5,000명 정도가 거주하는 작은 곳일 뿐만 아니라, 위성 라디오 수신기가 없는 지역이어서 Gala의 방송 네트워크가 연결될 수 없었다.[14] 여러 입찰 신청 건 가운데 중재판정부가 중요하게 고려한 사실관계는 다음과 같다.

---

11 Lemire v. Ukraine, Claimants Submission 참고.

12 Gala의 정확한 신청 건수에 대해서는 당사자 간 다툼이 있었는데, 청구인은 총 300건 정도에 이른다고 주장한 반면, 피청구인은 약 180건 정도라고 주장하였다. Lemire v. Ukraine, Decision on Jurisdiction and Liability, para. 319.

13 Lemire v. Ukraine, Award, para. 31.

14 Lemire v. Ukraine, Decision on Jurisdiction and Liability, para. 320.

(1) 2004년 5월 26일 자 AM 주파수를 위한 입찰 신청 결정

2004년 5월 Gala는 키예프(Kiev) 지역 AM 주파수를 할당받기 위한 입찰에 참가하였다. 당시에 Gala는 종래 FM 주파수에서만 방송을 하고 있었는데, 우크라이나에서 음악방송은 주로 FM 주파수에서, 토크 및 보도방송은 AM 주파수에서 진행되었다. Gala의 경쟁사는 Odessa Legal Academy(대학교)와 Charity Fund Radio 두 곳이었는데, 국가위원회는 2006년 5월 26일 이유를 제시하지 않고 신청을 전부 기각한 다음 2004년 9월 재입찰 공고를 하여 2004년 12월 21일 주파수를 NART TV에 할당하였다. 청구인의 주장에 따르면 NART TV는 우크라이나 빅토르 유셴코(Victor Yuschenko) 대통령의 선거 캠페인에서 정치자금을 담당한 Tretwakov와 관련이 깊은 회사였다. NART TV는 할당받은 주파수를 방송에 전혀 활용하지 않았으며, 국가위원회는 이에 대해 2007년과 2008년에 이를 다시 입찰에 부쳤다.[15]

(2) 2005년 10월 19일 자 입찰 신청 관련 우크라이나 대통령의 개입

2004년 7월에 국가위원회는 '보도방송(informational broadcasting)'을 위한 라디오 주파수 15개 대역에 대한 입찰을 발표하였는데, 그로부터 나흘이 지난 2000년 7월 20일 우크라이나 대통령은 국가위원회 위원장인 Shevchenko에게 다음과 같은 서면 지시(Doruchennya)를 보냈다.

> **DORUCHENNYA OF THE UKRAINIAN PRESIDENT**
>
> [···]
>
> To: O. SHEVCHENKO
>
> O. GAJDUK

15 Lemire v. Ukraine, Decision on Jurisdiction and Liability, paras. 358-368.

In accordance with the set procedure to consider the matter relating to the allocation of the frequency resource to "Radio Era" and "Radio Kokhannya"

Signed V. YUSCHENKO

우크라이나 대통령의 지시[16]

[…]

O. Shevchenko

O. Gajduk께

정해진 절차에 따른 주파수의 할당 관련, 'Radio Era' 및 'Radio Kokhannya'에 할당하는 것을 고려하여 주시기 바람.

V. Yuschenko 서명

이에 이어 국가위원회 위원장에게 보낸 2005년 8월 2일 자 서신에는 국가 원수의 지시사항 현황에 대해 대통령 비서실에 통보해 줄 것을 요청하는 내용이 포함되어 있었다.[17] 그에 대한 국가위원회나 국가위원장의 회신은 기록에 없으며, 국가위원회는 2005년 10월 19일 결정으로 주파수 15개 대역을 Radio Era에 할당하였다. 그리고 그 후 2005년 1월부터 2006년 1월까지 국가위원회는 주파수 12개 대역을 Radio Kokhannya에 할당하였다.[18]

---

16 Lemire v. Ukraine, Decision on Jurisdiction and Liability, para. 333. 'DORUCHENNYA'의 영문 번역에 대해서는 논란이 있었으나, 당사자들은 그 의미가 명령(order)이 아니라 지시(instruction)에 더 가깝다는 점에 합의하였다.

17 Lemire v. Ukraine, ICSID Case No. ARB/06/18, para. 337.("inform the Secretariat of the President of Ukraine of status of the task commissioned by the Head of the State")

18 Lemire v. Ukraine, ICSID Case No. ARB/06/18, Decision on Jurisdiction and

(3) 2008년 2월 6일 자 입찰 관련 우크라이나어 40% 이상 강제 요건

2008년 2월 6일 다수의 주파수 할당을 결정하기 위한 회의에서 국가위원회는 각 주파수별로 방송언어의 40% 이상이 우크라이나어여야 한다는 요건을 부과하였다. 이 입찰에 Gala와 Kiss라는 경쟁사가 참여하였는데, Kiss는 우크라이나어 방송이력이 전무하였을 뿐만 아니라 법에서 정한 우크라이나 음악 50% 이상 요건도 위반하였음에도 주파수 한 대역을 할당받은 반면, Gala는 Kiss보다 요건 구비 수준이 나았음에도 불구하고 주파수를 전혀 할당받지 못했다.[19]

(4) Gala가 유일한 신청인이었던 2002년 11월 20일 자 입찰에서의 주파수 할당 거부

국가위원회는 2002년 11월 20일 지토미르(Zhytomir)시의 주파수에 대한 Gala의 주파수 할당을 거부하면서 그 이유를 제시하지 않았다. 이 입찰에서 Gala는 유일한 신청인이었다.[20]

(5) NMB Radio에 주파수를 할당한 2005년 10월 19일 자 입찰

국가위원회는 2005년 7월 16일 우크라이나어 전용 방송을 위한 주파수 29개 대역으로 이루어진 하나의 채널에 대한 입찰을 공고하였고, 여기에는 Gala를 포함한 14명의 신청인이 참가하였는데 이 채널은 2005년 10월 19일 NMB Radio에 수여되었다. NMB Radio의 소

Liability, para. 355.

19 Lemire v. Ukraine, ICSID Case No. ARB/06/18, Decision on Jurisdiction and Liability, paras. 373-385.

20 Lemire v. Ukraine, ICSID Case No. ARB/06/18, Decision on Jurisdiction and Liability, paras. 386-387.

유자인 청구인 Poroshenko는 대통령의 친구이자 정치적 동지였으며, 본 입찰은 NMB의 현황에 맞게 요건이 짜였다고 주장하였다. 이에 대해 피청구인은 Poroshenko의 NMB Radio 지분보유 사실을 몰랐으며, NBM Radio의 입찰 조건이 우수하였기 때문에 선정된 것이라고 반박하였다.[21]

(6) 국가위원회가 운영되지 않던 시기의 주파수 할당

1999년 3월 16일부터 2000년 6월 9일까지 국가위원회 위원이 임명되지 않아 그 기간 동안에는 국가위원회가 기능할 수 없었다. 청구인은 Gala 외의 다른 회사들이 위 기간 동안 국가위원회가 아닌 우크라이나 방송통신기술위원회(Ukrainaian State Committee on Communication and Information Technology)로부터 불법적으로 주파수를 할당받아 방송하고 있었다고 주장하였으며, Gala는 국가위원회 위원들이 다시 임명된 후 첫 입찰이었던 2001년 1월 1일 자 입찰에서도 참가가 배제되었다.[22]

3. 쟁점

1) 청구인이 문제 삼은 투자유치국의 조치

청구인은 우크라이나 라디오 주파수의 할당 거부 등 행정관행 및 LTR 법의 2006년 개정·시행을 문제 삼았다.

---

21 Lemire v. Ukraine, Decision on Jurisdiction and Liability, paras. 395-408.

22 Lemire v. Ukraine, Decision on Jurisdiction and Liability, paras. 409-418.

2) 청구인의 청구취지

청구인은 2000년 화해판정 위반 및 그 판정 이후의 미국-우크라이나 BIT 위반에 대한 구제를 청구하였는바, 구체적인 청구취지는 다음과 같다.[23]

1. 피청구인이 2000년 화해판정 및 미국-우크라이나 BIT를 위반하였음을 확인
2. 피청구인의 2000년 화해판정 위반 및 미국-우크라이나 BIT 위반으로 인해 청구인이 2001년 1월 1일 Gala를 전국 단위의 방송사로 성장시킬 수 없었으며 2002년 1월 1일 FM 라디오 네트워크 및 2004년 7월 1일 AM 라디오 네트워크를 설립하지 못하게 된 데 대한 손해로서 미화 55,173,000,000달러의 배상을 명하는 결정. 또는
   - 예비적으로 피청구인의 2000년 화해판정 위반 및 미국-우크라이나 BIT 위반으로 인해 청구인이 2001년 1월 1일 Gala를 전국 단위의 방송사로 성장시킬 수 없었으며 2002년 1월 1일 FM 라디오 네트워크를 설립하지 못하게 된 데 대한 손해로서 미화 51,277,000,000달러의 배상을 명하는 결정
   - 예비적으로 피청구인의 2000년 화해판정 위반 및 미국-우크라이나 BIT 위반으로 인해 청구인이 2001년 1월 1일 Gala를 전국 단위의 방송사로 성장시킬 수 없게 된 데 대한 손해로서 미화 34,732,000,000달러의 배상을 명하는 결정
3. 피청구인이 2000년 화해판정 및 미국-우크라이나 BIT에 위반하여 2000년부터 2008년 8월까지 Gala의 FM 100 주파수 방해를 바로잡기 위한 합리적인 조치를 취하지 않은 데 대한 손해에 대해 미화 1,000,000달러의 배상을 명하는 결정

23 Lemire v. Ukraine, Decision on Jurisdiction and Liability, para. 39.

4. 피청구인이 미국-우크라이나 BIT를 위반하여 LTR법을 제정하고 시행함에 따른 청구인의 일실이익에 대하여 미화 958,000달러의 배상을 명하는 결정
5. 피청구인이 미국-우크라이나 BIT를 위반하여 청구인을 방해(harassment)함에 따른 정신적 손해에 대하여 미화 3,000,000달러의 배상을 명하는 결정
6. ICSID 시설 비용, 중재인 비용, 법률 비용 등 청구인이 지출한 제반 비용을 포함한 중재절차 비용을 피청구인이 부담한다는 결정
7. 위 지급할 금액에 대하여 LIBOR+3의 비율에 따른 복리이자
8. 기타 중재판정부가 적절하다고 판단하는 구제수단

3) 당사자들의 주장

(1) 청구인의 주장

청구인은 피청구인 우크라이나가 2000년 제1사건 화해판정을 위반하였으며,[24] 2006년 LTR법의 개정과 관련하여 미국-우크라이나 BIT 제2조 제3항을 위반하여 FET를 위반하고 자의적이며 차별적인 대우를 했을 뿐만 아니라 점진적 수용(creeping expropriation)을 했다고 주장하였다.[25]

구체적으로 청구인은 FET 위반에 관하여 피청구인이 자신의 투자

---

24 2000년 화해판정 제13항 (a)는 우크라이나 정부가 임명한 전문가위원회에서 FM 100-108 주파수 영역대의 방송품질을 검토하여 그에 따라 2000년 6월 1일까지 Gala의 FM 100 라디오 방송 문제에 대해 합리적인 범위 내에서 필요한 기술적 조치 등을 취할 의무를 규정하고, 제13항 (b)는 우크라이나 국가위원회에서 2000년 5월 15일까지 Gala의 주파수 할당에 관한 허가를 위한 가능한 최선의 노력을 다할 의무를 규정하고 있었는데, 청구인은 피청구인 우크라이나가 위 두 의무를 모두 위반하였다고 주장하였다. 그러나 본 사건에서 중재판정부는 피청구인이 화해판정을 위반하지는 않았다고 판단하였다. Lemire v. Ukraine, Decision on Jurisdiction and Liability, paras. 103-104, 513 참고.

25 Lemire v. Ukraine, Decision on Jurisdiction and Liability, paras. 42, 209.

에 부여한 법적 기대(legitimate expectations)[26]를 보호하지 못했다고 주장하면서, 크게 두 가지 유형의 행위를 문제 삼았다. 첫째는 청구인이 소유한 Gala 등 회사들이 신청한 300여 건의 라디오 주파수 할당 신청의 거부 및 국가위원회 부재 시 Gala가 아닌 다른 회사들에 라디오 주파수를 할당한 행위이고, 둘째는 Gala의 100 FM 방송품질 개선을 위한 행위를 하지 않은 사실 등 화해판정을 제대로 이행하지 않은 기타 행위들이었다.[27]

(2) 피청구인의 주장

피청구인은 화해판정은 중재판정부의 관할 범위 밖이고 주파수 할당 입찰 관련 청구를 뒷받침하는 투자가 없으며, 청구인의 출자자금이 외국으로부터 투입되지 않았고, 청구인은 수용에 대한 최소한의 주장·입증(prima facie case)을 하지 못했다고 주장하였다.[28] 또한 본안에 관하여 우크라이나의 라디오 주파수 할당에 대한 공공입찰절차는 BIT에 합치되며, 국가위원회는 독립기관으로서 부당한 정치적 압력을 받은 바 없고, FET 위반과 Gala에 대한 조사 및 방해에 관한 주장은 근거가 없으며,

---

26 'legitimate expectation'에서 'legitimate'는 크게 (1) '정당하다' (2) '합법적이다' 두 가지 의미가 있다. 국제투자법에서 'legitimate expectation'는 '조약 혹은 국제법으로 보호를 받는다', 즉 '법적 이익을 가진다'는 뜻으로 사용한다. 이에 따라 필자는 '법적(이익을 지니는) 기대'라고 번역하였다. Lucy Reed and Simon Consedine, "Chapter 20: Fair and Equitable Treatment: Legitimate Expectations and Transparency," in Meg Kinnear et. al. (eds.), *Building International Law: The First 50 Years of ICSID* (Wolters Kluwer, 2016), p. 286("expected that it would be permitted to operate [...]"), p. 292("deriving their expectations from the laws and regulations adopted by the host coutry, acted in reliance upon these laws and regulations [...]") 참고.

27 Lemire v. Ukraine, Decision on Jurisdiction and Liability, paras. 210-219.

28 Lemire v. Ukraine, Decision on Jurisdiction and Liability, para. 43.

2006년 LTR법은 방송사업에 관한 국가의 적법한 정책 개선으로서 유럽연합 정책에 부합하기 위한 것이라고 주장하였다.[29]

4) 법률적 쟁점 및 중재판정부의 판단

본 사건의 법률적 쟁점은 위에서 본 바와 같이 여러 가지가 있었으나, 중재판정부는 위 당사자들의 주장에 대해 피청구인의 관할 항변을 모두 배척하고, 본안 쟁점 중에서는 피청구인이 라디오 주파수의 할당에 관하여 BIT 제2조 제3항을 위반했다고 판단하였으며, 그 밖의 청구인 청구는 받아들이지 않았다. 이 중 중재판정부의 관할, 화해판정 위반 여부 등에 대해서는 중재판정부가 만장일치로 판단하였으나, BIT 제2조 제3항의 FET 위반 여부에 대해서는 중재판정부의 다수의견과 중재인 Jürgen Voss의 소수의견으로 견해가 나뉘었다.[30] 이하에서는 가장 중요한 쟁점인 FET와 투자자의 기대에 대한 해석을 중심으로 검토하기로 한다.

(1) 미국-우크라이나 BIT 제2조 제3항의 FET 조항

미국-우크라이나 BIT 서문과 제2조 제3항(a)에서는 FET에 대해 다음과 같이 규정하고 있다. 중재판정부는 BIT 제2조 제3항이 미국 모델 BIT를 거의 그대로 가져왔음을 지적했다.[31]

29 Lemire v. Ukraine, Decision on Jurisdiction and Liability, paras. 220-228.

30 참고로 소수의견은 FET 위반 여부 외에도 2000년 화해판정, 공위기간 중 행정관행과 손해 사이의 인과관계, 손해배상액 산정 등에 대해서도 다른 입장을 개진하였으나 여기에서는 FET에 관한 논의만을 살펴보기로 한다. Lemire v. Ukraine, Dissenting Opinion of Dr. Jürgen Voss 참고.

31 Lemire v. Ukraine, Decision on Jurisdiction and Liability, paras. 245-246.

U.S. - Ukraine BIT Preamble

[F]air and equitable treatment of investment is desirable in order to maintain a stable framework for investment […]

미국-우크라이나 BIT 서문

투자를 위한 안정적인 체계를 유지하기 위해서는 투자에 대한 공정하고 공평한 대우(FET)가 바람직하다. […]

U.S. - Ukraine BIT Article 2(3)(a)

Investment shall at all times be accorded fair and equitable treatment, shall enjoy full protection and security and shall in no case be accorded treatment less than that required by international law.

미국-우크라이나 BIT 제2조 제3항(a)

투자는 항상 공정하고 공평한 대우에 부합하도록 하고, 완전한 보호·안전을 향유하며, 어떠한 경우에도 국제법에 의하여 요구된 대우와 동일한 대우를 부여하여야 한다.

(2) 중재판정부의 다수의견

▶국제관습법상 최소기준과 FET의 관계

중재판정부 다수의견은 국제관습법에 따른 최소기준(customary international law minimum standard)과 BIT상 FET 사이의 관계에 대한 논의들을 정리하면서, 미국-우크라이나 BIT에서 규정한 FET가 국제관습법상의 최소기준과 동일하게 파악되어야 한다는 주장을 배척하였다.[32] 그

32 Lemire v. Ukraine, Decision on Jurisdiction and Liability, para. 253.

근거로 BIT에서 규정한 FET가 국제관습법상의 최소기준과 동일하게 파악되어야 한다는 견해가 2001년 7월 31일 NAFTA 자유무역위원회의 구속력 있는 해석결정 및 2004년 미국 모델 BIT에서야 비로소 채택되었다는 점,[33] BIT 문언에 비추어 볼 때 BIT가 체결된 1996년 당시에는 국제관습법상의 최소기준이 상한선이 아니라 하한선이어야 한다는 것이 당사국인 미국과 우크라이나의 의사였다는 점을 들었다.[34]

▶BIT상 FET의 의미

중재판정부 다수의견은 BIT 제2조 제3항의 문언해석에 기초하여, 피청구인 우크라이나는 적극적 의무로서 외국 투자에 FET를 부여할 의무와, 소극적 의무로서 투자에 영향을 미칠 수 있는 자의적이거나 차별적인 행위를 하지 않을 의무를 부담한다고 판단하였다.[35] 자의적이거나 차별적인 행위는 FET를 위반하는 행위 유형 중 하나가 될 수 있으며, 위 조항을 위반함에 있어 자의적 행위 또는 차별행위 둘 중 하나에만 해당되어도 족하다고 판단하였다.[36] 여기에서의 차별은 정당한 근거 없이 다르게 대우하는 경우이고, 자의성의 개념은 편견, 선호 내지 편향이 법의 지배를 대체하는 경우라고 하였다.

▶FET와 투자자의 정당한 기대

중재판정부 다수의견은 BIT 서문에 근거하여, FET는 투자자가 투자할

33 Lemire v. Ukraine, Decision on Jurisdiction and Liability, paras. 250-251.

34 "What the US and Ukraine agreed when they executed the BIT, was that the international customary minimum standard should not operate as a ceiling, but rather as a floor.", Lemire v. Ukraine, Decision on Jurisdiction and Liability, para. 253

35 Lemire v. Ukraine, Decision on Jurisdiction and Liability, para. 259.

36 Lemire v. Ukraine, Decision on Jurisdiction and Liability, paras. 259-260.

당시에 믿었던 정당하고 합리적인 기대와 밀접하게 관련되어 있으므로, 이런 기대를 침해하는 행위는 FET를 위반한다고 설시하였다.[37]

본 사건에서 청구인이 투자를 할 당시에 가졌던 정당한 기대가 무엇이었는지에 대해, 중재판정부 다수의견은 일반적인 차원에서 청구인이 Gala의 지분 취득을 통해 우크라이나 라디오 방송 산업에 진출할 수 있게 된 이후에는 다른 방송사업자들과 공정하게 경쟁할 수 있는 여건(level playing field)이 유지되어야 한다는 기대를 가진다고 판단하였다. 구체적인 차원에서는 청구인이 우크라이나 민영 라디오 산업이 발전하는 추세에 맞추어 투자 당시 키예프의 지방 방송국이었던 Gala가 사업을 확장하는 것이 허용될 것이라고 기대했다는 점을 인정하였다.

청구인이 가진 Gala의 사업 확장에 대한 기대가 어디까지 투자자의 정당한 기대로서 보호받아야 하는지에 대해 청구인과 피청구인이 첨예하게 대립하였는데, 청구인은 총 세 곳의 방송 네트워크(FM 두 곳, AM 한 곳)를 설립하여 운영하려 했다고 주장한 반면, 피청구인은 공식적인 사업계획이 없었다는 점을 들며 이를 반박하였다. 중재판정부 다수의견은 관련 증거에 따르면 청구인이 Gala를 전국 차원의 방송국으로 키우고자 하였으며 투자 당시 국가위원회와 주고받은 서신을 보면 적어도 FM과 AM 두 개의 방송 네트워크를 세우고자 하였다는 점을 인정하였다. 그리고 피청구인이 지적한 바와 같이 비록 공식적인 사업계획서는 없지만, 초기 투자 규모가 적었다는 점을 고려하면 이는 아주 크게 고려할 사항은 아니라고 판단하였다.[38]

---

37 Lemire v. Ukraine, Decision on Jurisdiction and Liability, para. 264.

38 Lemire v. Ukraine, Decision on Jurisdiction and Liability, paras. 270-271.

▶중재판정부 다수의견의 결론

중재판정부 다수의견은 BIT의 FET 기준은 독자적인 협정상의 기준이라고 설시하면서, 그 위반 여부를 판단함에 있어 다음과 같은 요소들을 고려해야 한다고 하였다.[39]

- 투자유치국이 안정적이고 예측 가능한 법적 체제(legal framework)를 제공하는 데 실패하였는지 여부
- 투자유치국이 투자자에게 구체적 진술·약속(representation)을 했는지 여부
- 투자자가 적법절차를 누릴 수 없었는지 여부
- 투자유치국의 법적 절차 내지 행위에 투명성이 결여되었는지 여부
- 투자유치국의 방해(harassment), 강요(coercion), 권한남용(abuse of power), 기타 신의성실에 반하는 행위(bad faith conduct)의 유무
- 투자유치국의 행위 중 자의적이거나, 차별적이거나, 비일관되었다고 평가할 수 있는 행위가 있는지 여부

또한 이와 더불어 법적으로 관련된 다른 이익도 고려하여야 한다고 하면서 다음과 같은 요소들을 제시하였다.[40]

- 투자유치국이 공공이익을 위해 법을 제정하고 정책을 결정할 수 있는 주권적 권한(특히 외국 투자자에게 불균형적인 영향을 주지 않는 경우)
- 투자자가 투자할 당시에 가진 정당한 기대
- 투자자가 투자를 하기 전에 조사를 할 의무
- 투자유치국에서의 투자자의 행위

39 Lemire v. Ukraine, Decision on Jurisdiction and Liability, para. 284.

40 Lemire v. Ukraine, Decision on Jurisdiction and Liability, para. 285.

본 사건에서 중재판정부는 방송 산업 허가에 관한 우크라이나 법적 절차 및 Gala에 영향을 미친 라디오 주파수 할당에 관한 사실관계를 검토하였다. 먼저 우크라이나의 법적 절차에 관해 중재판정부 다수의견은 국가위원회 위원들의 독립성 결여(국가위원회는 법적으로 독립된 기관이지만, 2005년 10월 19일 입찰에서 우크라이나 대통령이 서신으로 개입한 점은 국가위원회에 대한 정치적 압력 행사로 인정되었다), 입찰 절차 없이 주파수를 할당할 수 있는 공위기간(interregnum)의 존재, 방송 신청에 대한 허가가 명확한 기준에 따라 판단된다고 보기 어려운 점, 국가위원회 결정(위원들의 의결권 행사 포함)의 이유 불비, 신청을 제출한 라디오 방송사업자의 최종 소유자 정보에 대한 투명성 결여 등이 종합적으로 작용하여 자의적인 의사결정을 용이하게 한다고 판단하였다.[41] 다만 우크라이나가 1991년에야 비로소 독립하여 제도적 체계를 개선하고 있으며 이러한 문제 중 상당수가 2006년 LTR법 개정 이후에 보완되었다는 점도 지적하였다.[42]

그리고 Gala에 영향을 미친 라디오 주파수 할당에 관한 사실관계에 관해서는 2001년부터 2007년까지 Gala의 주파수 할당 입찰 관련 신청 200여 건 중 Gala와 경쟁사 간의 신청 인용 비율이 극심하게 차이가 난다는 점, 경쟁사의 최종 소유자에 대한 아무런 정보가 없다는 점, Gala의 신청이 기각된 이유를 찾을 수 없다는 점 등이 중요하게 고려되었다.[43] 특히 2004년 입찰 신청 거부와 2005년 10월 19일 입찰 신청 거부에는 몇 가지 공통점이 있는데, 정보 보도에 관한 라디오 토크 네트워크에 관한 것이라는 점, Gala의 신청이 모두 거부되었다는 점, 주파수를 할당받은 기업은 정부 인사와 밀접하게 관련되어 있었다는 점 등이다.[44]

---

41 Lemire v. Ukraine, Decision on Jurisdiction and Liability, paras. 287-317.

42 Lemire v. Ukraine, Decision on Jurisdiction and Liability, para. 317.

43 Lemire v. Ukraine, Decision on Jurisdiction and Liability, paras. 318-422.

다른 한편 Gala가 유일한 신청인이었던 2002년 11월 20일 자 입찰에서의 주파수 할당 거부결정에 대해서는 제3자가 없으므로 차별적이었다고 볼 수 없고, 자의적이었는지 여부에 대해서는 이유를 제시하지 않았다는 것 외에는 다른 사정이 없어 충분한 입증이 되지 않았다고 판단하였다.[45] 또한 주파수를 NMB Radio에 할당한 2005년 10월 19일 자 결정에 대해서도 법에 정한 근거에 기한 것이었으므로 그 밖에 자의적이거나 차별적이었다는 점에 대한 입증이 부족하다고 판단하였다.[46]

(3) 중재인 Jürgen Voss 박사의 반대의견

반대의견에서는 주파수 입찰 신청이 거부된 주체인 Gala는 우크라이나 국적의 회사이며 입찰에서 다른 국내 회사들과 경쟁한다는 점을 지적하였다. 즉 입찰 신청인 Gala는 우크라이나 국내 방송사업자로서 그와 관련된 입찰 분쟁은 미국 투자자인 청구인에 대한 차별이 아니라고 하였다.

또한 반대의견은 BIT를 통한 법적 구제가 자칫 외국 투자자에게 국내 투자자보다 더 유리한 경쟁 조건을 제공하는 역차별(reverse discrimination)의 근거가 될 수 있다고 지적하였다. 입찰 신청은 그 자체로 선정되지 않을 확률을 내포하고 있는데, 외국 투자자가 입찰에서 떨어졌다는 이유로 법적 구제를 받을 수 있다면 국내 투자자에 비해 더 우월한 경쟁 조건을 가질 수 있다는 것이다. 특히 반대의견은 FET를 입찰 절차 위반 등에 광범위하게 적용하는 것은 BIT에 대한 타당한 해석이 아니며, 피청구인 우크라이나가 BIT 부속서에서 내국민대우에 대한 유보

44 Lemire v. Ukraine, Decision on Jurisdiction and Liability, para. 370.

45 Lemire v. Ukraine, Decision on Jurisdiction and Liability, paras. 392-394.

46 Lemire v. Ukraine, Decision on Jurisdiction and Liability, para. 408.

분야로서 'TV와 라디오국의 소유 및 운영'을 명시하였다는 점을 고려하여 FET 기준이 제한적으로 적용되어야 한다고 하였다.

그리고 국가위원회가 운영되지 않던 기간(공위기간) 관련 청구는 청구인이 청구한 것이 아니라 2000년 화해판정의 이행 여부에 관하여 부수적으로 언급한 것으로서, 이에 대해 다수의견이 판단한 것은 중재판정부의 권한유월(ne ultra petita)이라고 비판하였다.

4. 판정의 의의와 시사점

1) FET 기준과 최소기준대우 간의 관계

본 사건 판정은 중재판정부 내에서도 서로 양보 없는 반대의견이 있었던 점에서 흥미롭다. FET 기준에 대한 해석은 크게 두 가지로 나눌 수 있다. 하나는 (1) FET 기준이 국제법상 독자적인 요소라고 하는 해석이고, 또 하나는 (2) FET 기준은 단지 국제관습법상의 최소기준대우에 불과하다는 해석이다. 중재판정부의 다수의견은 (1)의 입장이며 Jürgen Voss 박사의 반대의견은 (2)의 입장이다.

미국-우크라이나 BIT의 문언에는 최소기준대우에 대한 언급이 없다.[47] 일반적으로 (2)의 경우 FET 기준 조항 바로 다음에 FET 기준의 최소기준대우를 한정하는 조항이 있다.[48] 그래서 중재판정부의 다수의견이 (1)의 입장을 취한 것으로 보인다.

---

47 미국-우크라이나 BIT 제2조 제3항(a) 참고.

48 이를 NAFTA형이라고 한다. 예를 들어 한미 FTA의 경우는 다음과 같다. "For greater certainty, paragraph 1 prescribes the customary international law minimum

세계적으로 BIT의 유형은 ㉮ FET 규정이 없음, ㉯ 일반적인 FET 규정 있음, ㉰ NAFTA형의 FET 규정 있음, ㉱ 국제법에 근거한 대우 규정 있음 네 가지로 나눌 수 있다.[49] 그리고 FET 기준과 같이 외국 투자의 보호 정도를 분석할 때 척도가 되는 것이 최소기준대우를 정의한 Neer 기준이다. Neer 사건[50]에서는 "대우가 비정상적일 것(outrage), 악의적이고 의도적인 의무태만 또는 정부행위가 국제기준에 명백히 미치지 않고 불충분함에 상당하는 경우(an outrage, to bad faith, to wilful neglect of duty, or to an insufficiency of governmental action so far short of international standards that every reasonable and impartial man would readily recognize its insufficiency)"를 최소기준대우 위반이라고 판시하였다.

Neer 기준에 대해서 더 말하자면, General Claims Commission (US/Mexico)이 분쟁을 해결했을 때 국제관습법상의 사법구제의 거부(denial of justice)를 근거로 Neer 기준을 만들었다. General Claims Commission이 국제적 비행(非行)과 국가주권 내 불만족스러운 권력행사의 경계를 정하는 일반적 공식을 창안하기 어려운 것은 사실이나, 정확한 공식 선언이 아니더라도 국가행위의 적절함을 국제 기준에 따라 판단할 수 있어야 한다는 의견이 계기가 되었다. 그리고 정부행위의 불충분함이 법을 잘못 집행하거나 당해 국가의 법체계가 국제기준에 달할 수 있게 국가

---

standard of treatment of aliens as the minimum standard of treatment to be afforded to covered investments. The concepts of "fair and equitable treatment" and "full protection and security" do not require treatment in addition to or beyond that which is required by that standard, and do not create additional substantive rights."

49 아베 요시노리, 「공정형평대우규정과 투자보호의 국제최소기준」, 일본국제경제법학회 편, 유혁수 감수, 『국제경제법의 쟁점: 통상·투자·경쟁』, (박영사, 2014) 참고.

50 L.F.H. Neer & Pauline Neer v. United Mexican States, General Claims Commission (US/Mexico), Decision (1926. 10. 15.).

기관에 권한을 주지 않는다는 사실에 기인하는지는 비본질적이라고 판시하였다.[51]

필자는 최소기준에 대하여 다음과 같이 분석하였다. ㉮의 경우, FET 기준이 나오지 않으므로 최소기준대우만 적용될 가능성이 높다. 살펴본바 Neer 기준이 최소기준대우에 대한 유력한 해석인데, Neer 기준은 1926년의 오래된 기준이다. 그 당시의 BIT에는 FET 조항이 없었는데[52] 국제관습법상의 해석으로서 최소기준이 나왔다. 그러므로 현재 FET와 관련하여 아무 조항이 없더라도 국제법상 최소기준대우가 적용될 것이다. FET 기준이 일반화된 이후에도 ㉮의 BIT[53]를 새로 만든 취지를 고려할 때, 이는 FET를 의도적으로 제외한 뜻으로 해석될 것이다.

㉯의 경우, 최소기준에 대한 언급이 없기 때문에 FET가 조약상의 보호기준을 정하였다고 해석될 가능성이 높다. 실제로 많은 중재판정은 Neer 기준보다 높은 수준의 투자보호를 부여하는 것을 인정했다. 예를 들어 FET와 함께 '부당한 또는 차별적인 조치'나 '자의적인 조치'라는 BIT상 문언이 있을 때, Neer 기준과 달리 '중대성'은 문제가 되지 않으므로 최소기준대우보다는 높은 수준의 투자보호로 이해된다고 보인다.

㉰의 경우, 최소기준대우가 Neer 기준인가, 혹은 더 발전한 조약상의 FET와 다르지 않은 것인가가 쟁점이 될 것이다. 국제관습법상

---

51 L.F.H. Neer & Pauline Neer v. United Mexican States, General Claims Commission (US/Mexico), Decision, para. 4. 참고.

52 아베 요시노리, 「공정형평대우규정과 투자보호의 국제최소기준」, 279쪽, 282쪽. FET 기준이 일반화되는 것은 20세기 말이다.

53 예컨대 「투자의 촉진 및 보호에 관한 일본국과 몽골국가 간의 협정」(2002년 2월 27일 공포, 조약 제2호).

의 최소기준이 발전하였다는 Mondev 사건[54] 등의 중재판정에 근거하면, NAFTA형의 FET 규정이 주석[55]을 두고 있는 의미가 없다. Glamis Gold 사건[56] 등의 중재판정과 같이 기본적으로 Neer 기준이 현재의 국제관습법상의 최소기준대우에 상당하다는 사고방식에서 보면, NAFTA형의 FET 규정은 투자보호에 관하여 일반적인 FET 규정보다도 낮은 기준을 규정하고 있다는 것이 된다. 다만 Thunderbird 사건[57]의 중재판정부와 같이 투자보호의 최소기준이 Neer 기준으로부터 발전하였다고 하면서도 이 기준의 위반을 인정하는 문턱은 여전히 높다는 입장도 있다.

㉱의 경우, Tecmed 사건[58] 등에서는 '국제법에 따라 FET를 부여한다'는 조항에 대하여, 외국인에 관한 국제관습법상의 최소기준대우에 한정하지 않고 국제법 일반을 고려할 수 있는 방안이 제시되었다. 그래서 최소기준대우보다 높은 보호가 외국 투자자에게 주어질 것이다.

상기 분석에서 볼 때 본 사건 미국-우크라이나 BIT는 ㉯ 유형이며 FET 기준을 Neer 기준보다 높은 수준의 투자보호로 해석하는 것이 세계적인 판결 사례라 볼 수 있다. 그래서 중재판정부의 다수의견, 'BIT는 자국시민에 적용되지 않는 권리를 외국 투자자에게 부여한다'는 Neer 기준보다 훨씬 높은 보호기준을 FET에서 해석한 것으로 보인다.

---

54 Mondev International Ltd. v. US, ICSID Case No. ABR (AF)/99/2, Award (2002. 10. 11.).

55 NAFTA Free Trade Comission, Notes of Interpretation of Certain Chapter 11 Provisions (2001. 7. 31.).

56 Glamis Gold, Ltd. v. US, UNCITRAL/NAFTA, Award (2009. 6. 8.).

57 International Thunderbird Gaming Corporation v. Mexico, UNCITRAL, Arbitral Award (2006. 1. 26.).

58 Técnicas Medioambientales TECMED, S.A. v. Mexico, ICSID Case No. ARB(AF)/00/2, Award (2003. 5. 29.).

2) 투자자의 정당한 기대 보호

본 사건 판정은 투자자의 정당한 기대 보호라는 법리를 통한 FET의 해석으로 외국 투자자의 권리를 찾아냈다. 이 새롭고 중요한 개념[59]을 검토하면 다음과 같다.

외국 투자자의 정당한 기대 보호는 주로 투자유치국의 정책이나 조치로 인하여 생긴 투자환경의 변화가 외국 투자에 손실을 야기하였을 때 문제가 되는데, 투자가 장기 개발사업의 형태로 이루어지는 경우에 특히 문제가 된다. 주된 쟁점은 어떠한 기대가 정당한 것인가 하는 점이다.[60] Tecmed 사건에서는 "투자자는 미리 자신의 투자를 규율하게 될 모든 규칙 및 규정과 더불어 관련 정책·행정관습·행정지침의 목표를 인식하여 이러한 규정에 따라 자신이 투자를 계획하고 규정을 준수할 수 있도록 투자유치국이 투명하고 일관적인 태도로 행동을 할 것을 기대한다"[61]고 투자자의 정당한 기대 보호를 판시하였다. 이 판시는 Tecmed 사건 이후 널리 인용되므로 BIT에 명문 없이도 성립하는 외국 투자자의 권리로서 국제법상 투자자의 정당한 기대 보호가 확고히 인정되었다.

다음으로는 투자자의 정당한 기대 보호를 판단하는 시점이 언제인가가 문제 된다. 투자자의 정당한 기대를 판단하는 시점은 투자가 이루어지는 당시여야 한다는 것이 ICSID 중재판정의 추세다(Duke Energy v.

59 Lucy Reed and Simon Consedine, "Fair and Equitable Treatment: Legitimate Expectations and Transparency," in Meg Kinnear et. al. (eds.), *Building International Law: The First 50 Years of ICSID* (Wolters Kluwer, 2016) 참고.

60 박노형·오현석, 『투자자-국가소송(ISD) 최신판정분석』, (법무부, 2014) 171쪽.

61 "... the concept of legitimate expectations continues to be at the heart of the FET standard."(*Building International Law: The First 50 Years of ICSID*, p. 292)

Ecuador,[62] Tecmed v. Mexico 등).[63] 본 사건에서는 Jürgen Voss 박사가 이 해석에 따라 청구인이 우크라이나에 초기 투자계획을 세웠을 때는 추가적인 라디오국의 개설을 계획하지 않았기 때문에 정당한 기대 보호를 받지 않는다고 주장하였다. 그러나 중재판정부의 다수의견은 Gala가 우크라이나의 민영 라디오 산업 성장에 따라 사업을 확대할 기대를 허용해야 한다며, 투자자의 정당한 기대 보호는 청구인의 투자 당시 실제(actual) 계획에 구속되지 않는다고 명시하였다. 이는 투자자의 정당한 기대 보호를 판단하는 시점이 투자할 당시라는 의견을 일부 부정할 수도 있다. 물론 초기 계획에는 실제(actual) 계획뿐만 아니라 향후의 추상적인 사업 확대 예정도 있을 것이다. 그렇다면 투자자의 정당한 기대 보호의 판단 시점이 아니라, 그런 추상적인 예정까지 투자자의 정당한 기대 보호의 대상이 된다고 보는 시각도 있을 것이다. 두 가지 면에서 본 사건은 발전한 투자자의 정당한 기대 보호의 새로운 해석이라고 볼 수 있는 점에서 중요하다고 생각된다.

이 점을 고려해보면 본 사건에서의 우크라이나의 Gala에 대한 행위는 명백한 위법이라고 할 수 있다. 중재판정부가 인정한 사실관계를 보면, 우크라이나는 Gala에 대해서 Neer 기준에서 말한 '대우가 비정상적일 것(outrage), 악의적이고 의도적인 의무태만 또는 국제기준에 명백히 미치지 않는 정부행위가 불충분함'에 해당하는 행위를 저질렀다고 인정해야 한다. 그러므로 본 사건은 정당한 기대 보호보다는 최소기준대우를 위반한 사건임에도 불구하고, 정당한 기대 보호의 개념으로 판단한 특별한 판정이다. 다음은 본 사건에서 중요하다고 생각되는 사실들이다.

---

62 Duke Energy Electroquil Partners & Electroquil S.A. v. Republic Ecuador, ICSID Case No.ARB/04/19, Award (2008. 8. 18.) 참고.

63 법무부, 『투자자·국가소송(ISD) 최신 판정분석』, 172쪽.

- 그 '서면 지도'에는 우크라이나 대통령 자신에 의한 서명과 국가위원회에 대한 지시가 쓰여 있으며, 그것은 친한 정치적 동지인 Derkach 의원이 운영하는 회사인 Radio Era에 주파수를 할당하도록 하는 내용이었다.
- 청구인이 바로 외국인이며, 그에게는 우크라이나 미디어 그룹들이 가진 친밀한 정치 연고가 없기 때문에 그는 소외되고 국내 투자자가 활동하는 같은 조건으로 경쟁할 기회를 박탈당하였다.
- Gala는 2005년까지 수사를 받지 않았는데 그다음 3년 동안 5번 수사를 받고 그중 4번은 사전고지가 없었다.
- 국가위원회는 청구인이 법으로 Gala의 소유자가 되는 것을 금지하는 내용의 결정을 하였다.
- 국가위원회는 허가연장에 관한 Gala의 신청에 대해 다른 경쟁사들의 신청과 달리 연기를 하였고, 국가위원회가 행정규칙으로 부담금(갱신료)을 10배 이상으로 인상한 다음에야 Gala의 신청을 승인하였다.
- Gala의 항의 및 우크라이나 법원에 대한 소 제기가 국가위원회의 평가를 악화시켰을 것이다.

다시 말해, 우크라이나는 본 사건 당시에 국가로서 법적 제도를 갖추지 못하였다. 법치국가 혹은 법의 지배라는 근대국가의 대원칙이 없었던 것이다. 우크라이나는 구소련의 한 국가이며 러시아가 공산당의 독재체제 붕괴 후 혼란을 겪었던 것처럼 정치 및 사회가 안정적이지 않아서 흔히 '마피아 사회'라고도 불렸다. 법제도 미흡으로 인해 권력자와의 사적 관계가 중시되어서 우크라이나의 경우 적법절차 개념이 희미하였던 것으로 보인다. 주로 선진국인 서구에서 온 외국 투자자의 상식을 넘은 대우를 우크라이나 정부가 저질렀다는 것이다(참고로 청구인은 미국인이다). 그래서 굳이 투자자의 정당한 기대 보호에 관련시켜서 말하자면, 청구인은 당연히 미국 헌법과 같은 최소한의 권리가 보장된다고 기대하였다. 그런데 실제로 우크라이나에서는 정부와 유착하는 업체가 우대를 받고 정부에 대한 적법한 항의마저 정부의 보복 대상이 돼 버리는 전근대적 국가체제가 형성되어 있었던 것으로 보인다.

중재판정부의 다수의견은 투자 당시의 실제(actual) 사업계획과 상관없이 투자 대상국이 근대국가체제를 갖추는 것을 외국 투자자가 기대할 수 있으며, 그 외국 투자자의 기대는 법적으로 보호되어야 한다는 것이라고 해석할 수 있다. 즉 투자자의 정당한 기대의 판단 시점과 관련해 세밀한 분석 없이 항상 기대해야 하는 근대헌법상 권리 등을 중재판정부의 다수의견이 청구인에 대해 인정하고 보호하였다고 할 수 있다.

또한 투자자의 정당한 기대 보호에 대한 평석은 너무 우회적이라고 생각한다. 청구인이 직접 우크라이나 법체계가 부패하다고 주장했으면 좀 더 판정이 간결했을 듯하다. 그렇다면 최소기준대우에 반한다고 판단해서 직접 관련성이 없는 투자자의 정당한 기대 보호에 대한 논쟁이 발생하지 않았을 것이다. 아무리 투자자의 정당한 기대 보호가 최근 유행한다 하더라도 아무 사건에서나 주장하면 청구인의 권리 보호가 오히려 어려워지게 된다는 점을 이 사례는 잘 보여 준다.

제6장

공정하고 공평한 대우: 실체적 보호의 기준

Duke Energy v. Ecuador 사건

안명현[1]

1. 사건의 개요

1) 사건명

Duke Energy Electroquil Partners & Electroquil S.A. v. Republic of Ecuador, ICSID Case No. ARB/04/19, Award (2008. 8. 18.)(이하 'Duke Energy v. Ecuador')

2) 청구의 근거가 된 협정

에콰도르-미국 BIT(1993. 8. 27. 체결), 투자 계약(Power Purchase Agreements, PPAs) 및 ICSID 협약과 ICSID 중재규칙에 의거하여 절차가 진행되었다.

1 대한무역투자진흥공사 Invest Korea 소속 변호사

3) 당사자

(1) 청구인(Claimants)

· Duke Energy Electroquil Partners(미국 델라웨어주 법에 따라 설립된 파트너십으로서 Electroquil의 지분을 소유한 Duke Energy International del Ecuado Cía Ltda [DEI]의 100% 모회사, 이하 'Duke Energy')

· Electroquil S.A. (에콰도르 법에 따라 설립된 전력생산회사, 이하 'Electroquil')

(2) 피청구인(Respondent)

· 에콰도르 공화국(Republic of Ecuador)

4) 중재판정부의 구성

· 청구인 지명 중재인: Enrique Gomez-Pinzon 박사(콜롬비아 국적)

· 피청구인 지명 중재인: Albert Jan van den Berg 교수(네덜란드 국적)

· 의장중재인: Gabrielle Kaufmann-Kohler 교수(스위스 국적)

5) 사건의 배경 및 판정요지

이 사건은 에콰도르가 전력공급체제를 국영에서 민영으로 전환하는 과정에 참여한 민간투자자와 에콰도르 정부 간의 분쟁에서 발생한 중재사건이다. 에콰도르-미국 BIT상의 의무 위반과 민간 전력생산회사와 국영기업 간에 체결된 전력공급계약상의 의무 위반이 함께 다투어진 사건이나, 이 장에서는 BIT 제2조 제3항(a)에 규정된 공정하고 공평한 대우(Fair and Equitable Treatment, 이하 'FET') 위반 및 제7항에 규정된 권리의 실현을 위한 실효적 수단 제공의 의미에 관한 쟁점을 중심으로 검토하기로 한다.

Ecuador - United States of America BIT Article 2(3)(a)

Investment shall at all times be accorded fair and equitable treatment, shall enjoy full protection and security and shall in no case be accorded treatment less than that required by international law.

에콰도르-미국 BIT 제2조 제3항(a)

투자는 언제나 공정하고 공평한 대우를 부여 받으며 완전한 보호와 안전을 향유하며, 그 어떤 경우에도 국제법에서 요구하는 대우보다 불리한 대우를 부여 받지 않는다.

Ecuador - United States of America BIT Article 2(7)

Each Party shall provide effective means of asserting claims and enforcing rights with respect to investment, investment agreements, and investment authorizations.

에콰도르-미국 BIT 제2조 제7항

각 체약당사국은 투자, 투자 계약 및 투자 인가에 관하여 권리를 주장하고 집행할 수 있는 효과적인 수단을 제공할 의무를 부담한다.

에콰도르-미국 BIT에서 주목할 점은 제2조 제3항(a)에서 일반적인 FET에 대해 규정하면서 동시에 제2조 제7항에서 별도로 실효적 조치(effective means) 제공 의무를 규정하고 있는 점이다.

이는 다른 FTA[2], NAFTA[3] 등에서 규정하고 있는 것과 구별되며, 다음에서 이에 대한 자세한 논의를 다룰 것이다. 이 사건에서는 관할권

2 Free Trade Agreement between the United States of America and the Republic of Korea (Korea-US FTA) (effective from 2012. 3. 15. and revised 2019. 1. 1.), Chapter Eleven Investment.

판단, 에콰도르 법과 계약상의 의무 위반에 대한 쟁점, 에콰도르의 BIT 제2조 제3항(c) 포괄적 보호 조항(우산 조항) 위반에 대해서도 다툼이 있으나, 여기서는 이를 별도로 다루지 않는다.

구체적으로 투자유치국인 에콰도르의 조치가 BIT 제2조 제3항(a)에 규정된 FET를 위반하였는지 여부, 제2조 제3항(b)에 따른 자의적 조치금지(duty not to impair the investment by arbitrary conduct)를 위반하였는지 여부 및 제2조 제3항(7)상의 실효적 조치 제공 의무(the duty to provide effective means of asserting claims)를 위반하였는지 여부를 중심으로 검토할 것이다.

6) 절차의 개요

2004. 8. 25.	청구인 중재신청서(Request for Arbitration) 제출
2004. 10. 7.	ICSID 중재요청 등록
2005. 5. 18.	중재판정부 구성 완료
2005. 9. 3.	청구인 본안서면(Memorial on the Merits) 제출
2005. 11. 21.	피청구인 본안 반박서면(Counter-memorial on the Merits) 및 관할서면(Memorial on Jurisdiction) 제출
2006. 1. 18.	청구인 본안 재반박서면(Reply on the Merits) 및 관할 반박서면(Counter-memorial on Jurisdiction) 제출
2006. 3. 6.	피청구인 관할 재반박서면(Reply on Jurisdiction) 및 본안 재반박서면(Rejoinder on the Merits) 제출

3 North American Free Trade Agreement (NAFTA) (effective from 1994. 1. 1.). 32 ILM 289, 605 (1993)

2006. 3. 17.	심리기일 전 절차회의(Pre-Hearing Conference)
2006. 3. 23.	중재판정부의 절차명령(Procedural Order)
2006. 3. 31.	청구인, 관할 재반박서면(Rejoinder on Jurisdiction) 제출
2006. 4. 24 - 27.	심리기일 진행(미국 워싱턴 D.C.)
2006. 6. 30.	당사자들 1차 심리기일 후 주장 서면(Post-hearing brief) 및 비용 서면(cost submission) 제출
2006. 7. 21.	당사자들 2차 심리기일 후 주장 서면(Post-hearing brief) 및 비용 서면(cost submission) 제출
2008. 8. 18.	중재판정부의 중재판정

2. 사실관계

1) 사건의 배경

1973년, 에콰도르 정부는 1973년 전력법(Basis Electric Law of 1973)에 따라 국영기업인 Instituto Ecuatoriano de Electrificación(이하 'INECEL')을 설립하였다. INECEL은 전기의 공급·생산·유통 권한을 가진 유일한 회사였다. 에콰도르는 전기산업 사정이 악화됨에 따라, 1992년 에너지 위기로 발생한 국가 전력 부족을 이유로 1992년 2월 7일 긴급비상명령 제3071호를 발령하여 비상사태를 선포하고 INECEL이 전력을 구매할 수 있도록 재정부에 자금을 조달할 것을 명했다. 에너지 위기에 대응하기 위해 1992년 1월 10일 에콰도르의 첫 민간 전력발전회사인 Electroquil이 설립되었고, Electroquil은 1992년 2월 9일 과야킬(Guayaquil) 지역에 비화력발전소를 건설하였다. 에콰도르 정부는 1995년 10월 3일 긴급비상명령 제3099호를 발령하여 긴급 전기수요에 대응하기 위해 INECEL에 민간 전력발전업자와 전기공급계약을 체결하도록 인가하였다. 한편 1996년 10월 10일 에콰도르 의회는 INECEL이 일정 기간 경과 후에 청산되어야 한다는 내용의 법령(Ley de Regimen del Sector Electrico)을 입법하였다. 이 법에 따라 에콰도르가 전력공급체제를 민영화하는 과정에서 발전회사인 Electroquil과 외국 투자자인 Duke Energy와 에콰도르 정부 간에 여러 가지 분쟁이 발생하게 되었다.

2) PPA와 다른 계약의 체결

에콰도르의 전력난을 타개하기 위해, 1995년 10월 3일 INECEL과 Electroquil은 Electroquil이 가스터빈발전기 두 대(이하 '제1호기', '제2호기')를 수입·조립·설치·가동하기로 하는 PPA를 체결하였고(이하 'PPA95'), 제1호기와 제2호기는 1995년 12월 말까지 서비스를 개시하기로 하였다. PPA95는 발전기의 상업운전개시(commencement of commercial operation)로부터 5년간 유효하며, 보증 조항(warranties)에서 Electroquil이 제공한 발전기의 연 생산량이 보증한 7,500시간 미만일 경우, INECEL은 그 차이에 대해 시간당 미화 500달러의 벌금을 부과할 권리를 갖도록 하였다. 또한 Electroquil 입찰에서 인정된 양보다 실제 공급되는 에너지가 적은 경우에 INECEL은 퍼센트 포인트당 250달러의 벌금을 부과하도록 하였다. 페널티는 PPA95의 총 5%를 한도로 하였는데, 상업운전개시가 지연될 경우 Electroquil이 INECEL에 매일 미화 5,000달러의 지체상금을 지급하도록 정하였다. PPA95 제12.7조에 따라 테스트 기간인 150일을 인정하여 3월 말부터 한 달 반이 지체된 1996년 5월 10일 제1호기와 제2호기의 상업운전이 시작되었으나, 1996년 6월 26일 제2호기에 결함이 생겨 대체 설비가 필요하게 되었다.

1996년 8월 2일 INECEL이 Petrocomercial로부터 직접 연료를

사고 Electroquil로 전달하는 연료공급계약이 체결되었다. 1996년 8월 8일 INECEL과 Electroquil은 두 번째 PPA 계약(이하 'PPA96')을 체결하여 추가 발전기 두 대(이하 '제3호기', '제4호기')를 공급하기로 합의하였다. PPA96은 PPA95와 달리 최소 생산량에 대한 지불보증을 제공하지 않는 대신 한 달에 약 250시간을 공급하도록 정하고 실제 생산량에 상응하여 대금을 지급하도록 했다. PPA96의 페널티 조항은 최소한의 전기량에 대한 지불을 보증하도록 하고 있지는 않았으나, 사실상 PPA95와 유사하였다. 제3호기와 제4호기는 6개월이 지체된 1997년 6월 19일부터 상업운전이 개시되었다.

3) PPA상 지급과 Payment Trust의 구성

PPA95에 따르면 에너지 생산량 대금은 Electroquil 명의로 에콰도르 중앙은행에 설립된 Payment Trust를 통해 지급하도록 되어 있었고, PPA95 제7.1조에서는 이러한 Payment Trust 설립을 위해 INECEL이 발전기의 상업운전 개시 전에 관련 Payment Trust 약정들을 이행하도록 정하고 있었다.

PPA96에 따른 대금 지급 역시 매월 Electorquil 명의의 Payment Trust를 통한 방식으로 규정되어 있었고, 그에 더하여 INECEL이나 Payment Trust의 자금이 불충분할 경우 에콰도르 재정부가 에콰도르 정부를 대표하여 중앙은행의 재정부 계좌에서 Electroquil에 대금을 지급하도록 정하고 있었다.

발전기의 상업운전 개시 당시 Payment Trust는 아직 설립되지 않았으며, 실제 PPA상의 대금의 일부는 비정기적으로, 현금 또는 국채 등 서로 다른 방식을 통해 지급되었다. 1998년 2월 17일 재정부, INECEL, 에콰도르 중앙은행은 PPA들에 따라 두 개의 동일한 Payment Trust를 체결했다(이하 'Payment Trusts', 'Payment Agreements'로 지칭하며, PPA95와 PPA96에 상응하는 Payment Trust를 '95 Payment Trust'와 '96 Payment Trust'로 칭함). INECEL이 지급의무를 불이행할 경우 Payment Trust는 재정부의 계정에서 에콰도르 중앙은행이 돈을 인출할 권한을 주었다.

4) PPA 이행 중 벌금 부과

1996년 중반부터 INECEL은 PPA에 따라 Electroquil에 벌금을 부과하였다. 1996년 7월부터 2002년 6월까지 Electroquil에 총 15회에 걸쳐 미화 8,180,000달러 상당액의 벌금이 부과되었다. 본 사건 중재에서 다루어지는 벌금은 이 중 11건으로, 그 액수는 약 미화 7,292,114 달러[4]다.

5) Duke Energy의 Electroquil에 대한 투자를 통한 PPA의 간접 참여

Duke Energy는 1997년 11월 12일 Electroquil의 지배지분 인수를 위한 투자의향서(Letter of Intent, 이하 'LOI')를 체결하고, 1998년 2월 23일 자신의 완전 자회사인 DEI를 통하여 Electroquil의 지분 51.5%를 인수하였으며, 그 후 보유 지분을 79.7%까지 늘렸다.

---

4 Duke Energy v. Ecuador, para. 42("Eleven of these fines are now discussed in this arbitration for a nominal amount of USD 7,292,114 million")에는 'million'이 기재되어 있으나, 이하에서는 'million'이 미기재되어 있어 오기로 파악된다.

6) PPA상 에콰도르의 직접 참여

1998년 9월 30일 Ley de Régimen del Sector Eléctrico 98-14에 따라 INECEL이 청산절차를 개시했으며, 1999년 3월 31일부터 법인격이 소멸되었다. INECEL 청산에 따라 에콰도르 대통령은 1999년 1월 28일 시행령 제506호에 따라 에너지광산부(Ministry of Energy and Mines, 이하 'MEM')를 통하여 1999년 4월 1일 에콰도르가 INECEL의 권리의무를 승계하도록 하였다.

7) 조정중재계약(Med-Arb Agreements)

2000년 5월 30일 MEM과 Electroquil이 PPA의 이행과 벌금에 대한 분쟁에 대해 조정중재계약을 체결하였다. 2000년 12월 19일 양 당사자는 조정을 개시하였고, 조정으로 분쟁이 해결되지 않자 2001년 1월 29일 중재를 시작하였다. 2001년 3월 에콰도르 법무부 장관(Attorney-General)은 에콰도르 조정중재법 제4조 위반[5]을 이유로 조정중재계약의 무효를 주장하였으며, 이로 인하여 국내 중재판정부는 2001년 7월 27일 관할권 판단을 위해 본안절차를 유예시켰다. 2001년 8월 3일 국내 중재판정부는 법무부 장관의 관할에 대한 이의를 받아들이지 않고, MEM, 법무부 장관, Electroquil의 의견을 듣는 청문절차를 거친 후 사건에 대한 관할권이 있다고 판단하였다. 2001년 8월 27일 법무부 장관은 항고절차(motion for reconsideration)를 제기하였으나, 국내 중재판정부는 2001년 9

5 1997년 에콰도르조정중재법 제4조에는 "공공법인과 중재계약의 결론에 도달하기 위해서는 법무부 장관의 의무적 사전협의가 있어야 한다"고 규정되어 있었다. 2000년 MEM과 Electroquil의 조정중재계약 체결 시점에는 이 요건이 충족되지 못했다.

월 20일 자 명령으로써 관할권에 대한 이의를 받아들이지 않는다는 점을 분명히 했다(당시 의장중재인이었던 Álvarez Grau는 8월과 9월의 명령이 확정된 결정["firm decision"]이라는 점을 확인하였다).

하지만 위 사실에도 불구하고, 국내 중재판정부는 2002년 3월 11일 자 최종 중재판정에서 에콰도르 중재법에 따라 중재조항의 무효로 인해 조정중재계약에 따른 중재가 무효라는 결론을 내렸다.

8) PPA와 관련 계약의 종료

MEM과 Electroquil은 2001년 11월 27일 PPA95 종료와 관련된 청산계약을 체결했으며(이하 'PPA95 청산계약'), 2002년 8월 28일 PPA96와 관련된 청산계약을 체결(이하 'PPA96 청산계약')하였다. 두 청산계약 제7조에는 조정중재계약에 따른 중재절차가 진행 중임이 명시되어 있었다. MEM은 2002년 9월 3일 자 서신을 통해 에콰도르 중앙은행으로부터 미화 96,980.64달러 정도의 청산금액을 Electroquil에 지불할 것을 요청했다.

그 무렵 다른 계약관계들도 청산되었다. MEM, Electoquil과 Petroecuador(Petrocomercial이라는 자회사를 통하여 전력플랜트를 운영하고 유지하는 연료를 판매하는 석유가스 독점 공급업체로, 국영기업이다)는 2003년 5월 30일에 상호의무계약(Reciprocal Obligations Agreement)을 체결하였다. 이 계약은 (1) PPA95 청산계약상 MEM이 인정한 Electroquil이 MEM에 부담하는 미화 4,173,718.65달러 지불의무의 면제, (2) 연료구매 관련 Electroquil이 Petrocommercial에 이행하여야 할 미화 4,173,718.65달러 채무의 면제, 그리고 (3) 에콰도르 정부에 대하여 PetrodEcuador가 부담하고 있는 금융채무 미화 3,693,190달러 면제를 그 내용으로 하고 있다. 또한 이와 관련하여 거의 1년이 지난 후인 2004년 4월 23일 Electroquil, 에콰도르 정부, Petrocommercial은 연료대금 금액의 지체로 발생한 이자를 서로 상계하는 내용의 계약(undisputed amount interest agreement)을 체결하였다. 그리고 2004년 4월 26일 'Investors'라고 불리는 Duke Energy와 Electroquil은 에콰도르 정부와 청산계약에 의해 다뤄지지 않았던 일부 분쟁들을 ICSID 중재로 해결한다는 내용을 담은 중재계약(arbitration agreement)을 체결하였다.

9) 관세의무면제 관련 절차

1998년 6월 23일 공공분야의 물품 및 서비스수입품에 대해 법 제30호(Law Number 30 on the Exoneration of Taxes for Imports of the Public Sector for Primary Works and Services; "Law Number 30")에서는 국내개발위원회가 국가에 우선순위를 둔 행위나 산업을 위해 필요한 물품 또는 재정부처가 면제를 승인한 경우에는 관세를 면제하는 규정을 두었다. 1995년 11월 8일 국가개발위원회(CONADE)는 수입한 터빈에 대해서 법상 국가에 우선순위를 둔 산업을 위해 필요한 물품이라고 하여 조세와 관세가 면제됨을 확인하였다. Electroquil의 요청에 따라 국가개발위원회는 1996년 9월 19일에 전기발전시설을 국가적 우선에 두는 것으로 보고 조세면제로 수입하는 것이 적법하다는 점을 재확인하였으며, 1996년 12월 11일 재정부는 PPA96에 따라 수입된 터빈에 대해 조세와 관세가 면제된다는 것을 확인하였다.

1998년 5월 Electroquil이 소유한 터빈이 고장나 미국 소재 제조사에 수리를 맡기게 되었는데, 1998년 7월 30일 에콰도르 선적처리 후 이틀이 지난 시점에 Houston 항구에서 선박이 침몰하여 터빈이 분실되자 미국의 제조사가 동일한 물품을 추가비용 없이 Electroquil에 인도하게 되었다. 1998년 9월 1일 Electroquil은 에콰도르에 수입하는 물품에 대한 관세와 관련된 배타적 권한을 가진 Corporación Aduanera Ecuatoriana(이하 'CAE')로부터 미화 1,008,614달러의 면제를 요구하였는데, 답변을 받지 못하자 1999년 3월 24일 재정부에 재차 요청을 하였고, 재정부는 1999년 5월 14일 자 회신에서 이는 1998년 7월 13일 관세법 시행의 결과 CAE에서 해결되어야 할 사안이라는 답변을 받았으며, 1999년 6월 17일 CAE는 최종적으로 관세 면제를 거부하였다. 2001년 11월 Electroquil은 관세면제거부처분에 대해 지방조세법원에 소를 제기하였으나 이는 2004년 1월 28일 받아들여지지 않았고, Electroquil은 2004년 3월 5일 에콰도르 대법원에 상고를 제기하였다. 2004년 7월 15일 대법원에서 Electroquil의 상고를 받아들였으나, 2005년 1월 27일 예정된 심리절차에 Electroquil은 참석하지 않았다. 2005년 4월 에콰도르 대통령은 에콰도르 대법원의 모든 재판관들을 사임시키는 등 대통령령(presidential decree)을 통하여 대법원의 사법집행력을 무력화하는 조치를 취했다.[6] 2005년 11월 30일에 대법원 심리가 다시 열렸으나, 당사자들은 이후 증거를 제출하지 않았다.

3. 쟁점

1) 청구인이 문제 삼은 투자유치국의 조치

청구인은 에콰도르의 다음과 같은 다섯 가지 조치를 문제 삼았다. (1) Payment Trusts의 불완전하고 지연된 이행, (2) 지체상금(late payments)

6 실효적인 조치제공을 하였는지와 관련된 내용으로 에콰도르 대법원 (역할)을 붕괴시키는(dismantled) 에콰도르 대통령령의 개정이 2005년 4월에 있었으며, 그것은 ICSID 중재제기 전까지 개정되지 않았다. 이는 BIT상 외국 투자자에게 사법정의의 적절한 시스템을 제공하여야 하는 투자유치국의 의무에 배치되는 것으로 사법 시스템을 붕괴시키고, 그 결과 사법집행력이 없는 상태(left without the ability to fully administer justice)가 된 것이라고 청구인들이 주장하고 있다.

의 이자 미지급, (3) 벌금 및 페널티의 위법 부과, (4) 관세 부과, (5) 에콰도르가 국내 중재에 대해 청구인들이 제기한 소송을 진행하지 않아 적절하고 공정한 분쟁해결포럼(dispute resolution forum)을 제공하지 않은 점이 그것이다.

2) 청구인의 청구취지

청구인은 문제가 된 에콰도르의 조치가 (1) 에콰도르의 BIT 제2조 제3항(c) 투자에 대한 의무(포괄적 보호 조항 또는 우산 조항)에 위반되고, (2) BIT 제2조 제3항(a)의 FET를 위반하며, (3) 에콰도르의 BIT 제2조 제3항(b) 자의적 조치금지 의무를 위반하고, (4) 에콰도르가 청구인이 투자와 관련하여 권리를 수행하고 청구를 주장할 실효적인 수단을 제공하지 못해, 사법구제의 거부(denial of justice)에 이를 정도가 되어 BIT 제2조 제7항을 위반하였다는 주장을 하였다.

청구인은 이러한 주장을 근거로 2005년 12월 31일부터의 이자를 포함하여 (1) 에콰도르의 위법행위로 인한 ① Electroquil에 대한 미화 24,720,904달러의 손해배상 및 ② DEI가 Electroquil에 투자한 가치손상에 해당하는 미화 19,263,434달러, (2) 과야킬(Guayaquil)에서의 중재에서 발생한 비용, 에콰도르의 사법구제의 거부로 발생한 미화 358,954달러의 손해배상, (3) 본 중재와 관련된 변호사 선임료 및 모든 비용, (4) 가장 높은 법정이율에 따라 요구되는 2005년 12월 31일 이후 판정 전 및 판정 후 이자, (5) 그 외 적절한 추가 구제조치를 청구하였다. 여기서는 FET 위반, 자의적 조치금지 위반 및 실효성 있는 수단을 제공하였는지 여부를 중심으로 검토해 보도록 하겠다.

3) 당사자들의 주장

(1) 청구인의 주장

▶FET

청구인은 에콰도르가 청구인의 투자에 대한 안정적이고 예측 가능한 체제를 유지하는 데 실패했거나 청구인의 합리적이고 적당한 기대에 따라 투명성을 제공하는 데 실패했다고 주장하였다. 청구인에 대한 에콰도르의 확약(commitments)은 청구인들의 투자 이전에 고위급 정부 공무원들이 투자 이전에 제공했던 구두 및 서면상 약속에서 반복적으로 드러났음에도 지켜지지 않았다. 청구인의 투자에 대한 피청구인의 법적 체제(framework)는 1997년 Payment Decree, Payment Trust, 외국인투자촉진법, 민법과 에콰도르 헌법 등을 아우르며, PPA, Payment Decree, Payment Trusts상 지급 불이행, 조정중재와 패널티 규정이 국제법상 FET 위반이라고 주장하였다. 청구인의 투자는 민법, 에콰도르 헌법, PPAs, Payment Trusts, Payment Decree, 외국인투자법에 따라 보장받아야 하며, 에콰도르가 Payment Decree 또는 계약적 확약에 따른 이행을 하지 못한 것은 국제법 위반에 해당한다고 주장하였다. 또한 조정중재계약, 계약상의 페널티 체제 위반뿐만 아니라 PPA, Payment Decree, Payment Trust에 따라 Electroquil에 지불하지 않은 부분은 국제법 위반에 따른 FET 위반이라고 주장하였다.

▶자의적 조치금지

BIT 제2조 제3항(b) 자의적 조치금지 의무 위반과 관련하여, 청구인은 BIT 제2조 제3항(b)상 FET 조항으로부터 독립된 조항이며, 피청구인은 이러한 의무를 별도로 위반하였다고 주장하였다. 청구인은 피청구인의 변덕스럽고 고집스러운 행위들이 자의적이라고 주장하였다. 지급 지체,

벌금 부과, 충분하고 공정한 분쟁해결 관할을 제공하지 않은 것은 국제법과 국내법을 무시한 결과라고 보았다. 청구인은 피청구인의 자의적 조치들이 투자의 관리·운영·유지·사용·수익·취득·확장·처분 등을 손상시켰기 때문에 위 조항을 위반하였다고 주장하였다. '자의적'이라는 용어의 일반적인 의미는 적절한 근거나 제한이 없는 것이며, 투자의 손해를 야기하는 투자에 대한 간섭 또는 중단에 해당한다고 주장하면서, 이러한 의무는 일반적인 법보다는 더 높은 수준의 보호를 받는다고 강조하였다. 또 이러한 피청구인의 행위는 Duke Energy에 미화 19,000,000달러의 손해를 끼쳤으며, 에너지 위기라는 사유에 의해 정당화될 수 없다고 보았다.

▶실효적 수단 제공 의무

청구인은 피청구인이 청구인들의 관세 관련 주장들과 국내 중재에서의 주장들을 적시에 적절한 방식으로 심사하지 않음으로써 사법구제의 거부가 인정된다고 주장하였다.

먼저 국내 중재절차에 관하여는 다음과 같은 위반 사실이 있다고 주장하였다. 2002년 3월 11일 국내 중재판정부의 최종 중재판정은 정부의 압력에 굴복해 앞서 한 관할권에 관한 두 차례의 결정을 번복하여 관할권이 없다는 판정을 내린 것으로서, 이는 공정한 분쟁해결을 활용할 것이라는 청구인의 희망을 무너뜨린 것이라고 주장하였다. 법무부장관이 조정중재계약의 실행을 승인하지 않았기 때문에 조정중재계약이 무효라는 피청구인의 주장은 본래 승인이 요구되지 않았으므로 부당하며, 설령 승인이 요구되었다고 하더라도 법무부 장관이 이를 치유할 수 있었다는 점에서 문제가 있다고 주장하였다.

또한 정부가 중재조정계약의 무효를 주장하지 않고 사전중재조정절차에 참여한 것은 금반언 원칙에 반하며, 이와 관련된 관할권에 대한 이의는 실기(失期)한 것이라고 주장하였다. 국제법적으로도 정부가 조정중재절차를 통하여 청구인과 분쟁을 조정하기로 동의하였다면, 이는 확약(promise)에 해당하여 이를 준수하지 못한 사실은 사법구제의 거부의 전형적인 예에 해당한다고 주장하였다.[7] 청구인이 국내 구제절차를 소진하지 않았다는 에콰도르의 주장은 부적절하다고 보았다. 본 사건에서 국제법상 위법(international wrong)은 정부가 중재합의를 무력화(frustration)한 데 있으므로 청구인이 국내 구제절차를 소진시켰는지 여부는 중요하지 않으며, 설사 국내 구제절차를 소진시켰어야 한다고 하더라도 당시 가능한 구제조치가 존재하지 않았다고 주장하였다.

다음으로 청구인은 조세채권에 대해서는 관세부과에 대한 반환을 요구하는 청구를 국내 조세법원에 제출하였으나 2004년 4월 5일 기각되었으며, 대법원에서도 2005년 4월경에 대통령령으로 인해 사법심사권이 무력화되면서 BIT상 피청구인이 외국 투자자에게 적절한 사법 시스템을 제공할 의무를 위반하였다고 주장하였다. 에콰도르 대법원이 대통령령에 의해 무력화되어 ICSID 중재청구 시까지 다시 기능할 수 없었던바, 이러한 국내법원 절차의 지체만으로도 사법구제의 거부에 해당되며 대법원이 무력화되었다는 사실 역시 피청구인의 사법 시스템을 제공할 의무에 위반된다고 주장하였다.

(2) 피청구인의 주장

▶FET

피청구인은 청구인이 투자에 대한 법적 체제를 변경시키는 주권적 권한행사가 있었다는 점을 입증하지 못했으며, 피청구인은 계약상 확약을

7 사법구제의 거부 주장은 (1) 충분한 구제조치가 존재할 때, (2) 국가가 그들의 확약을 자의적으로 어겼을 때 가능하다.

준수하였음을 주장하였다. 또한 투자자의 기대와 관련해서는, 청구인의 주장은 상업적 위험(commercial risk)을 보호하고자 하는 것이기 때문에 국제법에 따른 보호 대상이 아니라고 주장하였다. 그리고 PPA의 이행과 관련하여 피청구인은 청구인의 투자에 대한 안정적인 체제를 유지하였으며 투명성을 제공하였다고 주장하면서, 그 어떤 경우에도 BIT상 인정되는 FET 의무가 국제관습법상 외국 투자에 제공되는 범위 이상을 보호하는 것은 아니라고 주장하였다.

▶ **자의적 조치금지**

피청구인은 자의적 조치금지 의무는 별도의 기준으로 볼 수 없으며, Saluka 사건[8]을 원용하면서 위 의무는 FET의 일부라고 주장하였다. 그리고 에콰도르 정부는 계약을 준수하였으며 에너지 위기 대응을 포함한, 명확하고 적법한 공공 목적을 위하여 신의성실에 맞게 권한을 행사했다고 주장하였다. 또한 청구인이 벌금을 제외한 청산계약상의 지급금액에 대한 지불방식에 동의하였다는 사실은 에콰도르 정부가 자의적이거나 차별적 조치를 하지 않았음을 보여 준다고 주장하였다.

▶ **실효적 수단 제공의무**

에콰도르 정부는 다음과 같은 주장으로 국내 중재절차와 관련하여 BIT 제2조 제7항 위반을 부인하였다. 먼저 국내 중재는 국가와 관련이 없는

---

8 Saluka Investments BV (The Netherlands) v. The Czech Republic, UNCITRAL, Partial Award (2006. 3. 17.), paras. 460, 461. 체코 정부가 4개의 주요 은행에 대한 민영화 과정에서 국내은행인 3개 은행들에 금융지원을 하였으나 신청인이 투자한 은행에 대해 금융지원을 거부한 사안이다. 중재판정부는 동종 상황에서 정당한 사유 없이 다르게 다루었을 때 그 정부의 행위는 차별적인 것이며, FET 위반이라고 보았다. 또한 침해금지의무(non-Impairment requirement)는 FET 원칙과 본질적으로 다르지 않다고 보고 있다.

민간기업인 Guayaquil Chamber of Commerce의 관리하에 수행된 것으로 국내절차에서의 방어는 사법구제의 거부로 볼 수 없다고 보았다. 또한 Waste Management 사건[9]을 원용하며 국내절차에서 제기된 주장은 사법구제의 거부가 될 수 없다고 보았다. 그리고 예비적인 주장으로서 국내 중재판정부는 적법절차를 준수하였으며, 2001년 9월 20일 자 판정은 예비결정이었으므로 청구인은 2002년 3월의 판정에 대해 에콰도르 법상 현존하는 구제조치를 선택하여 무효화할 수 있었음에도 그렇게 하지 않았다고 하였다. 청구인은 국내 구제조치를 소진하는 데 실패하였기 때문에 사법구제의 거부를 주장할 수 없다는 것이다. 마지막으로 본 사건은 양 당사자의 동의에 의해 중재판정부에서 분쟁을 다루도록 하였기 때문에 사법구제의 거부는 배제되어야 한다고 주장하였다.

관세 분쟁에 대해서도 2005년 1월 29일 청문절차에 참석하지 않은 점, 2005년 11월 에콰도르 대법원이 재개된 점에 비추어 사법구제의 거부라고 볼 수 없다고 주장하였다.

4) 법률적 쟁점 및 중재판정부의 판단

(1) BIT 제2조 제3항(a)상의 FET 위반 관련

▶법률적 쟁점

① FET의 적용 기준: 독자적 기준인지 국제관습법의 반영인지

첫째, FET의 적용 기준이 독자적 기준인지 국제관습법의 반영인지에 대하여 피청구인은 에콰도르-미국 BIT의 동일한 규정을 다룬 OPEC v.

9 Waste Management, Inc. v. United Mexican States, ICSID Case No. ARB(AF)/98/2. Award (2004. 4. 30.).

Ecuador[10]를 근거로 주장하였다. 그러나 중재판정부는 해당 판정은 관습법상 기준과 조약상의 기준의 관계 및 그 범위에 대해 직접적으로 다루지 않았으므로, 그에 근거한 피청구인의 주장은 도움이 되지 않는다고 보았다.

둘째, 중재판정부는 Azurix Corp. v. Argentina[11]가 유용한 방향을 제시해 준다고 보았다. 이 사건 판정부에서는 미국-아르헨티나 BIT 제2조 제3항(a)와 유사한 제2조(a)를 분석했는데, 거기에서는 "투자는 항상 FET에 따라야 한다. 또한 투자는 충분한 보호·안전 기준을 향유해야 하며, 국제법에 의해 요구되는 정도보다 낮아서는 안 된다"고 보고 있다.[12] 이는 관습법적 국제법상 최소기준이 외국인의 대우에 대한 최소기준이어야 함을 의미한다. 중재판정부는 결정 과정에서 조약상 기준은 하한이지 상한은 아니며, 조약상의 기준과 관습법적 국제법상 기준이 본질적으로 유사하다고 주장한다. 중재판정부는 국제법상 기준과 조약상 기준이 본질적으로 동일하다는 위 판정의 주장 및 결론에 동의하였다. 이런 결론이 CMS 사건[13] 판정문에서도 동일하게 적용[14]되고 있다는 점도 중재판정부는 언급하였다.

---

10 Occidental Exploration and Production Company (OPEC) v. Republic of Ecuador, LCIA Case No. UN3467, UNICITRAL, Final Award (2004. 7. 1.). 여기서 중재판정부는, 에콰도르가 VAT를 제대로 돌려주지 않은 것은 청구인의 정당한 기대(legitimate expectations)에 반하는 것으로, 에콰도르-미국 BIT 제2조 제3항(a) 위반에 해당한다고 보았다.

11 Azurix Corp. v. Argentine Republic, ICSID Case No. ARB/01/12, Award (2006. 7. 4.).

12 Azurix Corp. v. Argentine Republic, (2006. 7. 4.). para. 361.

13 CMS Gas Transmission Company v. Argentine Republic, ICSID Case No. ARB/01/8, Award (2005. 5. 12.) 이 사건은 가스운송사업에 대한 아르헨티나의 긴급경제조치에 대해 중재청구를 제기한 사건으로, 1990년대 공기업의 민영화 과정에서 CMS는 가스수송 사업권을 담당하는 아르헨티나 국영기업인 TGN의 지분을 매입하였고, 당시 아르헨티나 정부는 가스사업 민영화를 위해 미국 달러화로 산정 후 요금청구는 청구시점의 환율로 전환된 페소화로 이루어지도록 약정하였으나 이후 경제위기로 긴급조치를 발동하였다.

② 기준의 내용

중재판정부는 FET는 투자환경의 안정적 보장이나 경제적 자원의 효과적 사용을 위해 바람직하다고 보고 있다. 중재판정부는 CMS, Tecmed,[15] Occidental 사건[16]에서 볼 수 있듯이 결과적으로 판정부가 투자유치국의 안정적이고 예측 가능한 법적 경영환경의 유지라는 점을 강조하면서 위 내용의 체계화를 시도하는 것이 FET의 필수적인 구성요소라는 점에 동의하였다. 이는 LG&E v. Argentina[17]에서도 동일하다. 투자환경의 안정성은 투자자의 정당한 기대와 직접적으로 연결되며, 정당한 기대가 FET의 중요한 구성요소임을 명시하고 있다. 중재판정부는 투자환경의 안정성은 투자자의 정당한 기대와 직접적으로 연결된다고 하면서 정당한 기대가 FET의 중요한 구성요소임을 명시하였다. 동 분쟁에서 중재판정부는 투자자의 기대가 보호되기 위해서는 투자 당시에 투자자의 기대가 정당하고 합리적이어야 한다고 하면서, 그 기대의 정당성과 합리성 여부의 판단에 있어 투자와 관련된 사실관계, 투자유치국의 정치적·사회경제적·문화적·역사적 조건을 포함한 모든 상황을 고려하여야 한다고 하였다.

중재판정부는 국가 측의 악의가 전제될 필요가 없다고 설시하면서 포괄적 보호조항(우산조항)이 아닌 다른 조항이 적용되는 경우 계약의

14 CMS Gas Transmission Company v. Argentine Republic, ICSID Case No. ARB/01/8, Award (2005. 5. 12.), para. 284. 투자자에게 안정성과 예측 가능성을 보장해 주는 것이 FET의 핵심요소이며, 관습법상 변화나 국제법적 최소기준이 구별되지 않는다고 보고 있다.

15 Técnicas Medioambientales TECMED S.A. v. Mexico, ICSID Case No. ARB(AF)/00/2, Award (2003. 5. 29.).

16 Occidental Exploration and Production Company (OEPC) v. The Republic of Ecuador, LCIA case No. 3467, UNICITRAL, Final Award (2004. 7. 1.).

17 LG&E v. Argentine Republic, ICSID Case No. ARB/02/1, Decision on Liability, (2006. 10. 3.).

위반이 곧 조약의 위반이 되지 않는바, 본 사건에서는 주로 계약의 위반이 문제 되었다고 판시하였다. 국가가 일반적인 사인과 같이 계약을 위반한 사건들 중 국제 책임이 발생하지 않는다고 판단한 여러 중재판정들을 원용하였다. Consortium RFCC v. Morocco에서는 FET 위반을 구성하는 계약 위반을 주장하기 위해서는 "문제된 행위가 일반적인 계약 상대방이 통상적으로 취했다고 보기 어려운 행위여야 한다"고 판시하였다.[18] 유사하게 Impregilo 사건 판정[19]에서도 계약위반사유로서 위법한 공권력의 행사와 합리적 기대의 침해 여부가 문제 되었는데, 수용국이 신법령에 영향을 받은 계약 내용의 수정협상을 거부한 경우에는 FET 위반이 된다고 보았다. 즉 계약위반이 주권적 권한행사인 경우에는 FET 위반이며, 계약상 권리행사인 경우에는 합리적 기대의 침해가 아니라고 보았다. 결론적으로 중재판정부는 청구인들이 단순한 계약상 위반 그 이상으로 주권적 권한행사에 의한 위반이 있음을 입증해야 한다고 판단하였다.

(2) FET 위반 여부에 대한 중재판정부의 판단

중재판정부는 이와 같은 관점에서 FET 위반이 있는지에 대해 세 가지 측면에서 파악하였는데, PPA, Payment Trust의 불완전이행, 조정중재계약이 그것이다. 먼저 안정적이고 예측 가능한 규제환경을 보장하였는지 여부와 투자 당시 청구인이 갖고 있던 기대가 합리적이었는지 여부를 검토할 것이다. 이러한 기대를 규명하고 그들의 합리성을 평가하기

18 Consortium RFCC v. The Kingdom of Morocco, ICSID Case No. ARB/00/6, Award (2003. 12. 22.). para. 51.

19 Impregilo S.p.A v. Islamic Republic of Parkistan, ICSID No. ARB/03/03, Decision on Jurisdiction (2005. 4. 22.).

위해서는, 그것이 에콰도르의 에너지 위기와 국가적 에너지 부족이라는 정치적·경제적 상황에서 행해진 투자라는 점을 환기할 필요가 있다.

▶에콰도르가 PPAs 이행과 관련하여 FET를 위반하였는지 여부 [위반 아님]

PPA 이행과 관련하여, 중재판정부는 Payment Trust의 설립, 불이행, PPA상 지급 지체에 대한 이자 미지급은 INECEL이 국가의 주권적 권한행사로 수행하는 것은 아니라고 보았고, 이들 행위가 FET 위반이라는 청구인의 주장을 받아들이지 않았다.

벌금과 관련하여, Duke Energy는 벌금이 적법절차를 부정하고 청구인을 기만하였다고 보아 합리적 기대를 벗어났다고 주장하였다. 첫째, Duke Energy는 투자 당시에는 PPA상 페널티가 없었으며, 오히려 피청구인이 정기적으로 지불을 지연하고 있었다고 주장하고 있으나, 중재판정부는 피청구인이 지적하듯이 Duke Energy에 이미 투자 당시 미화 1,500,000달러의 벌금이 여섯 차례나 부과되었다고 지적하고, PPA가 46.7%에 도달할 당시에는 이미 지불지연의 30%가 진행되었다고 보는 것이 명확하다고 보았다. 즉 중재판정부는 Duke Energy는 과거 페널티들에 대해서 잘 알고 있었을 것이며, Electroquil이 사업 위험(business risk)을 책임지고 미이행에 대한 벌금이 부과될 수 있음을 알 수 있었을 것이라고 보았다. 중재판정부는 청구인이 투자 이전에 (이미 확정된) 벌금이 아직 부과되지 않은 것이라는 사실에 대해서도 기대가 가능하였다고 보았다. 따라서 계약의 흐름상 기대라는 것은 정부로부터 명확한 확인에 근거한 경우였다면 합리적으로 간주될 수 있다는 것이기 때문에 중재판정부는 기대에 대한 확신이 없다고 결론 내렸다. 둘째, Duke Energy는 청산계약 수행 후 범법행위를 이유로 벌금이 부과된 것에 대하여 FET 의무 위반을 주장하였으나, Electroquil은 이 주장은 심도 있게 발전시키지 않았다. 중재판정부는 PPA상 부과된 벌금에 대해서는 INECEL 또는 국가가 일반적인 계약파트너 이외에 주권행사로서 행위하였다는 증거가 없다고 보았다. 중재판정부는 계약의 불법적 이행을 이유로 제재허가를 승인할 권한을 부여한 것은 사실이나, 상호합의 위임권한이 계약법상 당사자의 자치로부터 도출된 것임이 분명하고, 이 계약은 FET 위반으로 볼 수 없다고 보았다.

▶Payment Trust를 수행하지 않음으로써 FET를 위반하였는지 여부 [위반]

중재판정부는 에콰도르가 존재하는 제도적 틀을 변경시키는 주권행사상 법적 행위나 규제조치를 취하지 않았으며 계약에 직접 개입하지 않았다는 것도 사실이라고 보았다. 오히려 청구인은 이러한 에콰도르의 개입지연으로 청구인의 기대를 좌절시켰다고 주장하였는데, 중재판정부는 이를 판단하기 위해 Electroquil과 Duke Energy의 기대를 구분하여 살펴보았다.

① Electroquil의 기대

INECEL과 PPA 체결 당시에는 미화 114,000,000달러의 수익보장약정을 체결하였고, Electroquil의 기대는 PPA 문언에 담겨 있다고 보았다. PPA95 당시에는 Payment Trust 실행과 설립에 대해서만 기대할 수 있었을 뿐 재정부의 지급보증까지 포함한 것은 아니라고 이해하였다. 게다가 Electroquil과의 계약에 있어 INECEL이 일반적인 계약 상대방과 다르게 행동한바 없으며, Payment Trust의 설립이 주권적 권한행사를 의미하는 것은 아니라고 보았다. 즉 PPA95상 Electroquil의 기대는 BIT상 보호되지 않는 단순한 계약상의 기대로 여겨져야 한다는 것이다. PPA96은 상황이 조금 달라지는데, Electroquil은 재정부가 PPA96 제8.6조에 따라 지급 메커니즘을 따를 것이라는 기대와 지급보증을 제공할 것이라는 기대를 가지고 PPA96을 체결하게 되었다. 중재판정부는 그 당시에 재정부는 국가의 책임으로 관여한 것이며, Electroquil이 재정부의 명백한 약속(commitment)을 믿었다고 보는 것이 합리적이라고 보았다. 즉 단순한 계약적 기대가 아니라 정부의 지급보증을 믿고 계약을 체결한 것이며, 정부의 지급보증은 정부의 주권행사를 수반한다고 본 것이다. 중재판정부는 Electroquil이 INECEL의 지불을 보증하는 정부의 진술(representation)에 의지한 것이 합리적이라고 보았다. 따라서 중재판정부는 지불보증을 수행하지 않음으로써 Electroquil의 투자에 대해 에콰도르가 FET 의무를 위반했다고 보았다.

② Duke Energy의 기대

Duke Energy는 Electroquil과는 다른 측면에서 투자하였는데, 과도한 벌금 부과와 지불지연에 대한 PPA 수행에 관한 상황을 알고 있었다. 결과적으로 Duke Energy는 투자에 선행해 Payment Decree나 Payment Trusts의 설립과 같은 조건 하에 특정 보증을 요구했던 것으로 보인다. 사실 1997년 11월 10일 Payment Decree 채택 이후인 1997년 11월 18일 Duke Energy의 투자의향서가 체결된 것도 같은 이유일 것이다. 또한 Payment Trust 계약이 체결된 1998년 2월 17일 이후인 1998년 2월 23일 Duke Energy가 Electroquil의 주식을 취득하였다. Duke Energy는 Payment Trust 설립을 통하여 즉시 연체된 미화 7,200,000달러를 '제거'하기를 기대했을 것이다. 이런 상황에서 그것이 합리적인 기대였는지를 판단함에 있어 Duke Energy와 같은 경험 많은 투자자가 지불보증 이행을 위한 절차에 보다 주의를 기울여야 했다는 주장도 가능할 것이다. 그러나 중재판정부는 Duke Energy가 투자 시 투자의 선행조건으로 본 PPA들의 내용에 따르면 Duke Energy는 정부의 약속에 합리적으로 의존할 수 있는 자격이 있다고 보았으며 Duke Energy의 기대를 합리적이라고 보았다. 결국 중재판정부는 Payment Trust 측면에서는 에콰도르가 FET 의무를 위반했다고 보았다.

▶중재계약으로 인한 FET 위반 여부 [위반 아님]

여기서는 조정중재계약에서 MEM과 법무부 장관의 행동이 Electroquil의 정당한 기대에 부합하는지가 문제 되었다. 중재판정부는 1998년 9월 9일 법무부 장관의 서신을 보아도 법무부 장관의 협의를 거치지 않은 것이 명백하다고 보았다. 중재판정부는 MEM과 법무부 장관의 행동이 에콰도르 법에 따라 수행되었어야 했으며, 청구인도 조정중재법상 용어를 해석함에 있어 좀 더 주의를 기울였어야 했다고 보았다. 어찌되었건 투자를 결정할 때 외국 당사자가 필요로 하는 것은 보호되어야 하는 합리적 기대인데, 조정중재계약은 2년이 넘어서 결론이 났으며, FET 기준에서 보호될 기대가 발생하지 않았다고 보았다. 또한 중재판정부는 조정중재계약과 관련된 Electroquil의 기대와 관련하여 FET 위반은 없었다고 보았다.

(3) BIT 제2조 제3항(b)상의 자의적 조치금지 위반 여부

▶법률적 쟁점

Ecuador - U.S. BIT Article 2(3)(b)

Neither Party shall in any way impair by arbitrary or discriminatory measures the management, operation, maintenance, use, enjoyment, acquisition, expansion, or disposal of investments. For purposes of dispute resolution under Articles VI and VII, a measure may be arbitrary or discriminatory notwithstanding the fact that a party has had or has exercised the opportunity to review such measures in the courts or administrative tribunals of a Party.

에콰도르-미국 BIT 제2조 제3항(b)

각 체약당사국은 그 어떤 방법으로든 자의적이거나 차별적인 조치에 의하여 동 투자자에 의한 투자의 운용, 관리, 유지, 이용, 향유 또는 처분을 침해하여서는 아니된다. 제6조와 제7조 소정의 분쟁해결을 위하여, 특정 조치는 일방 당사자가 그러한 조치를 일방 체약당사국의 법원 또는 행정재판소에서 심사를 받을 기회를 가졌거나 그러한 권리를 행사하였는지 여부와 관계없이 자의적이거나 차별적인 것으로 인정될 수 있다.

중재판정부는 청구인들은 BIT에 규정된 비차별성(no discrimination) 위반을 주장하지는 않았으므로, 이에 관해서는 자의성 쟁점에 관한 판단으로 국한한다고 명시하였다. 중재판정부는 에콰도르의 주장처럼 BIT 규정상 FET 원칙이 침해금지 원칙을 포함한다고 보기는 어려우며, 중재판정부는 주장된 조치들이 투자의 향유, 사용, 유지, 운영을 손상시키거나 자의적인지에 대해 결정하기 위하여 분리된 조치를 해야 할 것이라고 보았다. ELSI 사건[20]에서 ICJ는 단순히 법령위반은 자의성에 해당하지 않고 정당한 법적 절차를 의도적으로 무시하거나 법적 타당성에 명백하게 반하는 등의 의사를 가져야 한다고 보았으며, 법률규칙의 위반은 하나의 법원칙에 반대되는 것이 아니고 특정한 법원칙에 반대되는 것도 아니다. 자의성은 적법절차를 고의적으로 무시하는 것이고, 충격적이라거나 최소한 사법적 타당성의 관점에서 놀랄 만한 것이어야 한다고 보았다. 그리고 이 기준은 개별 판결이 놀라운 것인가를 판단하는 것이 아니라 절차가 충격적이거나 놀랄 만한 것이고 이로써 적절한 사법적 판단을 하게 되었는지를 살펴보는 것이라고 하였다.

---

20 Elettronica Sicula S.p.A. (ELSI)(United States of America v. Italy), Judgment (1989. 7. 20.), *ICJ Reports 1989*, para. 128.

▶중재판정부의 판단

중재판정부는 피청구인이 BIT 제2조 제3항(b)를 위반했다는 Duke Energy의 주장에 동의하지 않았다. 피청구인이 일부 PPA를 위반한 사실은 있으나, 이는 계약상 위반에 그치는 것으로 자의적인 정도에 이르지 못했다고 판단했다. Electroquil의 지급 청구서가 비록 늦었기는 하나, 결국 지불되었기 때문에 사법적 적정성을 해치는 행위가 아니라고 보았다. 조정중재계약과 지방중재는 피청구인의 책임이 될 수 없으며, MEM과 법무부 장관의 행위 측면에서 피청구인의 귀책이 있기는 하나 국내법에 따른 것으로 자의적인 것으로 볼 수 없다고 하였다. 따라서 중재판정부는 피청구인이 BIT 제2조 제3항(b)를 위반하지 않았다고 보았다.

(4) BIT 제2조 제7항의 실효적 수단 제공 의무 위반 여부

▶법률적 쟁점

Ecuador - United States of America BIT Article 2(7)

Each Party shall provide effective means of asserting claims and enforcing rights with respect to investment, investment agreements, and investment authorizations.

에콰도르-미국 BIT 제2조 제7항

각 체약당사국은 투자, 투자 계약 및 투자 인가에 관하여 권리를 주장하고 집행할 수 있는 효과적인 수단을 제공할 의무를 부담한다.

BIT 제2조 제7항은 투자보호를 위한 제도적 메커니즘의 존재를 보장함과 동시에 법원에의 접근성을 보장해 주는 규정이다. 이는 사법구제의 거부에 대하여 좀 더 일반적인 보장의 실행 형태라고 볼 수 있다. 중재판정부는 중재조정법상 중재선택 및 에콰도르 사법 시스템의 유효성은 문제가 되지 않았다는 점에 주목하였다. 중재판정부에서 판단할 쟁점은 어떻게 이들 체제가 수행되고 그것이 국가의 중재동의(promise to arbitrate)를 존중하지 못한 것인지 여부라고 판정하였다.

▶중재판정부의 판단

중재판정부는 국내 중재와 관련 쟁점들은 MEM과 Electroquil의 문제이지 Duke Energy의 문제가 아니라고 보았다. 또한 중재판정부는 조세 클레임에 대해서는 스스로 관할권이 없다고 보아 다루지 않았다. 국내 중재위원회와 국내 중재판정부의 행위에 대해서는 그들을 사적 행위자로 보았고, 이에 그것들을 에콰도르에 귀속시킬 수 있다는 점이 비교적 명백하므로 심각하게 논의되지 않았다. 중재판정부는 MEM과 법무부 장관의 행위에 대한 심사에 중점을 두었다. 중재판정부는 피청구인이 국내 중재사건의 중재인에게 부당한 압력을 행사하여 관할에 관한 결정을 뒤집으려고 하였다는 청구인의 주장을 받아들이지 않았다. 물론 일련의 국내 중재 사건들이 의심이 가는 것은 사실이다. 2001년 8월 3일 위 두 결정의 관할권은 법무부 장관의 이의제기로 받아들이지 않았고, 6개월이 지난 후 2002년 3월 11일에는 국내 중재판정부에서 관할권을 부정하는 최종판정을 내렸다. 앞선 중재판정부의 의장중재인이 제공한 증거들만으로는 정부가 과도한 영향력을 행사했다고 결론 내리기 부족하다고 판단하였다.

청구인의 또 다른 주장은 외국 당사자와 중재하기로 하는 약속을 존중해야 하는 정부가 사법구제의 거부를 하였다는 것이다. 어떤 경우에든 충분하고 적절한 구제조치가 존재하지 않았거나 정부가 중재에 대한 약속을 어겼다면 국내 구제수단 소진요건은 적용되지 않는다고 보았기 때문이다. 조정중재법 제31조상에서도 몇 가지 근거를 이유로 중재결정의 무효에 대하여 규정하고 있기 때문에 개연성이 낮은 구제조치를 추구할 의무는 존재하지 않는다는 것이다. 문구상 누구도 관할권을 명시적으로 다루었다고 볼 근거가 없으며, 문구는 권한남용과 적법절차 위반의 예를 다루는 것으로 보았다. 바꿔 말하면 적법절차 위반이나 권한남용과 같은 이유로 결정이 무효가 될 수 있다는 의미로, 다만 ICSID협약 제52조 제1항(b)에서와 같이, 에콰도르 법원이 관할권을 각하한 잘못이 있는 경우를 권한남용이 있는 경우와 동일시할 수 있는지 여부는 기록상 명확하지 않다고 보았다. 그러나 중재판정부는 구제조치가 개연성이 낮았는지 여부에 대해서는 명확히 하지 않았는데, 그 정도만으로는 구제조치의 남용을 입증하는 데 충분하지 않았다고 보았다. 요컨대 청구인은 에콰도르 법원에서 관할권이 각하한 오류가 있는 판정을 권한남용과 동일하게 보았을 개연성이 없었는지를 입증하지 못했다. 요컨대 청구인은 적절하고 실효적인 구제조치가 존재하지 않는다는 것을 입증하지 못했으며, 이런 이유로 중재판정부는 에콰도르가 BIT 제2조 제7항을 위반하지 않았다고 결론 내렸다.

4. 판정의 의의와 시사점

1) 판정의 의의

(1) 실효적 수단 제공 의무 적용의 의의

이 사건은 실효적 수단 제공 의무에 대하여 판단한 유일한 ICSID 결정(decision)이라는 점에서 큰 의미가 있다. 2008년 이 판정을 전후로 하여 4개의 결정이 있었지만, 스톡홀름상공회의소 규칙을 따르거나[21] UN

21 Petrobart Ltd. v. The Kyrgyz Republic, SCC Case No. 126/2003, Award (2005.

ICITRAL 규칙을 따르고 있어[22] ICSID 결정으로는 이 사건이 유일하다고 할 것이다. 실효적 수단 제공 조항의 경우 상대적으로 명확하다고 볼 수도 있겠지만, 사법구제의 거부와의 관계, 두 기준상의 상대적 설득력 및 사법구제의 거부의 법리가 실효적 수단 제공 의무를 해석함에 있어 어느 정도로 참고가 될 수 있는지가 중요하다고 할 것이다.[23] 그런 의미에서 중재판정부는 BIT 제2조 제7항이 전술한 기준에 대한 규칙을 포함하거나, 사법구제의 거부에 대한 일반적 원칙보다 좀 더 구체적인 기준을 부과하였는지 여부에 대하여 제대로 설명되었는지에 대한 분석 없이 단순히 주장만 기술하였다는 문제점이 있다.[24] 또한 법이 아닌 입증되지 않은 사실의 문제로 협의를 인정하지 않은 것[25]도 주목할 만한 사실이다.

ICSID 사건은 아니지만 이 사건 이전에도 실효적 수단에 대하여 판단한 바가 있다. Petrobart v. Kygyz Republic[26]에서는 조약법에 관한 비엔나협약(Vienna Convention on the Law of Treaties, 이하 '비엔나협약')하에

---

3. 29.); Limited Liability Company Amto v. Ukraine, SCC Case No. 080/2005 Award (2008. 3. 26.)가 이에 해당한다.

22 Chevron Corporation (U.S.) and Texaco Petroleum Company (U.S.) v. Republic of Ecuador, PCA Case No. 2007-2, UNCITRAL, Partial Award on the Merits (2010. 3. 30.); White Industries Australia Ltd. v. Republic of India, UNCITRAL, Final Award (2011. 11. 30.)가 이에 해당한다.

23 Oscar M. Garibaldi, "Chapter 26: Effective Means to Assert Claims and Enforce Right," in Meg Kinnear et. al. (eds.), *Building International Law: The First 50 Years of ICSID* (Wolters Kluwer, 2016), pp. 360-361.

24 Oscar M. Garibaldi, "Chapter 26: Effective Means to Assert Claims and Enforce Right," p. 363.

25 중재판정부는 입증책임을 청구인에게 부과하고 있는데, 이는 Chevron v. Ecuador 사건에서 정부에게 입증책임을 부과하고 있는 것과 명확하게 구별된다.

26 Pctrobart Ltd. v. The Kyrgyz Republic, SCC Case No. 126/2003, Award (2005. 3. 29.).

서 실효적 수단 조항을 분석하려는 시도를 하지 않았다. 그러나 대체수단을 제공하고 효과적인 구제조치를 없애지 말았어야 한다는 내용이 등장하였으며, 법원에 제출한 부총리의 의견에 대해서도 다양한 정부기관이 혼합된 행위라고 보았다.[27] Amto v. Ukraine[28]에서는 실효적 수단의 기준과 관련하여 법적 조치는 두 가지 조건을 충족하여야 한다고 보았다. 즉 법률의 준수 및 국제법상 최소 질적 기준(a certain minimum international standard of quality)을 충족하여야 한다고 보았으나 이러한 판정은 특정 영역의 법이나 특정 환경의 법령을 적용하는 데 어려움이 있다는 한계가 있다.[29]

Duke Energy v. Ecuador 이후의 판정에서는 실효적 수단에 대하여 좀 더 구체적으로 판단하고 있다. 특히 Chevron v. Ecuador[30]는 실효적 수단 조항에 대하여 좀 더 엄격한 분석을 포함하고 있어, 법리적으로 중요한 기여를 하였다는 측면에서 의의가 있다. White Industries v. India[31]에서도 유사하게 실효적 수단 제공은 사법구제의 거부 원리보다 엄중하게 독자적 기준으로 적용됐다.[32]

---

27 Oscar M. Garibaldi, "Chapter 26: Effective Means to Assert Claims and Enforce Right," p. 365.

28 Limited Liability Company Amto v. Ukraine, SCC Case No. 080/2005 Award (2008. 3. 26.).

29 Oscar M. Garibaldi, "Chapter 26: Effective Means to Assert Claims and Enforce Right," pp. 367-368.

30 Chevron Corporation (U.S.) & Texaco Petroleum Company (U.S.) v. Republic of Ecuador.

31 White Industries Australia Ltd. v. Republic of India, UNCITRAL, Final Award (2011. 11. 30.)(Rowley, Brower, Lau).

32 Oscar M. Garibaldi, "Chapter 26. Effective Means to Assert Claims and Enforce Right," pp. 371, 373-374.

본 사건은 실효적 수단 조항과 사법구제의 거부의 관계 및 국제법적으로 사법구제의 거부의 절차 중 명확하지 않은 부분에 대하여 좀 더 명확한 조약기준을 제시하였고, 이후 이러한 실효적 수단 제공에 대한 해석이 사법구제의 거부와 별도로 좀 더 엄격한 기준에 의하여 해석되었다는 점에서 의의가 있다. 다만 입증의 불충분을 이유로 청구인의 주장을 받아들이지 않은 점에 대해서는 법무부 장관의 무효선언에 대한 금반언 원칙이나 청구인이 사법구제의 거부의 요건으로 들었던 것들에 대해 좀 더 검토할 필요가 있으며, 구체적인 판정요건을 기재하지 않았다고 비판할 수 있다. 특히 조세 클레임은 관할권이 없다고 보았으나, 수리 목적의 재반입은 동일한 물품으로 보아 관세를 부과하지 않는 것이 합리적이며, 이러한 판단에 대한 거부 또한 사법구제의 거부 내지는 적어도 실효적 수단 제공 의무 위반에 해당될 가능성도 재고할 수 있지 않았는가 하는 의문이 든다.

(2) FET 위반 조항 적용의 의의

과거 많은 중재판정부가 FET의 정당한 범위를 파악하는 데 어려움을 겪었으며, 다양한 BIT상 규정방식이나 비엔나협약 등에 비추어 해석하려고 노력하였으나 해석원칙에 대하여 아직 통일된 해석기준을 제시하지 못하고 있는 가운데, 본 중재판정부는 이러한 FET 위반에 해당될 수 있는 쟁점에 대하여 구체적인 기준을 제시해 주었다는 점에서도 의미가 있다. 중재판정부에서는 FET의 해석과 관련하여 조약상의 기준과 국제관습법상의 기준이 사실상 동일하다고 설명하며 Azurix v. Argentina와 CMS v. Argentina를 예로 들고 있다. 이와 관련하여 별도의 이의제기 없이 그대로 국제관습법과 연계시켜 해석한 태도에 대해서는 여러 가지 해석이 가능하다. 중재판정부의 구성에 주목한다면, 중재인이 영미법계에서 선정되지 않았기 때문에 특별한 고려 없이 FET를 해석함에 있어 투자국이 국내법이나 관행과 상관없이 외국인에 대해 존중하여야 할 최소한의 원칙인 관습국제법상 최소기준대우 원칙과 FET가 동일하다고 보고 이후의 판단을 진행한 것으로 볼 여지가 있다. 조약상의 기준과 국제관습법상의 기준이 언제나 동일하다고 볼 수 있는지에 대하여 과거에는 여러 견해가 대립되었으나, NAFTA의 자유무역위원회(Free Trade Commission)에서 이와 관련한 해석지침을 발표한바 있는데, 자유무역위원회의 NAFTA 제1105조 해석의 쟁점은 당해 조문상의 기준이 관습국제법상의 의무인지에 관한 것으로 이 기준이 관습국제법상 최소기준대우를 의미한다고 보았다.

그리고 중재판정부에서는 FET 위반에 대해서 세 가지 관점에서 파악하였는데, PPA, Payment Trust의 불완전이행, 조정중재계약이 그것이다. PPA나 조정중재계약에 있어서는 FET 위반이라고 보지 않았으나, Payment Trust의 불완전이행에 대해서는 FET 위반으로 보았다. 즉 중재판정부는 투자환경의 안정성에 대한 투자자의 정당한 기대의 판단시기를 투자 당시를 기준으로 보고, 투자 이후 발생한 기대나 투자 당시에 상당한 주의의무(due diligence)를 가지고 판단이 가능했을 내용이라면 청구인이 주장하는 기대가 합리적이지 않다고 본 것이다. 개인적으로는 투자 당시의 상당한 주의의무를 가지고 판단이 가능했는지 여부에 대해서는 지분인수 당시 해당 회사의 가치평가에 위 벌금이 충분히 반영되었고, 상응하는 금원에 대한 지급이나 처리 여부에 대해 주주간 계약 등을 통하여 지분인수 당시 반영되었을 것이라는 사실관계를 좀 더 검토할 필요가 있다고 본다. 그러나 투자환경의 안정성과 투자자의 정당한 또는 합리적 기대에 대하여 구체적인 판단기준을 제시한 점에서는 충분히 의미가 있는 판정이라고 생각된다.

마지막으로 투자유치국의 외국 투자자의 재산권에 대한 조치가 자의적이고 차별적인 것인지 여부에 관하여, 일부 학자는 이를 FET 의무의 일부로 이해하기도 하고 또 다른 일부 학자는 FET와 독립된 별도의 기준으로 보기도 하는데, 이처럼 다양한 관점에 대해 쟁점별로 체계화하여 판단했다는 측면에서 의의가 있다. 즉 FET 원칙의 일부로 볼 것인지와 관련해 논란의 여지가 되는 자의적 조치에 대하여 분리된 조치라고 판단하였고, 자의적 조치에 대한 판단기준에 대하여 적법절차에 대한 고의적 무시뿐만 아니라 충격적이거나 또는 최소한 사법적 타당성의 관점에서 놀랄 만한 것이어야 한다는 판단의 구체적 기준을 제시하였다는 의의가 있다.

2) 우리나라에의 시사점

본 사건 판정은 민간투자 형태의 사회기반시설사업에 대하여 투자국의 조치를 FET 위반이라고 본 대표적인 사례로서, 향후 우리나라의 사회기반시설사업 운영에 있어서도 시사하는 바가 크다. 우리나라는 사회간접자본(Social Overhead Capital, SOC) 또는 사회기반시설에 관한 민간의 투자를 「사회기반시설에 대한 민간투자법」(이하 '민간투자법')이 규율하고 있다. 민간투자법은 주무관청이 일정한 요건 하에 사회기반시설사업을 하는 민간투자 사업시행자에게 다양한 조치를 취할 수 있는 조항을 다수 규정하고 있다.[33] 이러한 행정처분적 성격의 주무관청이나 행정기관의 조치는 향후 외국 투자자가 단독으로 또는 컨소시엄(공동수급체) 형식으로 개입된 경우에는 투자국의 행정조치로 보일 가능성이 높다. 즉 MOU 체결 등으로 인하여 투자 및 해당 사회기반시설사

---

33 사회기반시설에 대한 민간투자법 제45조(감독, 명령), 제46조(법령위반 등에 대한 처분), 제47조(공익을 위한 처분), 제49조(사업시행자의 지정취소에 따른 조치), 제50조(대상사업의 지정취소) 등.

업에 대한 긍정적인 확약 내지는 행정청의 의견을 제시한 후에 이후 행정처분 등의 이유로 사업취소, 행정처분 등을 받은 경우에는 투자국의 FET, 자의적 조치금지 등을 이유로 외국 투자자나 외국 투자기업이 해당 조치를 문제 삼을 수 있을 것이다. 실제 형식적인 절차미비를 이유로 한 계약 체결상의 과실과 유사한 손해배상 책임이 국내법원에서도 문제 된 바 있다.[34] 국제투자분쟁을 사전에 예방하는 차원에서 민간투자법의 관련 규정에 대한 면밀한 검토 및 BIT, FTA 등과 부합하는 개정 작업이 필요하다고 생각된다.

---

34 서울고등법원 2011. 9. 22. 선고 2009나96474판결. 고등법원 판례이기는 하나, 지방자치단체가 민간투자사업을 BTO 방식으로 추진하면서 지방의회의 사전 의결 없이 실시협약을 체결하여 실시협약이 무효로 된 사안에서 지자체는 실시협약이 유효한 것으로 믿고 실시계획에 필요한 준비절차를 진행하며 지출한 비용 상당의 손해를 배상할 책임이 있다고 판단하였다.

제7장

공정하고 공평한 대우와 최소기준대우

Al Tamimi v. Oman 사건

이지환[1]

1. 사건의 개요

1) 사건명

Adel A Hamadi Al Tamimi v. Sultanate of Oman, ICSID Case No. ARB/11/33, Award (2015. 11. 3.)(이하 'Al Tamimi v. Oman')

2) 청구의 근거가 된 협정

미국-오만 FTA(2006. 1. 19. 체결) 및 ICSID 협약과 ICSID 중재규칙에 의거하여 절차가 진행되었다.

1 외교부 외무사무관, 육군사관학교 영어과 조교수(교수사관)

3) 당사자

(1) 청구인(Claimant)

· Adel A Hamadi Al Tamimi(아랍에미리트에서 태어난 미국 국적 개인, 이하 'Al Tamimi')

(2) 피청구인(Respondent)

· 오만(Sultanate of Oman)

4) 중재판정부의 구성

· 의장중재인: David A. R. Williams(뉴질랜드 국적)
· 청구인 지명 중재인: Charles N. Brower(미국 국적)
· 피청구인 지명 중재인: J. Christopher Thomas(캐나다 국적)

5) 사건의 배경 및 판정요지

본 사건은 미국 국적의 개인 투자자인 청구인 Al Tamimi가 오만의 국영기업 Oman Mining Company LLC(이하 'OMCO')와 계약을 맺은 후 투자를 진행하고 채석장 사업을 경영하던 중, 오만의 환경부와 산업통상부에 의해 환경법 위반으로 계속된 규제를 받음에 따라 결국 자신의 투자를 포기하게 되어 발생한 분쟁이다. 청구인은 피청구인에게 (1) 위법한 수용, (2) 공정하고 공평한 대우(Fair and Equitable Treatment, 이하 'FET') 및 (3) 내국민대우 위반을 골자로 미화 560,000,000달러의 손해배상을 비롯하여 위자료(moral damages), 이자, 변호사 비용 및 기타 중재비용을 청구하였다. 피청구인은 청구인이 OMCO와 맺은 계약상의 분쟁(a conventional breach-of-contract)을 오만의 조약위반 문제(treaty claim)로 탈바꿈시키려 한다면서, OMCO가 취한 조치는 국가행위로 귀속될 수 없음을 주장하였다. OMCO는 국영기업이었을 뿐이며, 오만 정부의 행위로 귀속될 만한 규제권한 및 행정능력도 없었고 기타 정부행위를 할 권한도 없었다는 것이다. 따라서 OMCO의 계약종료 행위는 오만의 행위로 귀속될 수 없으며, OMCO가 계약을 종료한 후에는 미국-오만 FTA의 대상이 될 만한 청구인의 투자 자체도 남아 있지 않았다고 반박하였다. 즉, 청구인은 OMCO와의 계약 위반사항을 해당 계약서 내의 조정 조항으로 해결했어야지, 미국-오만 FTA로 해결해서는 안 된다는 것이다. 결국 청구인의 주장이 모두 배척되어 피청구인이 승리하였다. 이 사건에서 특이한 점은 분쟁당사자가 아닌 청구인의 국적국인 미국 정부가 중재판정부에 쟁점이 된 미국-오만 FTA의 국제관습법상 최소기준대우(Minimum Standard of Treatment)에 대한 의견을 제출하였다는 점이다.

6) 절차의 개요

2011. 12. 5.	ICSID 청구인으로부터 중재신청서(Request for Arbitration) 접수
2011. 12. 23.	ICSID 중재요청 등록
2012. 4. 25.	중재판정부 구성 완료
2012. 11. 16.	청구인 관할 본안서면(Memorial on Jurisdiction and the Merits) 제출
2013. 6. 5.	피청구인 반박서면(Counter-Memorial) 제출(관할 항변 포함)
2013. 11. 1.	청구인 재반박서면(Memorial on Jurisdiction and the Merits) 제출

2014. 3. 11.	피청구인 재반박서면(Rejoinder) 제출
2014. 4. 28. - 5. 28.	심리기일 진행(영국 런던)
2014. 9. 22.	미국, 미국-오만 FTA 제10.19.2조에 따른 비분쟁당사국(non-disputing Party) 서면 제출
2015. 11. 3.	중재판정부 중재판정

2. 사실관계

1) 청구인의 오만 내 석회암 채석장 경영을 위한 사전 작업

청구인 Al Tamimi는 오만의 마흐다(Mahda) 행정구역에 위치한 자발와사(Jebel Wasa)산맥 내 석회암 채석장의 개발과 운영에 대한 투자를 하였는데, 이는 아랍에미리트 정부가 오만-아랍에미리트 국경 근처에 경암(hard rock) 채석장을 건설하려 한다는 소식을 청구인이 들은 후 이루어졌다.

청구인의 투자는 청구인이 소유하거나 지분을 보유한 두 개의 회사를 통한 다음과 같은 두 건의 채석장 임대차계약을 통해 이루어졌다. 즉 (1) Emrock Aggregate & Mining LLC(이하 'Emrock')라는 청구인의 회사와 오만 국영기업 OMCO 간, 그리고 (2) SFOH Ltd.(이하 'SFOH')라는 청구인의 또 다른 회사와 OMCO 간에 체결되었다.

Emrock은 아랍에미리트 법에 따라 설립되었고, 오만에 등록되었으며, 청구인은 Emrock의 지분 49%를 가지고 있었고, Emrock의 정관에 따라 수익의 80%를 가져갔다. SFOH는 두바이 자유무역지대법에 따라 설립되었고 청구인이 100% 주주로서 SFOH를 소유하고 통제하였으나, 오만에는 등록이 되지 않았다.

OMCO는 국영기업으로서 1981년에 칙령 제 11/81호에 따라 설립되었다. 오만 석유자원부(Omani Ministry of Oil and Minerals)가 OMCO의 지분을 거의 전부 가지고 있었으며, OMCO는 오만 내의 광물자원 발견·채굴·생산 및 마케팅을 촉진하기 위한 목적으로 설립되었다. OMCO의 이사회는 5명으로 구성되었는데, 이 중에는 오만 산업통상부(Ministry of Commerce and Industry, 이하 'MOCI') 국장도 있었다.

2005년 청구인이 OMCO와 자발와사 채석장에 관한 협상을 시작하였고, OMCO는 2005년 11월 23일 MOCI에 자발와사 지역 내에서 석회암 채석을 위한 드릴 작업을 허가해 줄 것을 요구하는 서신을 보냈다.

2) 채석장 경영을 위한 청구인과 OMCO 간 계약체결

이와 함께 Emrock과 OMCO는 2006년 4월 8일 자발와사 채석장에 대한 임대차계약을 체결하게 되는데, 2006년 5월 25일에는 거의 동일한 내용을 가진 SFOH와 OMCO 간의 계약 역시 마무리되었다. 다만, SFOH의 계약서에서는 자발와사 지역 4㎢를 임대하는 것으로 규정하였지만, Emrock의 계약서에서는 2㎢만을 규정하였다.

Emrock과 SFOH가 각각 체결한 계약서에는 모두 OMCO가 채석에 필요한 필수환경을 갖추고, 작업허가를 받도록 최대한 노력(best endeavors)할 것을 규정하고 있다. 또한 이들 임대차계약서는 자발와사 채석장 운영에 필요한 모든 허가, 라이선스, 그리고 접근권을 얻은 때에 그 효력이 발생함을 규정하고 있었다. 뿐만 아니라 Emrock과 SFOH는 관련 허가상의 모든 의무를 지킬 것에 동의하고, 이를 위반할 경우 이에 대한 모든 청구, 요구 및 책임에 대해 언제나(at all times) OMCO에 배상할 의무도 규정하였다. 또한 이들 두 회사는 환경, 채굴·파쇄작업과 관련된 오만의 모든 요건과 법을 준수할 것에도 동의하였다.

임대차계약의 목적은 '대리석과 기타 석재를 채석하고 파쇄하는 작업'이었다. 이들 임대차계약서는, 일방 당사자가 계약을 중대하게 위반할 경우 타방 당사자가 계약을 종료시킬 권한을 가질 것을 규정하였고, 이러한 계약관계에서 발생하는 모든 당사자 간 분쟁에 대해서는 오만중재센터(Oman Arbitration Center)가 배타적 관할을 가질 것도 규정하였다.

3) 오만 정부 부처들로부터 채석장 경영 관련 허가를 취득하기 위한 노력

2006년 11월경 OMCO는 Emrock과 SFOH를 대신하여 자발와사 채석장에 대한 환경허가신청서(Application for an Environmental Permit, AEP)를 환경영향평가(Environmental Impact Assessment, EIA)와 환경경영계획(Environmental Management Plan, EMP)과 함께 오만 환경부(Ministry of Environment and Climate Affairs, 이하 'MECA')에 제출하였다.

2007년 1월 8일에는 OMCO가 Emrock과 SFOH에 MOCI가 채석작업을 시작해도 좋다는 허가를 내 주었다고 알려 주면서, MECA로부터의 환경허가 발급은 아직 진행 중이라고 하였다. 두 회사는 채석장 경영을 위한 각종 구매, 준비 및 계획을 진행하였다. 2007년 3월 3일 MECA는 채석장 규모가 2㎢를 넘지 않음을 조건으로 채석장 경영을 허가하였고, 2007년 3월 5일에는 오만 주택부(Ministry of Housing, MOH)가 OMCO에 총 14.7㎢ 면적의 사용을 허가해 주었다.

2007년 4월 25일에는 MECA가 OMCO에 자발와사 채석장에 대한 첫 환경허가를 발급해 주었다. 2007년 5월 31일에는 OMCO가 청구인에게 MOCI가 발급한 채석 동의서(quarrying agreement)를 제공하였고, 이와 함께 자발와사에 석회암 채석장을 설립하도록 채석작업허가증(certificate of quarry qperation / quarry license)도 포함시켜 주었다.

2007년 8월 22일에는 OMCO가 청구인에게 서한으로 Emrock과 SFOH가 2007년 9월 1일부터 채석작업을 시작할 수 있다고 알려주었고, 이 서한에는 청구인이 석회암층(quarry strata seams and beds of limestone)에 대해서만 채굴할 수 있도록 허가를 받았고, 석회암 개발만(exploitation of limestone rock products only)을 할 수 있다는 점도 적혀 있었다. 청구인은 이 서한을 받고 2007년 9월 1일 채석작업을 시작하였다.

4) 청구인과 OMCO, MECA, MOCI 간의 급격한 관계 악화

하지만 작업을 시작한 이후 청구인과 OMCO, MECA, MOCI의 관계는 급격히 악화되었다. 급기야 2008년 7월 20일 OMCO는 서한으로 Emrock과의 임대차계약을 종료한다고 청구인에게 통보하였으며, 6월 2일에는 이미 SFOH가 오만 법에 따라 등록되지 못했음을 이유로 SFOH와의 계약이 완전 무효라는 내용을 전달하였다. 2009년 2월 17일에는 OMCO의 두 번째 계약 종료 서한이 Emrock에 전달됐으며, 결국 2009년 5월 23일 오만 경찰은 MECA의 요청으로 청구인을 체포하였다. 허가된 구역 밖에서 채석작업을 했고, 무허가로 작업을 했으며, 자발와사 산맥 서쪽(와디 수마이니[Wadi Sumayni] 지역, 이하 '와디')의 하천부지에서 채굴한 물건을 반출한 혐의였다.

이러한 일련의 사건들 이전부터 MOCI와 MECA는 OMCO와 Emrock에 수차례 항의 및 경고를 하고 벌금을 부과하였는데, 그것은 청구인이 무허가로 장비를 사용하고 와디 지역에서 원자재를 반출하며 허가된 지역 밖에서 발파 작업 등을 했다는 이유에서였다. 2007년 한 해만 예를 들어도, 청구인은 불법적으로 차폐물을 사용하고, 채석장의 개울 내에 있는 충적 퇴적물로부터 물질을 가공하고, 허가 지역 밖에서 작업을 하는 등을 내용으로 하는 항의 및 위반 고지서를 받았다. 2007년 12월에는

MECA가 청구인과 계약을 맺은 OMCO에 2,000리얄의 벌금을 부과하기도 했다.

이러한 시비가 계속 발생하자 청구인과 MECA, MOCI, OMCO 관계자들은 2008년 2월에 회의를 통해, OMCO가 차폐물이 설치된 장소와 와디 지역을 포함하도록 작업구역을 확장하는 허가를 구하는 데 모두 동의하였다. 2008년 2월 17일 서한에서는 OMCO가 MOCI에 작업지역을 확장해 줄 것과 모래를 생산할 수 있도록 승인해 줄 것을 요청하였다. 청구인은 그 후 자발와사에서 채석작업을 계속하였는데, OMCO는 같은 해 4월 22일에는 청구인에게 서한을 보내어 청구인이 와디 지역으로부터의 재료를 허가 없이 굴착하고 있으며, 이를 1주일 내로 멈추지 않으면 Emrock과의 계약을 해지할 것이라고 통보하였다.

5) 청구인과 OMCO의 계약 종료

2008년 4월 21일 MOCI는 OMCO에 10,000리얄의 벌금을 부과하고 청구인에게는 작업을 즉시 중단하라고 요구하였다. OMCO는 10,000리얄의 벌금을 납부하고는 청구인에게 변상토록 요청하였는데, 청구인은 이를 거절하였다. 이를 계기로 OMCO는 2008년 7월 20일 Emrock과의 계약 해지를 주장했다. 이 시점에서는 SFOH가 오만 법에 따라 등록되어 있지 않음을 이유로 SFOH와의 계약도 6월 2일부로 종료된 상태였다.

이러한 계약 해지가 있었음에도 청구인은 자발와사 채석장에서 작업을 계속했는데, 2008년 7월 28일 청구인은 MOCI 관계자를 만나서 이야기를 나누고, 8월 10일 MOCI의 또 다른 관계자는 OMCO에 편지를 써서 OMCO가 Emrock과의 계약을 계속하면 어떻겠냐는 의견을 전달하였다. OMCO 이사진들은 이 문제를 다시 논의하기 위해 9월 23일 회합을 가졌다. 이 와중에 MECA는 2008년 10월 8일과 2008년 10월

11일 OMCO에 소환장을 발부하고 벌금을 부과하였다. 그 이후 미국-오만 간 FTA가 2009년 1월 1일에 발효하였다.

2009년 2월 초에는 MECA가 Emrock의 계속되는 와디 지역으로부터의 원자재 반출, 무허가 장비 운용, 주택관련 허가 취득 실패 및 나무 벌목을 이유로 OMCO에 대한 소환장을 수차례 발부하였고 결국 벌금은 12,500리얄까지 증액되었다. 이러한 소환장 발부가 반복되자 OMCO는 2009년 2월 17일 Emrock에 와디 지역 작업을 중지하고 계약이 해지되었음을 알리면서, Emrock이 아직도 벌금 35,440.435리얄을 미납한 상태임을 그 이유 중 하나로 언급하였다. OMCO는 이와 함께 청구인이 자발와사 채석장에서의 모든 작업을 즉시 중단하고, 채석장으로부터 모든 장비, 설치물 및 숙소를 제거할 것을 요구하였다.

2009년 3월 15일 OMCO는 Emrock이 채석장에 아직도 남아 있음을 언급하면서, 이는 불법임을 통보하며 30일 내로 퇴거할 것을 요구하였다. 4월 19일에도 OMCO는 같은 취지의 편지를 Emrock에 보냈으며, Emrock이 오만의 환경법을 위반했으므로 검사와 연락하도록 하였다.

2009년 4월 8일에는 청구인이 MECA 장관에게 편지를 썼으며, 4월 13일에는 MECA 법률국 관계자가 현장을 방문하기도 하였다. 그러나 5월 19일 MECA의 환경국장은 오만 경찰에 연락을 취하여, 자발와사 채석장에 진입해 모든 작업을 중단시키고 관련 사법당국이 이 문제에 대해 결정을 내리기 전까지 청구인의 회사로 하여금 오만의 환경법을 준수토록 강제할 것을 요청하였다.

6) 청구인의 체포 및 채석장의 폐쇄

2009년 5월 23일 청구인은 자발와사 채석장에서 오만 경찰에 의해 체포되었다. 인근 경찰서에서 몇 시간 조사를 받게 된 청구인은 보석금

5,000리얄과 함께 자신의 미국 여권을 당국에 내고 향후 채석장 작업에 대한 서약서를 쓰면 풀려날 것임을 알게 되었다. 청구인은 이에 모두 동의하는 조건으로 풀려났다.

청구인은 2009년 11월 8일 두 가지 경범죄 혐의로 형사재판을 받았는데, (1) 모래와 돌을 허가 없이 훔친 점과 (2) 무허가로 채석·파쇄작업을 하여 오만의 환경법을 위반한 점이었다. 청구인은 3개월의 금고형과 벌금형에 처해졌다. 청구인은 이에 불복하여 항소하였는데, 2010년 6월 6일 청구인에 대한 이 두 가지 경범죄 혐의에 대한 유죄판결은 뒤집혔다.

그런데 1심 법원 판결이 나기 전 2009년 9월 26일 MECA는 1심 법원에 Emrock이 아직도 저지르고 있는 위반사항과 미납벌금에 대해 4가지 추가 고발을 하였다. 이 사안에 대해서는 2010년 4월 25일 청구인에 대한 유죄가 선고되었다.

청구인에 따르면, 2009년 5월 23일 자신이 체포된 날 자발와사 채석장의 석회암 채석작업은 영구 중단되었다. 그러나 Emrock은 남아 있던 재고를 바이어들에게 계속 팔았고, 오만 경찰은 Emrock이 더 이상 이러한 물건들을 팔 권리가 없다고 반복적으로 이를 막았다. 청구인에 따르면 2010년 4월에는 모든 Emrock 직원들이 채석장을 떠났다. 청구인은 결국 2011년 12월 5일 ICSID에 오만에 대한 중재신청서를 제출하였다.

3. 쟁점

1) 청구인이 문제 삼은 투자유치국의 조치

청구인은 투자유치국 오만 소유의 기업인 OMCO로부터 부당한 계약파기를 당했고, MOCI와 MECA의 빈번한 개입으로 인해 사업을 방해

받고 결국 청구인 자신의 체포 및 채석장 폐쇄 조치로 이어졌음을 문제 삼았다.

2) 청구인의 청구취지

청구인은 미국-오만 FTA에 근거하여 피청구인이 (1) 위법한 수용과 함께 2) FET를 위반하고 (3) 내국민대우를 위반했음을 주장하였다. 청구인은 이에 대한 보상으로 미화 560,000,000달러의 손해배상을 비롯하여 위자료, 이자, 변호사 비용 및 기타 중재비용을 청구하였다.[2]

3) 당사자들의 주장

(1) 청구인의 주장

▶오만 정부는 FET 개념을 충분히 이해하지 못함

청구인은 OEPC v. Ecuador 사건의 쟁점이었던 '비례성(proportionality)'[3]은 이미 국제관습법의 원칙이 되었다고 주장하면서, 피청구인은 비례성을 지키지 못한 여러 조치를 취하였기 때문에 미국-오만 FTA 부속서 10-A의 '외국인의 경제적 권리와 이익을 보호하는 모든 국제관습법상 원칙'과 제10.5조에 규정된 FET를 청구인에게 제공할 오만 정부의 의무를 위반하였다고 주장하였다.

청구인은 이와 같은 이유로 오만 정부의 환경규제는 정당화될 수

---

2 Al Tamimi v. Oman, para. 120.

3 Occidental Petroleum Corporation and Occidental Exploration and Protection Company v. Republic of Ecuador, ICSID Case No. ARB/06/11, Award (2012. 10. 5.), paras. 402-409, 412.

없다고 하였다. 즉 비례성의 원칙에 따르면 청구인이 비록 국내법을 일정 정도 위반하였다고 하더라도 정부의 조치는 이에 비례해서 취해져야 할 것이며, 청구인이 환경규제 관련 국내법을 일부 위반한 것이 피청구인에게 FET를 위반할 자유를 주는 것이 아니라는 취지였다. 나아가 오만 정부가 자신을 체포한 것 역시 비례성을 위반한 조치라고 주장하면서, 보통 이러한 환경법 위반은 소액의 벌금형에 처해질 뿐이라고 하였다. 그리고 유사한 혐의를 받는 다른 채석장들은 폐쇄되지 않았다고 주장하였다.

▶오만 정부는 FET 및 충분한 보호·안전 제공 의무를 위반함

결국 청구인은 이러한 오만 정부의 몰이해가 FET 및 충분한 보호·안전 제공 의무 위반으로 이어졌다면서, 그것이 구체적으로는 다음과 같은 세 가지 형태로 나타났다고 주장하였다. 오만 정부는 (1) 채석작업을 위해 필요한 정확한 좌표를 제공하지 못했으며, (2) 채석작업을 지속적으로 방해하였고, (3) 채석장이 폐쇄된 후 채석장이 약탈되도록 방치하여 충분한 보호·안전을 제공하지 못했다는 것이다.

(2) 피청구인의 주장

▶비례성은 국제관습법상 최소기준대우의 한 요소가 아님

피청구인은 비례성이 과연 국제관습법상 최소기준대우의 한 요소인지 청구인이 충분히 증명하지 않았다면서, 다른 국제재판소에서 만약 이를 한 요소라고 받아들이는 판결이 있었다 해도 그러한 판결만 가지고 비례성 원칙이 국제관습법적 지위를 얻었다고 말할 수 없다고 주장하였다. 이를 위해서는 청구인이 (1) 국가들의 일반 관행과 (2) 법적 확신에 대해 증명해야 한다고 주장하였다.

그리고 비례성 원칙의 국제관습법적 지위 문제를 차치하고서라도

오만 정부는 청구인에 대해 비례성 원칙에 어긋나는 행위를 한 적이 없다면서, (1) 다른 채석장 경영자들은 청구인과 달리 법이 요구하는 사항들을 모두 충족하고 난 뒤에야 채석작업을 재개하였고, (2) 오만 정부의 행동이 Emrock의 채석장 폐쇄를 야기한 것이 아니라 청구인의 잘못으로 폐쇄되었으며, Emrock이 OMCO와 체결한 임대차계약 해지에 따라 청구인의 투자가 종료되었기 때문에 투자 자체가 더 이상 존재하지 않았으므로, 오만 정부는 비례성 원칙에 어긋나는 행동을 하지 않았다고 반박하였다.

▶오만 정부는 FET 및 충분한 보호·안전을 제공함

이어 오만 정부는 본 사건은 청구인과 OMCO 간의 단순 계약 위반 문제일 뿐인데도, 청구인이 이를 국가와의 조약 위반 문제로 잘못 접근하고 있다면서 OMCO가 과연 국가행위를 하고 있었는지 여부부터 재검토할 것을 요구하였다.

또한 정확한 좌표를 제공하지 못했다는 주장은 본 사건과 무관하다고 일축하면서, 자발와사 지역 밖에서 와디 지역으로부터 나오는 원자재를 굴착하는 것은 애초에 금지되어 있었다고 하였다. 그리고 오만 정부가 취한 조치들은 정부의 정당한 규제활동(justified regulatory action)이라면서, 기존 국내법을 공정하고 일관되게 적용하였다(fairly and consistently applied its pre-existing laws)고 주장하였다.

또한 피청구인에 따르면 OMCO는 경암 채석장을 운영하기 위한 허가만을 정부로부터 받았고, 청구인은 차폐물, 파쇄기, 그리고 기타 장비를 자발와사 지역 밖에서 사용할 수 있다는 허가를 받은 적이 없었다. 그리고 청구인이 아무리 OMCO가 이러한 허락을 받아 주기로 했었고 또 받아 주었어야 했다고 주장한다 하더라도 청구인은 무조건 자신이 허가받은 사항만으로 한정해서 작업을 진행했어야 하며, 이를 어기고 결국 오만 환경법상의 규제를 위반한 것은 전적으로 청구인의 책임이라고 주장하였다. 청구인이 오만 환경법을 계속 무시하였음에도 불구하고, 오만은 오히려 청구인과 그의 투자를 공정하고 공평하게 대우하였다(Oman treated the Claimant and his investments fairly and equitably)고 반박하였다.

충분한 보호·안전 제공 의무에 대해서는, 청구인이 주장하는 약탈행위는 그 발생 여부 자체도 의문스럽지만 발생했다고 가정하더라도 Emrock이 채석장 부지를 버려두고 떠난 지 1년도 넘은 뒤에 발생한 것이라고 반박하면서, 청구인의 투자자 계약 해지로 종료된 상황에서 그 이후까지 정부가 충분한 보호·안전을 제공해야 하는 의무가 있는지도 의문스럽다고 주장하였다. 또한 무엇보다 중요한 것은, 오만 정부는 이러한 약탈행위를 제3자에게 권하거나 야기한 적도 없다는 것이다.

4) 법률적 쟁점 및 중재판정부의 판단

(1) 법률적 쟁점

▶최소기준대우와 FET

① 핵심 쟁점

청구인은 오만 정부가 미국-오만 FTA 제10.5조에 규정된 최소기준대우를 자신의 투자에 제공할 의무를 위반하였다고 주장하였다. 또한 동 협정 부속서 10-A의 '국제관습법' 부분에 대한 위반도 있었다고 주장하였다. 피청구인은 환경에 관한 국가의 규제권을 규정하고 있는 동 협정 제10.10조를 상당 부분 원용하며 이 주장에 대응하였다.

특기할 점은 이 과정에서 미국 정부가 미국-오만 FTA 제10.5조의 최소기준대우를 동 협정 부속서 10-A에 따라 해석할 때, 특정 사건에서 위반되었다고 쟁점으로 부각된 원칙이 과연 국제관습법상 존재하는

지를 증명할 책임이 피청구인이 아니라 청구인에게 있다는 취지의 비분쟁당사국 서면 제출(non-disputing Party submission)을 했다는 점이다. 이는 동 협정 제10.19.2조에 따라 이루어졌다.

미국 정부는 미국-오만 FTA 제10.5조에 명시되어 있지 않은 국제관습법 원칙의 존재 여부와 이 원칙이 특정 사건과 관련성이 있는지를 입증할 책임은 청구인에게 있다면서, 국제관습법상의 내용이 무엇인지를 확정하는 입증 책임을 청구인에게 부과하고 있는 관련 판정들(Cargill Inc. v. Mexico, ADF v. U.S., Glamis Gold v. U.S., Methanex v. U.S.)을 그 근거로 들었다.

미국 정부는 미국-오만 FTA 부속서 10-A에 이미 청구인이 국제관습법 원칙의 존부를 확정할 수 있는 기준이 적시되어 있으며, 이는 국제사법재판소(International Court of Justice)에서도 인정하고 있는 내용이라고 언급하였다. 그리고 원용된 중재판정례 중 FET의 범위를 국제관습법상의 범위보다 넓게 해석한 사례들을 이 사건에 적용해서는 안 된다고 하였다. 이에 더하여 국제관습법상의 최소기준대우에 비례성을 지켜야 한다는 일반적인 의무(a general obligation of proportionality)는 포함되지 않는다면서, 국경 내에서 일국이 취할 수 있는 규제사항과 관련하여서는 국제법이 국가에 상당히 높은 정도의 존중(high measure of deference that international law gives to States)을 부여한다고도 주장하였다.

② 관련 조문

US-Oman FTA Article 10.5

Minimum Standard of Treatment

1. Each Party shall accord to covered investments in accordance with customary international law, including fair and equitable treatment and

full protection and security.

2. For greater certainty, paragraph 1 prescribes the customary international law minimum standard of treatment of aliens as the minimum standard of treatment to be afforded to covered investors. The concepts of "fair and equitable treatment" and "full protection and security" do not require treatment in addition to or beyond that which is required by that standard, and do not create additional substantive rights.

미국-오만 FTA 제10.5조
최소기준대우

1. 각 당사국은 공정하고 공평한 대우(FET)와 충분한 보호·안전을 포함하여, 국제관습법에 따른 대우를 적용대상투자에 부여한다.
2. 보다 명확히 하기 위하여, 제1항은 외국인의 대우에 대한 국제관습법상 최소기준을 적용대상투자에 부여하여야 할 최소기준대우로 규정한다. '공정하고 공평한 대우(FET)'와 '충분한 보호·안전'이라는 개념은 그러한 기준이 요구하는 것에 추가적인 또는 그것을 초과한 대우를 요구하지 아니하며, 추가적인 실질적 권리를 창설하지 아니한다.

US-Oman FTA Appendix 10-A
Customary International Law

The Parties confirm their shared understanding that "customary international law" generally and as specifically referenced in Article 10.5 and Annex 10-B results from a general and consistent practice of States that they follow from a sense of legal obligation. With regard to Article 10.5, the customary international law minimum standard of treatment of aliens refers to all customary international law principles that protect the economic rights and interests of aliens.

미국-오만 FTA 부속서 10-A

국제관습법

양 당사국은 일반적으로, 그리고 제10.5조 및 부속서 10-B에 구체적으로 언급된 대로의 '국제관습법'이 국가가 법적 의무감으로부터 따르는 일반적이고 일관된 국가관행으로부터 기인하는 것이라는 양 당사국의 공유된 양해를 확인한다. 제10.5조에 대하여, 외국인 대우에 대한 국제관습법상의 최소기준은 외국인의 경제적 권리와 이익을 보호하는 모든 국제관습법상 원칙을 지칭한다.

U.S-Oman FTA Article 10.10

Investment And Environment

Nothing in this Chapter shall be construed to prevent a Party from adopting, maintaining, or enforcing any measure otherwise consistent withthis Chapter that it considers appropriate to ensure that investment activity in its territory is undertaken in a manner sensitive to environmental concerns.

미국-오만 FTA 제10.10조:

투자와 환경

이 장의 어떠한 규정도 당사국이 자국 영역 내 투자활동이 환경적 고려에 민감한 방식으로 수행되도록 보장하기 위하여 자국이 적절하다고 판단하는 것으로서 달리 이 장에 합치되는 조치를 채택·유지 또는 집행하는 것을 금지하는 것으로 해석되지 아니한다.

③ 기타 쟁점

청구인은 위법한 수용과 내국민대우 위반을 같이 주장하였다.

(2) 중재판정부의 판단: 최소기준대우의 내용

▶논의의 출발점

양 당사자는 미국-오만 FTA의 최소기준대우가 국제관습법상의 기준을 의미하며, 독자적인 조약상의 기준이 아님에는 동의한다. 이는 동 협정 제10.5.2조의 "그러한 기준이 요구하는 것에 추가적인 또는 그것을 초과한 대우를 요구하지 아니하며, 추가적인 실질적 권리를 창설하지 아니한다"는 문구를 통해서도 자명해진다. 그러나 최소기준대우의 정확한 기준이 무엇인지에 대해서는 양 당사자가 대립한다.

▶기존 국제중재판정상의 최소기준대우

중재판정부는 국제관습법상 최소기준대우 위반을 주장하기 위해 요구되는 기준이 상당히 높다면서, 이를 여러 사건들을 통해 설명하였다.

NAFTA/UNCITRAL(북미자유무역협정/UN국제거래법위원회)의 SD Myers v. Canada에서 중재판정부가 최소기준대우 위반을 판단하기 위해서는 국제법이 일국의 국경 내에서 규제할 수 있는 사항에 대해 국가에게 보이는 높은 수준의 존중을 반드시 고려해야만 한다고 설시[4]한 것을 언급하면서, 본 사건의 중재판정부는 미국-오만 FTA 관련 규정의 엄격한 문구에 비추어 볼 때 최소기준대우는 국제관습법상의 높은 기준 이외에 다른 기준을 적용해서는 안 된다고 판단하였다.

중재판정부는 Neer v. Mexico와 Glamis Gold v. U.S.에서도 언급됐듯이, 최소기준대우 위반을 인정하기 위해서는 엄격한 기준을 고려해야 한다고 판단하였다. 즉 해당 행위가 "잔학무도하고 부정직하며 의무

4 S.D. Myers v. Canada, NAFTA/UNCITRAL, First Partial Award (2000. 11. 13.), para. 263.

를 고의적으로 무시했을 뿐만 아니라, 합리적이고 공정한 사람이라면 누구나 쉽게 정부행위가 불충분함을 알았을 것"[5]에 해당해야 하는 것이라고 판단하였다. 따라서 FET의 사소한 위반보다는 어느 정도 중대한 위반이 있어야 최소기준대우 위반이라고 볼 수 있는 것이다. 청구인이 인용하는 Waste Management v. Mexico (II)의 기준은 "국가에 의한 행위가 자의적이며 극도로 불공정(grossly unfair)하고 부정의하거나 기이하여 차별적일 때" 또는 "사법적 정의라는 관점에서 절차가 명백하게 잘못되거나 행정적 절차를 밟는 과정에서 투명성이 완전히 없을 때, 적법절차원칙이 제대로 지켜지지 않는 경우"[6] 등을 들 수 있는데, 이때 사용되는 '극도로(gross)'나 '명백히(manifest)'라는 단어들이 오히려 이러한 엄격성을 지지하는 사례들이라고 판단하였다.

이와 같은 이유로 이 사건 중재판정부는 Tecmed v. Mexico의 최소기준대우 관련 논리를 받아들이지 않았는데, 이 사건에서는 국가가 "외국 투자자에 대해 일관성 있게, 모호성이 전혀 없고 완전히 투명하게 행동하지 않았다면"[7] 이 기준이 위반된 것이라고 하였다. 그러나 이는

5 L.F.H. Neer & Pauline Neer v. Mexico, General Claims Commission (US/Mexico), Decision (1926. 10. 15.), paras. 61-62.

6 "... the minimum standard of treatment of fair and equitable treatment is infringed by conduct attributable to the State and harmful to the claimant if the conduct is arbitrary, grossly unfair, unjust or idiosyncratic, is discriminatory and exposes the claimant to sectional or racial prejudice, or involves a lack of due process leading to an outcome which offends judicial propriety as might be the case with a manifest failure of natural justice in judicial proceedings or a complete lack of transparency and candour in an administrative process."(Waste Management, Inc. v. Mexico, ICSID Case No. ARB(AF)/00/3, Award [2004. 4. 30.], para. 98.).

7 Técnicas Medioambientales TECMED S.A. v. Mexico, ICSID Case No. ARB(AF)/00/2, Award (2003. 5. 29.), para. 154.

FET에 대한 별개의 조약상 기준(autonomous treaty standard)일 뿐이며, 미국-오만 FTA 제10.5조와 부속서 10-A라는 협정문이 명시적으로 적용되는 본 사건에서는 국제관습법상의 최소기준대우를 적용해야만 한다고 설시하였다.

▶환경규제에 대한 국가의 권리

또한 중재판정부는 미국-오만 FTA가 환경보호에 역점을 두고 있다(a high premium on environmental protection)고 판단하면서, 동 협정 제10.10조는 제10장 '투자' 챕터에 명시적으로 반하지 않는 한 환경보호에 관한 강제적인 보호조치를 취할 수 있는 권리를 국가에 부여하고 있다고 밝혔다. 동 협정 제17장 '환경보호' 챕터가 존재한다는 그 사실 자체 하나만으로도 환경보호에 대한 국가의 권리를 존중하고 고려해야만 한다고 판단하였다.

▶비례성과 최소기준대우

뿐만 아니라 중재판정부는 청구인은 비례성이 최소기준대우의 독자적 요건이라고 주장하는데 이에 대한 청구인의 입증이 충분하지 못했다면서, 청구인의 국적국인 미국조차도 이에 반대하고 있음을 지적하였다. 그리고 청구인이 주장하는 비례성 위반의 구체적 사례인 (1) OMCO의 Emrock과의 계약 종료 건 및 (2) 오만 경찰이 청구인을 환경법 위반 혐의로 체포한 행위들 모두 비례성을 판단할 사안이 아니라고 하였는데, 그 이유로 (1) OMCO의 행위는 오만의 행위로 귀속될 수 없다는 점, (2) 오만 경찰의 행위 당시 청구인의 투자는 더 이상 존재하지 않았으므로 본 사건의 중재판정부와는 무관하다는 점을 들었다.

▶기타 위반사항에 대한 판단

(1) 채석작업을 위해 필요한 정확한 좌표를 제공하지 못했으며, (2) 오만 정부가 채석작업을 지속적으로 방해하였고, (3) 오만 정부가 채석장이 폐쇄된 후 채석장이 약탈되도록 방치하여 충분한 보호·안전을 제공하지 못했다는 청구인의 주장에 대해서는, 미국-오만 FTA를 소급적용할 수는 없으므로 2009년 1월 1일 발효 이전의 행위에 대해서는 동 협정을 근거로 해당 사안의 중재판정부가 판단을 내릴 수 없다고 하였다. 즉 ILC 국가책임초안 제13조에 따르면 국가는 문제의 행위 당시에 특정 의무에 구속되지 않는다면 이에 대한 책임을 지지 않는데,[8] 발효 이후에 있었던 오만 정부의 행위만이 본 중재의 대상이 된다는 것이다.

즉 2009년 1월 1일 이후의 오만 정부행위에 의해 발생한 사안에 대해서만 물적 관할이 인정된다는 것이다. 이러한 입장을 기반으로 중재판정부는 상기 세 사안을 검토한 후 이들에 대해서는 오만 정부가 최소기준대우를 위반한 적이 없으며, 청구인의 주장은 근거가 없다고 판단하였다. 특히 (3)의 충분한 보호·안전을 제공하지 못했다는 청구인의 주장에 대해서는 국제사법재판소의 ELSI 사건[9]을 인용하면서, 이러한 충분한 보호·안전 제공의무가 투자자의 재산이 그 어떤 경우에도 점거되거나 방해받지 않을 의무까지 의미하는 것은 아니라고 판단하였다.

---

8 "An act of a State does not constitute a breach of an international obligation unless the State is bound by the obligation in question at the time the act occurs."(International Law Commission, Draft Articles on Responsibility of States for Internationally Wrongful Acts, November 2001, Supplement No. 10 [A/56/10], chp.IV.E.1, available at: https://www.refworld.org/docid/3ddb8f804.html [최종 접속 시점: 2019. 2. 2.].)

9 Elettronica Sicula S.p.A. (ELSI)(United States of America v. Italy), Judgment (1989. 7. 20.), *ICJ Reports 1989*, para. 108.

이러한 이유로 중재판정부는 피청구인이 최소기준대우를 위반했다는 청구인의 주장을 배척하였다.

4. 판정의 의의와 시사점

이 사건은 미국 국적의 청구인이 (1) 수용, (2) FET, (3) 내국민대우 영역에서 투자유치국 오만의 FTA 협정 위반을 근거로 보상 및 배상을 요구하였으나 모두 배척되어 피청구인 오만이 승리한 사안이다. 특히 국제법상 최소기준대우와 FET 문제가 중점적으로 다루어진 판정이었다. 최근의 국제투자분쟁 사례에서는 최소기준대우와 FET가 청구인인 투자자에 의해 가장 활발히 행사되고 있기 때문에,[10] 피청구인 국가는 물론 학계 역시 이에 대해 많은 관심을 보이고 있다.

본 사건 중재판정부는, FET에 대해 국제관습법상의 최소대우기준을 적용하겠다고 FTA에 명시적으로 규정하였다면 FET를 별도의 독자적인 조약상 기준으로 해석할 것이 아니라 국제관습법상의 기준을 적용하여 해석해야 한다고 판단하였다. 그러면서 국제관습법상 FET를 국가가 위반하였다고 판단하기 위해서는 상당히 엄격한 기준을 적용해야 하며, 특히 환경법과 같은 분야는 국가의 규제조치에 대한 자율성이 꽤 높음을 확인하였다.

이 사건의 판정은 관련 협정에 FET를 어떻게 규정하느냐에 따라 중재판정부의 입장이 극명하게 달라질 수 있음을 보여 주는 대표적인 사

10 Rudolf Dolzer & Christoph Schreuer, *Principles of International Investment Law* 2nd edition (Oxford University Press, 2012), p. 130.

례라고 할 수 있다. 이는 Tecmed v. Mexico와 본 사건을 비교할 때 잘 드러난다. 만약 자본수출국이 자국의 투자자에게 더 많은 보호가 부여되기를 원한다면, 조약 체결 시 협상을 통해 문구를 조정하여 FET의 기준으로 국제관습법상의 엄격한 기준이 아니라 국제관습법과의 연결이 없는 조약상의 별도로 완화된 기준을 적용하면 될 것이다. 다만 일정 경제규모 이상의 국가 간 BIT, FTA 등의 협상에서는 자본수입국과 자본수출국의 구별이 어려울 수 있으므로 협상에 신중히 접근해야 할 것이다. 양 국가의 투자자들이 모두 상대국에서 청구인이 될 수 있기 때문이다. 뿐만 아니라, 제3국과의 최혜국대우 의무까지 염두에 둔다면 이들 국가가 협상 시 취할 수 있는 운신의 폭이 생각보다 넓지 않을 수도 있다.

일부 학자들은 최소기준대우와 FET가 점점 국제관습법이 되어 간다고까지 하고 있지만,[11] 아직 그 기준이 모호하기 때문에 개별 판정례를 통해 드러나는 중재판정부의 의견이 특히 귀중하다고 생각한다. 중재판정례가 누적된다면 그 방향성이 더 명확해질 것이기 때문이다.

이 사건에서 문제가 되었던 미국-오만 FTA상의 최소기준대우 규정, 국제관습법이 규정된 부속서 및 환경과 투자 관련 규정들은 한미 FTA 제11장 및 부속서에도 동일하게 규정되어 있다. 따라서 이 사건은 장차 발생할 수 있는 한-미 FTA상의 투자분쟁에서도 중요한 참고 자료가 될 것이다. 이 중재판정부의 판정만을 두고 본다면, 한-미 FTA상 국가가 국내 환경법을 통한 규제(좀 더 넓게 본다면 국내법상의 여타 규제)를 취할 수 있는 운신의 폭이 어느 정도 보장되어 있는 것으로 보인다. 국제법은 국가가 자신의 국경 내에서 취할 수 있는 규제조치들에 대해 상

11 J.K. Sharpe, "Chapter 19: The Minimum Standard of Treatment, Glamis Gold, and Neer's Enduring Influence," in Meg Kinncar ct. al. (cds.), *Building International Law: The First 50 Years of ICSID* (Wolters Kluwer, 2016), p. 281.

당한 존중, 달리 말하면 어느 정도의 자율성을 인정하고 있기 때문이다. 이는 미국 정부가 이 사건에서 취한 입장이기도 하였다. 이 사건의 사실관계로 비추어 볼 때, 청구인인 미국 투자자가 오만 정부의 계속된 규제 및 경고를 지속적으로 무시한 점이 명백하였고, 피청구인이 취한 규제 조치의 잘못보다는 청구인 자체의 문제가 더욱 크게 부각되었다. 그러나 좀 더 사실관계가 복잡하여 누구의 잘못이 더 큰지 파악하기 어려운 사안의 경우, 정부가 환경규제를 이유로 투자를 제한했을 때 피청구인인 국가가 언제나 유리한 판정을 받을 수 있을지는 더 많은 사건을 통해 검토할 필요가 있다.

제8장

국제투자분쟁에서의 부패 항변

Niko v. Bangladesh 사건

안혜미[1]

1. 사건의 개요

1) 사건명

Niko Resources(Bangladesh) Ltd. v. People's Republic of Bangladesh, Bangladesh Petroleum Exploration & Production Company Ltd., Bangladesh Oil Gas and Mineral Corporation, ICSID Case No. ARB/10/11, and ICSID Case No. ARB/10/18, Decision on Jurisdiction (2013. 8. 19.), Decision on the Payment Claim (2014. 9. 11.) (이하 'Niko v. Bangladesh')

1 서울서부지방법원 국선전담변호사, 서울대학교 대학원 박사과정

2) 청구의 근거가 된 협정

이 사건 중재절차는 양자간 투자협정이 아니라 Niko Resources Bangladesh Ltd.(바베이도스 법에 따라 설립된 회사, 이하 'Niko')와 Bangladesh Petroleum Exploration & Production Company Ltd.(이하 'BAPEX') 사이의 합작계약(Joint Venture Agreement, 이하 'JVA'), 그리고 JVA 당사자들인 Niko와 BAPEX가 Bangladesh Oil Gas and Mineral Corporation(이하 'Petrobangla')과 체결한 공급판매계약(Gas Purchase and Sale Agreement, 이하 'GPSA')에 근거하여 진행되었다.

3) 당사자

(1) 청구인(Claimant)

· Niko

(2) 피청구인(Respondents)

· 방글라데시(People's Republic of Bangladesh) 정부[2]

· BAPEX[3]

· Petrobangla[4]

---

2 청구인은 방글라데시 정부에 대해서도 중재를 제기하였으나, 방글라데시 정부는 이 사건의 JVA나 GPSA의 당사자가 아니므로 중재판정부에 관할권이 없다는 이유로 각하되었다.

3 Petrobangla의 100% 자회사로, 1994년 방글라데시 회사법에 따라 설립되었다. 방글라데시 에너지광물자원부는 2003년 6월 8일 Petrobangla가 정부로부터 전혀 영향을 받지 않는 독립적인 회사임을 확인하였다.

4 1985년 방글라데시 석유·천연가스·광물 회사법에 따라 설립되었다.

4) 중재판정부의 구성

· 의장중재인: Michael E. Schneider(독일 국적)
· 청구인 지명 중재인: Jan Paulsson(스웨덴, 프랑스, 바레인 국적)
· 피청구인 지명 중재인: Campbell McLachlan(뉴질랜드 국적)

5) 사건의 배경 및 판정요지

청구인인 Niko는 방글라데시 가스전(gas field) 일부를 개발하기 위하여 2003년 10월 16일 가스전의 소유권자인 피청구인 BAPEX와 JVA를 체결하였다. 2004년부터 두 광구에서 석유가 생산되기 시작하였다. BAPEX와 Niko는 Petrobangla와 GPSA에 관한 협상을 시작하였다. 그러나 가격협상 과정에서 합의에 도달하기 어려워 GPSA 체결이 지연되었고 2006년 12월 27일에 이르러서야 GPSA가 타결되었다.

그런데 JVA 파트너들(Joint Venture Partners)이 GPSA 체결 전부터 석유를 Petrobangla에 공급하였고 그 이후에도 석유를 지속적으로 공급하였는데, Petrobangla는 일부 석유 공급분에 관하여 대금을 지불하지 않았다. 이에 Niko는 대금지급청구를 위해 이 사건 중재를 청구하였고, Petrobangla에 대해서는 석유대금을 지급할 것을, 그리고 BAPEX에 대해서는 이 대금지급청구에 협조할 것을 구하였다. 본 사건에서 피청구인들은 관할권이 없다는 항변을 제기하였으나 중재판정부는 관할권이 있다고 판단하였으며, 2014년 9월 11일 대금지급청구에 대한 중재판정부의 결정이 내려졌다.[5]

6) 절차의 개요

이 사건 절차는 두 피청구인과 방글라데시 정부에 대한 연속된 중재청구로 시작되었다. 하나는 가스전(gas field) 폭발 사고를 둘러싼 분쟁에 관한 청구(Compensation Claims)로 2010년 4월 1일 ICSID에 제기되었고, 다른 하나는 GPSA의 대금지급에 관한 분쟁에 관한 청구(Payment Claims)로 2010년 6월 16일 ICSID에 제기되었다.

(1) 가스전 폭발 사고를 둘러싼 분쟁에 관한 청구 (Compensation Claims, ICSID Case NO. ARB/10/11)

2010. 4. 12.	ICSID, 청구인들로부터 제1차 중재신청서(the First Request or Request for Arbitration) 접수
2010. 5. 27.	ICSID, 중재요청 등록
2010. 8. 31.	피청구인 측 중재인 Campbell McLachlan 선정 청구인 측 중재인 Jan Paulsson 선정
2010. 12. 13.	의장중재인 Michael E. Schneider 선정
2010. 12. 20.	중재판정부 구성 완료(이후 다음 Payment Claims와 동일하게 절차 진행)

(2) GPSA의 대금지급에 관한 분쟁에 관한 청구 (Payment Claims, ICSID Case No.ARB/10/18)

2010. 6. 16	ICSID, 청구인들로부터 제2차 중재신청서(the Second

5 위 2014년 9월 결정 후에 중재판정부의 결정의 이행 방법, 방글라데시 국내 고등법원의 가처분 결정과의 관계 등에 관한 문제들에 대해 중재판정부가 추가로 판단함에 따라 2019년 3월 현재 중재절차는 진행 중이다.

	Request or Request for Arbitration) 접수
2010. 7. 28.	ICSID, 중재요청 등록
2010. 10. 19.	피청구인 측 중재인 Campbell McLachlan 선정
2010. 10. 28.	청구인 측 중재인 Jan Paulsson 선정
2010. 12. 14.	의장중재인 Michael E. Schneider 선정
2010. 12. 20.	중재판정부 구성 완료
2011. 4. 1.	청구인 측 Payment Claims 제1차 관할서면(First Memorial on Jurisdiction for the Payment Claim) 제출
2011. 5. 16.	피청구인 측 Payment Claims 제1차 관할 반박서면(First Counter-Memorial on Jurisdiction on the Payment Claim) 제출
2011. 6. 30.	청구인 측 제2차 관할서면(Second Memorial on Jurisdiction) 제출
2011. 8. 30.	피청구인 측 제2차 관할 반박서면(Second Counter-Memorial on Jurisdiction) 제출
2011. 9. 28.	피청구인 측 관할 보충 반박서면(Supplemental Counter-Memorial on Jurisdiction) 제출
2011. 10. 10.	청구인 측 관할 보충 재반박서면 제출
2011. 10. 13 - 14.	관할에 관한 심리기일 진행(영국 런던)
2013. 8. 19.	관할에 관한 중재판정(Decision on Jurisdiction)
2014. 9. 11.	대금지급청구(Payment Claims)에 관한 중재판정(Decision on Payment Claims)

2. 사실관계

방글라데시 정부는 버려졌던 가스전 일부를 개발하기로 결정하였다. 청구인인 Niko의 모회사 Niko Resources Ltd.는 이 개발을 시행하겠다고 제안하였다. Niko는 피청구인 BAPEX와 기본양해각서(framework of understanding)를 체결하였다. Niko는 세 곳의 가스전을 검토한 후 그중 충분히 개발 가능성이 있다고 판단된 Chattak과 Feni, 두 곳의 가스전을 개발하겠다고 결정하였다. Chattak과 Feni 두 곳은 모두 방글라데시 헌법 제143조에 의해 방글라데시 정부가 소유하고 있었는데, Chattak은 1959년 파키스탄 석유회사(이후 'BAPEX'로 회사명이 변경되었다)에 의해 발견되어 1960년부터 석유가 생산되다가 1985년 중단되었고, Feni는 1980년 BAPEX의 전신에 의해 발견되어 1988년부터 1998년까지 석유가 생산되었는데, Chattak과 Feni 두 곳은 모두 그 이후 BAPEX에 소유권이 이전되었던 것이다.

이후 방글라데시 정부의 승인하에 Niko는 2003년 10월 16일 피청구인인 BAPEX와 Chattak 및 Feni 두 가스전에서의 석유 개발 및 생산에 관한 JVA를 체결하였다. 개발 예정 가스전 두 곳 중 Feni 가스전 개발은 성공적이었고, 2004년부터 Feni 가스전 내 두 광구에서 석유가 생산되기 시작하였다. BAPEX와 Niko는 Petrobangla와 GPSA에 관한 협상을 시작하였다. 그러나 가격협상 과정에서 합의에 도달하기 어려워 GPSA 타결이 지연되었다. GPSA에 관한 협상 중이었던 2005년 5월 23일경 방글라데시 광물자원부 장관에게 도요타 랜드 크루저(Land Cruiser)가 한 대 배달되었고, Niko의 모회사인 Niko Canada가 2005년 6월경 Niko Canada의 비용으로 캐나다 캘거리에서 개최된 전시회에 장관을 초대하였다. 그 후 2006년 12월 27일 GPSA가 타결되었고, 방글라데시 정부는 이를 승인하였다.

JVA 파트너들은 GPSA 타결 전부터 석유를 Petrobangla에 공급하였고, 그 이후에도 석유를 지속적으로 공급하였다. Petrobangla는 일부 석유 공급분에 관하여 대금을 지불하였지만, 가격에 대한 합의가 이루어지지 않아 석유 공급분 일부에 관하여 대금을 지급하지 않은 상태였다.

Chattak 가스전을 시추하던 중 2005년 1월 7일, 그리고 2005년 6월 24일 폭발이 발생하였다. 방글라데시 정부는 폭발 원인과 그로 인한 손해의 정도를 조사하기 위하여 여러 차례 위원회를 만들었는데, 위원회의 조사 결과 Niko가 폭발에 책임이 있다는 결론이 내려졌다.

폭발 이후 2005년 가을 방글라데시 환경변호사 연합(Bangladesh Environment Lawyers' Association, 이하 'BELA') 등은 방글라데시 법원에 방글라데시 정부, Petrobangla, BAPEX, Niko 등에 대하여 JVA가 무효임을 확인하고, Feni 가스전과 관련하여 Niko에 대해 이루어지는 대금지급을 금지하는 가처분신청 등을 내용으로 하는 청원을 하였다('BELA 절차'). 이에 따라 방글라데시 법원은 Petrobangla에 대하여 대금지급금지 가처분명령을 내렸다.

2008년 5월 또는 6월, Petrobangla와 방글라데시 정부는 방글라데시 다카(Dhaka) 지방법원에서 Niko 등에게 폭발로 인한 손해배상을 청구하는 소를 제기하였다('손해배상청구소송').

2010년 5월 5일 방글라데시 법원은 JVA 무효확인청구를 기각하였으나, 가처분명령은 당사자들이 화해하거나 위 손해배상청구소송의 판결이 선고될 때까지 유지된다고 하였다.

3. 쟁점

1) 청구인이 문제 삼은 투자유치국의 조치

청구인은 피청구인들이 GPSA상의 가스공급대금을 지급하지 않고 있는 것을 문제로 삼았고, 청구인이 Chattak 가스전 폭발에 대한 책임이 없고 이 폭발에 대하여 청구인의 손해배상책임이 존재하지 않는다는 것을 확인해 줄 것을 요청하였다.

2) 청구인의 청구취지

청구인은 대금지급 청구와 관련하여 여러 서면에서 청구취지를 제출하였으나 2014년 4월 30일 이 사건 심리 마지막 기일에 마지막으로 (1) Niko가 청구서상 금액 중 Niko에 대한 부분을 청구할 권한을 가진다는 것을 확인하고, (2) 피청구인 Petrobangla에게 청구인에 대하여 청구서상의 금액인 미화 25,312,747달러 및 139,988,337타카를 지급할 것, 그리고 이자, 중재비용 등을 명할 것을 청구하였다.

3) 법률적 쟁점 및 중재판정부의 판단: 피청구인의 부패 항변에 관하여

(1) 당사자들의 주장

청구인은 피청구인들에 대하여 GPSA상의 석유공급대금을 지급할 것을 청구하였다. 피청구인들은 여러 가지 주장을 하였으나, 이 사안에서는 청구인 Petrobangla가 제기한 관할 항변인 부패 항변에 대해서 살펴보겠다.

피청구인들은 이 사건 중재판정부 관할권의 근거가 되는 계약이 뇌물공여에 의해 이루어진 것이고 그러므로 청구인은 이 계약, 특히 ICSID 중재 조항의 혜택을 받아서는 안 된다고 주장하였다. 그 이유로 청구인이 신의성실의 원칙(good faith)과 국제공서양속(international public policy)을 위반하였고, 중재판정부는 법의 근본 원칙을 위반한 이 사건 청구를 각하함으로써 ICSID 분쟁해결절차의 염결성(integrity)을 유지해야 한다고 주장하였다. 또한 청구인이 이 사건 중재판정부에 깨끗한 손(clean hands)으로 오지 않았기 때문에 관할권이 부인되어야 한다고 주장하였다.

다만 피청구인들은 계약의 무효나 취소를 주장하는 것이 아니라는 것을 명확하게 하면서, 그럼에도 불구하고 중재판정부에 관할권이 없다는 것이 그들의 입장이라고 밝혔다. 이와 관련하여 피청구인들은 뇌물죄는 Niko가 방글라데시 에너지광물자원부 장관에게 영향을 미칠 목적으로 뇌물을 공여하였을 때 성립하는 것이며, 장관이 실제 청탁을 들어주었는지 여부는 죄의 성립에 영향을 주지 않는다고 주장하였다. 그리고 피청구인들이 계약의 무효나 취소를 주장하고 있지 않기 때문에 뇌물공여 행위와 계약체결 행위 사이에 인과관계가 있는지 여부는 관할권 유무에 영향을 미치지 않고, 다만 뇌물을 공여함으로써 관할권의 근거가 되는 이 사건 GPSA를 체결하고자 하였던 청구인에 대하여 ICSID의 관할권이 부여되는 것이 타당한지 여부가 이 사건의 쟁점이라고 주장하였다.

반면 청구인은 피청구인들의 주장은 신의성실의 원칙이나 적법성을 투자의 전 과정에 확대하여 적용하려는 것이라고 하면서, 국내법 준수의무를 명시적으로 투자자에게 부과하고 있는 투자협정이 존재하지 않는 한 신의성실의 원칙은 투자의 개시나 부적절한 목적을 위한 투자의 인수 등에 적용될 수만 있으며, 어떠한 경우에도 부패가 항변으로 원용될 수 있기 위해서는 부패 또는 신의성실의 원칙 위반 행위와 이행을 청구하는 계약 간에 관계가 있어야 하는데, 이 사안에서는 그러한 관계가 없다고 주장하였다.

(2) 중재판정부의 판단

중재판정부는 다음과 같은 이유로 피청구인의 부패 항변을 받아들이지 않고 중재판정부가 관할권을 가진다고 판단하였다.

▶뇌물공여 행위 존재 여부

먼저 이 사건 투자에서 부패가 존재하는지 여부와 관련하여, 중재판정부는 캐나다 정부가 2011년 6월 24일 Niko가 2005년경 방글라데시 에너지광물자원부 장관에 대한 뇌물공여(랜드 크루저 차량 제공 및 5,000캐나다달러에 달하는 캐나다 여행 경비 지원)를 이유로 Niko Canada를 형사처벌한 사실을 바탕으로 부패가 있었다는 점 자체는 인정하였으나, 그 외에는 다른 부패에 관한 증거를 찾을 수 없다고 판단하였다. 피청구인들은 이 외에도 방글라데시 부패방지위원회(Bangladesh Anti-corruption Commission, 이하 'ACC')가 조사를 개시한 사실, BELA 절차에서 JVA가 무효라고 주장되었던 사실, ACC가 Niko의 컨설팅회사인 Statum에 대하여 조사를 개시한 사실, 캐나다 상원의원 Marc Harb의 행동들을 이유로 이 사건 계약체결 과정에서 부패가 있었다고 주장하였다. 그러나 중재판정부는 ACC 조사에 관하여, (1) 청구인이 ACC의 조사 대상은 방글라데시 공무원이지 Niko가 아니며 Niko에 대해서는 고발조치를 하지 않았다고 주장하였고, 이에 대하여 다른 추가 증거가 제시되지는 않았으며 ACC 조사가 2008년경에 개시되었음에도 아무런 고발조치 등 후속조치가 이루어지지 않았던 점, (2) BELA 절차에서 방글라데시 국내법원이 JVA 체결 과정에서 기망으로 인한 절차적 하자가 있었다고 볼 수 없다고 판단하였다는 점, (3) Niko의 컨설팅회사인 Statum이 부패에 연루되었는지에 관하여 충분한 증거가 없다는 점, (4) 캐나다 상원의원인 Marc Harb의 행동이 위법하다는 증거가 없다는 점을 이유로 들며 피청구인들의 주장들을 배척하였다.

다만 위와 같은 부패가 존재한다는 사실과 이 사건 계약체결 간에 어떠한 관계가 있었는지에 관해서는 (1) Niko Canada를 형사처벌한 캐나다도 방글라데시 에너지광물자원부 장관에게 뇌물이 공여된 사실은 인정하였지만 이로 인하여 어떤 영향이 있었는지 여부는 밝히지 못하였고, (2) 이 사건 중재절차에서 다른 주장이 제기된 적이 없을 뿐 아니라 오히려 BELA 절차에서 방글라데시 국내법원은 이 사건의 JVA 체결과정에서 어떠한 기망적 수단도 사용된 적이 없다고 판단하였다는 점을 들면서 중재판정부로서는 이 부분과 관련된 부패가 JVA, GSPA 체결이나 그 내용에 영향을 주었다고 판단할 증거가 없다고 하였다.

부패와 국제공서양속의 관계에 관하여 중재판정부는 부패가 공서양속에 위반된다는 것은 다툼이 없으며, World Duty Free v. Kenya[6]에서도 명시적으로 부패는 국제공서양속(international public policy)에 위반되는 것이고, 적어도 초국가적 공서양속(transnational public policy)에 위배되는 것이라는 점은 인정하였다고 하였다.

▶ **계약과 부패의 관련성 유무**

다음으로 중재판정부는 계약이 부패와 관련되는 경우는 (1) 부패 자체가 계약의 목적이나 내용이 되는 경우와 (2) 계약이 부패의 영향을 받아서 체결된 경우로 나뉜다고 전제한 후 이 사건 계약이 각 경우에 해당하는지를 살펴보았다.

---

6 World Duty Free Company Ltd. v. Republic of Kenya, ICSID Case No. ARB/00/7. Award (2006. 10. 4), (이하 'Wold Duty Free v. Kenya')

중재판정부는 먼저 이 사건 계약(즉, JVA와 GPSA)의 목적이나 내용이 부패에 관한 것인지 살펴보았다. 이에 관해 이 사건 계약은 버려진 가스전 개발 및 이러한 가스전으로부터 생산된 석유 판매에 관한 계약이며 달리 이 사건 계약의 목적이나 내용에 불법성이 존재한다는 주장이 제기된 적이 없다고 하면서, 이 사건 계약이 부패에 관한 것이어서 무효라고 볼 수 있는가 하는 것은 이 사건에서 판단할 필요가 없다고 판시하였다.

다음으로 중재판정부는 이 사건 계약이 부패에 의하여 체결된 경우인지에 대하여 판단하면서 먼저 법적 효과에 대하여 살펴보았다. 중재판정부는 1969년 조약법에 관한 비엔나협약(Vienna Convention on the Law of Treaties, 이하 '비엔나협약'),[7] UN부패방지협약, 영국 국내법 등을 살펴본 후 계약이 부패에 의해 체결된 경우 국제법상 이를 취소할 수 있으며, 여러 국가의 국내법에서도 이와 유사하게 부패에 의해 체결된 계약의 경우 이를 취소할 수 있도록 규정하고 있다고 하였다. 나아가 피청구인도 방글라데시 국내법에 의하더라도 이러한 계약을 취소할 수 있다는 점에 대해서는 다투지 않았다고 전제한 후, 취소에 관한 쟁점을 다루기 전에 부패와 계약체결 간의 인과관계에 대하여 먼저 살펴보아야 한다고 하였다. 그러면서 이 사건의 JVA는 뇌물공여가 있기 훨씬 전에 체결된 것이고, 방글라데시 에너지광물자원부 장관이 뇌물수수를 이유로 2005년 사임하였으며, GPSA는 이로부터 약 18개월이 지난 2006년

7 1969년 조약법에 관한 비엔나협약 제50조 참고. ("Article 50. Corruption of a representative of a State: If the expression of a State's consent to be bound by a treaty has been procured through the corruption of its representative directly or indirectly by another negotiating State, the State may invoke such corruption as invalidating its consent to be bound by the treaty.")

12월경 체결되었으므로 부패와 이 사건 계약 체결들 간에는 인과관계가 존재하지 않는다고 판단하였다.

▶ICSID 중재조항을 적용할 수 없다는 피청구인의 주장에 대한 판단

또한 중재판정부는 피청구인에게서 부패를 이유로 이 사건 계약 상의 중재 조항을 무효라고 원용하였다거나 취소하였다는 사정이 보이지 않는다는 점을 상기시켰다. 이 사건에서 피청구인의 주장은 청구인이 중재를 깨끗한 손(clean hands)으로 제기하지 않았고, 계약의 유효성과 관계없이 관할권 존재 여부는 독립적으로 판단될 수 있는 것으로 이 사건 계약이 여전히 유효하다고 하더라도 개별 ICSID 중재 조항을 원용할 수 없다는 것이다. 이러한 이유로 중재판정부는 피청구인이 명시적으로 주장하지 않는 한 이 사건 계약을 취소할 수 있다거나 유효하지 않은 것인지에 대하여 판단하지 않는다고 하였다. 다만 그럼에도 불구하고 (1) 신의성실의 원칙 위반, (2) ICSID 투자분쟁의 염결성(integrity) 유지, (3) 오염된 손의 원칙(clean hands doctrine)을 이유로 청구인은 ICSID 중재 조항을 원용할 수 없다는 피청구인의 주장에 대하여 중재판정부는 다음과 같이 판단하였다.

① ICSID 중재가 신의성실의 원칙에 좇아 한 투자에만 적용되는 것인지

유효한 중재합의가 있는 경우 관할권을 부인할 수 있는지 여부에 관하여 중재판정부는 Phoenix Action v. Czech[8] 판정에서도 투자가 신의성실에 좇아 된 것이 아니라면 ICSID 투자분쟁해결절차를 원용할 수 없다고 판시한 경우가 있다고 하였다.

8 Phoenix Action Ltd. v. The Czech Republic, ICSID Case No. ARB/06/5.

그러면서도 중재판정부는 조약이 아닌 당사자 간의 계약이 이 사안에서 관할의 근거로 주장되고 있고, 이 계약상 중재 조항은 당사자들이 승낙 여부를 선택할 수 있는 단순한 청약이 아니라 당사자들이 ICSID 중재에 자신들의 분쟁을 회부하도록 당사자들을 구속하는 합의라는 점을 확인하였다. 이에 관할권의 근거가 된 계약을 무효라고 원용하거나 이를 취소하지 않는 한 관할권을 부인할 수 없고, 투자가 신의성실의 원칙을 좇아 이루어진 것인지 여부는 본안에서 다루어져야 할 문제라고 판단하였다. 또한 피청구인이 원용한 다른 사건인 World Duty Free v. Kenya의 경우 본 사안과 마찬가지로 계약상의 중재 조항에 관한 것이기는 하나 이 사건에서 케냐 정부는 계약이 무효라고 주장하거나 취소했다고 주장하였다는 점에서 상이하므로 원용하기에 적절하지 않다고 판단하였다.

② 이 사건 중재 관할권이 인정되면 ICSID 투자분쟁해결절차의 염결성을 해치게 되는 것인지

이 사건에서 피청구인은 ICSID 투자분쟁해결절차의 염결성 보호를 위하여 관할권을 행사하여서는 안 된다고도 주장하였다. 이에 대하여 중재판정부는 ICSID 투자분쟁해결절차의 염결성은 중요하지만 유효한 중재 조항에 근거하여 관할권을 인정하는 것은 염결성을 해하는 것이 아니라 오히려 증진하는 것이라고 하였다. 이러한 관점에서 이 사건에서 피청구인은 청구인이 뇌물죄로 처벌받았다는 사실을 알면서도 이 사건 계약이 무효라고 주장하거나 이를 취소하지 않고 계약의 이익을 향유하기를 원하고 있는데, 이러한 상황에서 계약상의 중재 조항에 근거하여 중재절차를 진행하는 것이 왜 염결성을 해친다는 것인지 알기 어렵다고 판시하면서 피청구인의 주장을 배척하였다.

③ 오염된 손의 원칙

피청구인은 오염된 손의 원칙은 보통법상 잘 알려진 원칙이라는 점, 호주 고등법원의 오염된 손의 원칙에 관한 결정, 그리고 PCIJ의 뮤즈강 수로변경 사건[9]에서 Manley Hudson 재판관의 개별의견을 들어 청구인의 중재절차 제기는 오염된 손의 원칙에 반한다고 주장하였다.

중재판정부는 먼저 오염된 손의 원칙이 보통법국가의 형평법상 일부라는 점을 확인하였지만 이 원칙이 국제법의 일부인지 여부가 분명하지 않고 그 내용도 명확하지 않다는 점을 설명하였다.[10] 먼저 이 원칙이 국제법의 일부인지에 관하여 중재판정부 ILC 특별보고관인 James Richard Crawford가 이 문제에 관하여 오염된 손의 원칙이 관습국제법의 일부로 고려될 수는 있을 것이라고 언급한 바 있으나,[11] 대부분은 이를 법의 일반원칙으로 고려되어야 한다는 의견으로 보인다고 정리하였다.

다음으로 그 내용이 무엇인지에 관하여 중재판정부는 Gerald Fitzmaurice가 정리한 내용[12]과 뮤즈강 수로변경사건의 사실관계 등을

9 Netherlands v. Belgium(1937) PCIJ Series A/B No. 70.

10 중재판정부는 이와 관련하여 Guyana v. Suriname을 소개하였다. Guyana v. Suriname, PCA Award (2007. 9. 17.) (under UNCLOS Ch. VII), para. 477 참고. 이 사건 중재판정부는 Dolliver M. Nelson 판사, Thomas Franck 교수, Kamal Hossain 박사, Ivan shearer 교수, Hans Smit 교수로 구성되었다.

11 James Crawford, "Second Report on State Responsibility", *Yearbook of international Law Commission* Vol. II (part 2)(1999), p. 83, para. 478에서 재인용.

12 중재판정부가 인용한 내용은 다음과 같다. "He who comes to equity for relief must come with 'clean hands.' Thus a State which is guilty of illegal conduct may be deprived of the necessary locus standi in judicio for complaining of corresponding illegalities on the part of other States, especially if these were consequential on or were embarked upon in order to counter its own illegality-in short were provoked by it."

들면서[13] 불법행위를 한 국가는 다른 국가의 불법행위에 관하여 불만을 제기할 당사자적격을 가지지 못한다는 이 원칙의 상호주의적 성격을 설명하였다. 그리고 뮤즈강 수로변경 사건도 이러한 상호주의적 성격이 있다고 하였다. 중재판정부는 뮤즈강 수로변경 사건에서 Manley Ottmer Hudson 재판관이 오염된 손의 원칙을 적용하기 위한 전제로 (1) 위반행위는 계속적 의무에 대한 것이어야 하고, (2) 청구가 과거 위반에 대한 손해배상을 구하는 것이 아닌, 장래의 계속적인 의무 위반행위 금지를 구하는 것이어야 하며, (3) 대상 의무 간에 상호적인 관계가 있어야 한다고 판시하였는데, 이 사건에서 피청구인의 의무 위반행위는 계속적인 것이 아니고, 청구인이 청구하고 있는 내용도 장래의 계속적인 의무 위반행위를 금지하는 것이 아니며, 청구인이 이 사건 중재를 제기하면서 청구한 내용과 피청구인이 오염된 손에 해당하는 행위라고 주장하는 과거의 행위 간에는 상관관계가 없다고 하면서 피청구인의 주장을 배척하였다.

또한 중재판정부는 캐나다 정부가 뇌물공여 등에 관하여 Niko를 형사처벌하였을 때는 JVA가 이미 체결되어 있었으며 그 형사처벌 사실은 방글라데시에도 잘 알려져 있었고, 그 직후 장관은 사임하였음에도 불구하고 Niko와 GSPA를 체결하였는바, 청구인의 손이 깨끗하지 않다고 하더라도 피청구인들은 이 상황을 무시하였고, 이에 피청구인들은 자신들이 묵인한 위 사정을 들어 중재판정부의 관할권을 부인할 수는 없다고도 하였다.

13 뮤즈강 수로변경 사건에서는 청구국이 피청구인이 특정한 방법으로 뮤즈강을 이용하는 것을 금지할 것을 청구하면서 자신도 그와 유사한 방법으로 뮤즈강을 이용하고 있다는 것이 문제 되었다.

④ 그 밖의 관할 항변에 관하여

본 사안에서는 Niko가 단독으로 실질적인 피청구인인 Petrobangla를 상대로 중재를 제기할 수 있는지가 문제 되었다. GPSA의 표지(title page)에는 Petrobangla가 매수인으로, "Joint Venture Partners Bangladesh Petroleum Exploration & Production Company Ltd. (BAPEX) & Niko Resources (Bangladesh) Ltd."가 매도인으로 기재되어 있었다. 즉 '합작투자설립회사'가 아닌 '합작 계약 파트너'를 매도인으로 규정하고 있고, BAPEX와 Niko는 '매도인'이라거나 'Joint Venture'라는 표현 없이 개별적으로 GPSA에 서명하였다. 이에 중재판정부는 Joint Venture가 아닌 BAPEX와 Niko를 이 사건 GPSA의 개별당사자로 볼 수 있으므로 Petrobangla와 Niko 사이에는 원칙적으로 GPSA 제13조가 규정하고 있는 중재합의가 있다고 판단하였다. 다만 이 경우에도 Niko가 BAPEX와 공동으로 행동한 사안에 대해서만 중재판정부가 관할권을 가지는 것인지 하는 문제가 여전히 남아 있었는데, 중재판정부는 본 사안에서 본 사건 중재는 투자협정이 아닌 방글라데시 국내법에 근거한 계약에 기초하고 있고, Joint Venture는 계약 당사자들과 별개의 인격을 가지지 않고 단지 두 당사자가 협력을 하기 위한 계약에 불과하며, BAPEX는 Niko가 합작계약 파트너를 위해 구매대금 전체에 대하여 청구서를 작성하는 것에 이의를 제기하지 않은 것으로 보이는 점 등에 비추어 보면 BAPEX와 Petrobangla는 Niko가 Joint Venture나 두 합작계약 파트너들을 위해 행동하는 것을 허용한 것으로 보인다는 이유로 중재판정부가 관할권을 가진다고 판단하였다.

또한 피청구인은 BAPEX가 방글라데시 회사이기 때문에 중재판정부가 구매대금을 지급하라는 청구인의 청구를 인용하는 경우 방글라데시 사람에게 투자보호를 부여하는 결과를 가져오고, 이는 ICSID 협약 제25조를 위반하는 것이므로 중재판정부는 관할권이 없다고 주장하였다. 그러나 중재판정부는 ICSID 협약은 외국 투자자를 보호하는 행위로 인하여 결과적으로 내국인이 이익을 받는 상황을 배제하는 것은 아니기 때문에 이 부분과 관련된 피청구인의 주장도 이유 없다고 판단하였다.

이러한 이유로 중재판정부는 Niko의 Petrobangla에 대한 청구에 대하여 관할권을 가진다고 판단하였다. 다만 중재판정부는 이 사건 중재의 근거가 되는 계약의 특수성을 고려하여 만약 Niko의 청구가 인용된다면 합작계약 파트너들이 공동으로 청구하여야 하는지, 아니면 Niko가 단독으로 청구할 수 있는지, 그리고 GPSA상의 청구에 있어 BAPEX의 지위는 어떻게 되는지에 대해서는 판단을 유보하였다.[14]

4. 판정의 의의와 시사점

부패 항변은 비교적 최근에 제기된 주장으로, 1992년 Southern Pacific Properties v. Egypt[15]에서 처음 등장하였다고 한다.[16] 부패는 모든 국가에서, 어떤 형태로든, 국제투자에 있어 상당히 만연되어 있는 현상이며, 소위 '국제공서양속에 반한다'고 평가된다.[17] 일반적으로 부패가 존

14 그러나 중재판정부는 그 이후 청구금액의 당부를 판단함에 있어 이 사건 Joint Venture가 회사로 설립된 바 없고 달리 법인격이 부여된 바가 없는 점, 과거 Petrobangla가 석유대금 중 일부를 Niko에 직접 지급한 점 등에 비추어 보면 Niko가 발급한 청구서에 기재된 금액 중 Niko 지분에 해당하는 부분은 직접 청구할 수 있다고 판단하였다.

15 Southern Pacific Properties (Middle East) Ltd. v. Arab Republic of Egypt, ICSID Case No. ARB/84/3.

16 Thomas Kendra & Anna Bonni, "Dealing with Corruption Allegations in International Investment Arbitration: Reaching a Procedural Consensus?," *Journal of International Arbitration*, Vol. 31, Issue 4 (2014), p. 439-453.

17 Tamar Meshel, "The Use and Misuse of the Corruption Defence in International

재하였는지 여부에 관해서는 이를 증명하기가 어렵다고 논해지나,[18] 본 사건에서는 캐나다 정부가 Niko에 대하여 형사처벌을 한 사실이 있어 부패가 존재하였는지 여부에 관해 증명하는 것은 상대적으로 어렵지 않았던 것으로 보인다.[19]

본 사건에서는 원칙적으로 World Duty Free v. Kenya와 마찬가지로 부패는 국제공서양속상 금지되며, 적어도 초국가적 공서양속으로 금지된다는 점을 분명히 하였다. 다만 본 사건에서 뇌물공여가 있었음을 인정하면서도 Niko로부터 뇌물을 수수하였던 방글라데시 에너지광물자원부 장관은 GPSA가 체결되기 약 1년 6개월 전에 사임하였기 때문에 뇌물공여와 계약체결 간에 인과관계가 없다거나, 피청구인이 본 사건 계약을 무효라고 원용하거나 취소한 적이 없어 계약은 여전히 유효하다는 이유 등으로 중재판정부가 본 사건에 대하여 관할권을 가진다고 인정하였다. 이처럼 중재판정부는 당해 계약 또는 투자 자체가 부패행위가 아닌 경우 항변으로 주장되는 부패와 투자행위 간에 관련성이 여전히 요구된다는 점을 명확하게 한 것으로 보인다.

Investment Arbitration," (June 1, 2013), *Journal of International Arbitration* 30(3) (2013), pp. 267–282.

18 Carolyn B. Lamm & Andrea J. Menaker, "The Consequences of Corruption in Investor-State Arbitration," in Meg Kinnear et. al. (eds.), *Building International Law: The First 50 Years of ICSID* (Wolters Kluwer, 2016), p. 435.

19 다만 원칙적으로 형사절차에서 유죄판결을 받았다고 하여 중재판정부가 이러한 결정에 반드시 구속되는 것은 아니라고 한다. 부패 항변에서 대표적인 사건으로 논의되는 World Duty Free v. Kenya에서는 흥미롭게도 청구인인 World Duty Free가 자신의 의견서에 자신이 케냐 대통령에게 '개인적으로 기부'한 사실이 있고 이러한 기부도 계약체결을 위하여 지급된 '금전적 반대급부(consideration)'이라는 주장을 기재하여 피청구인이 이를 바탕으로 부패 항변을 제기한 것으로 보인다. 그러자 청구인은 기부된 금원은 뇌물이 아니고 이와 같이 금원을 지급하는 것은 케냐에서 사업을 할 때 필요한 일반적 관행이라거나 케냐의 문화라고 주장하기도 하였다.

본 사건이나 World Duty Free v. Kenya 등의 ICSID 투자분쟁 사건들은 부패 항변이 중재판정부의 관할권이나 소의 허용가능성(admissibility)을 배척할 수 있는 것으로 원용될 수 있다는 전제에 서 있는 것으로 보인다. 그러나 이에 반대하여 투자자의 뇌물공여 등 부패에 관하여 인식하거나 관여하거나 이를 장려한 투자유치국의 경우, 투자분쟁해결절차에서 부패를 항변으로 주장하는 것은 금지되어야 한다는 의견도 존재한다.[20] 이러한 주장의 바탕에는 World Duty Free v. Kenya에서 청구인이 제기한 것처럼 만약 투자유치국 측에서 부패 항변을 하여 이 항변이 인정되는 경우 투자유치국 측에서는 위법한 행위로부터 이익을 받는 결과[21]가 초래될 것이라는 생각이 깔려 있는 것으로 보인다.

하지만 뇌물공여자가 투자유치국으로부터 뇌물공여를 강요당하였다거나 하는 특별한 사정이 없는 한, 비엔나협약(Vienna Convention on the Law of Treaties)이 부패를 조약의 상대적 무효사유로 규정하고 있고,[22] 본 사건이나 World Duty Free v. Kenya에서 중재판정부가 언급하였듯이 대부분의 국내법에도 부패를 명시적인 계약의 무효나 취소 사유로 규정하고 있지는 않더라도 그와 유사한 규정을 두고 있는 것으로 보이며, 적어도 대표권 남용 등의 논리로 계약이 무효라고 주장할 수 있을 것이라는 점을 고려할 때 이를 투자유치국의 항변으로 인정하는 것이 타당하다고 생각한다. 결국 부패를 이유로 관할권을 부인하는 것은 원칙적으로 당사자의 이익을 위한 것이 아니라 공공의 이익을 위한 것이기 때문이다.[23]

---

20 Tomas Kendra & Anna Bonni, "Dealing with Corruption Allegations in International Investment Arbitration: Reaching a Procedural Consensus?" p. 269.

21 World Duty Free v. Kenya, para. 113

22 Vienna Convention on the Law of Treaties, article 50.

나아가 이러한 경우에 부패 항변을 인정하지 않는다면, 특히 뇌물 공여 문제가 문제 되는 투자유치국들의 경우 대부분이 개발도상국들임을 고려할 때, 뇌물을 공여한 투자자가 투자분쟁해결절차를 통하여 자신이 원하는 구제를 얻게 되는 경우 뇌물공여라는 위법한 행위를 한 투자자가 자신의 잘못에도 불구하고 이익을 얻게 되는 결과를 가져오게 될 것이기 때문에 이 또한 부당하다고 할 수 있다. 또한 뇌물을 수수한 것은 공무원 등 한 개인의 부패로 인한 행위인 것이 대부분일 것으로 예상되는데, 그러한 계약에 기초하여 중재판정부의 관할권이 인정되어 투자유치국이 투자자에게 배상을 하게 될 의무를 지는 경우 결국 그 배상금은 투자유치국의 국민들이 세금 등으로 부담하게 될 것임을 고려하면 이러한 경우 관할권을 인정하는 것이 더욱 부당한 결과를 가지고 오는 것이다. 이러한 관점에서 World Duty Free v. Kenya에서 법이 분쟁 당사자가 아닌 공공의 이익을 보호하는 것이고, 적어도 이 사건에서는 세계에서 가장 가난한 나라 가운데 하나인 국가를 구성하는 시민들을 보호하는 것이라는 중재판정부의 판시는 이러한 점을 적절하게 표현한 것이라고 생각한다.[24]

23 Ibironke T. Odumosu, "International Investment Arbitration and Corruption Claims: An Analysis of World Duty v. Kenya," *The Law and Development Review*, 4(3), pp. 88-129.

24 "the law protects not the litigating parties but the public or in this case, the mass of tax-payers and other citizens making up one of the poorest countries in the world."(World Duty Free Company Ltd. v. Republic of Kenya, para. 181)

제9장

손해액의 산정

ADC v. Hungary 사건

김지언[1]

1. 사건의 개요

1) 사건명

ADC Affiliate Ltd. & ADC & ADMC Management Ltd. v. Republic of Hungary, ICSID Case No. ARB/03/16, Award (2006. 10. 2.)(이하 'ADC v. Hungary')

2) 청구의 근거가 된 협정

키프로스-헝가리 BIT(1989. 5. 24. 체결) 및 ICSID 협약에 의하여 절차가 진행되었다.

1 대전지방검찰청 검사, 서울대학교 법학전문대학원 박사과정

3) 당사자

(1) 청구인(Claimant)

· ADC Affiliate Ltd.(키프로스 법에 따라 설립된 회사, 이하 'ADC Affiliate')

· ADC & ADMC Management Ltd.(키프로스 법에 따라 설립된 회사, 이하 'ADC & ADMC Management')

(2) 피청구인(Respondent)

· 헝가리(Republic of Hungary)

4) 중재판정부의 구성

· 의장중재인: Allan Philip(덴마크 국적) 사임 후 Neil Kaplan(영국 국적)

· 청구인 지명 중재인: Charles N. Brower(미국 국적)

· 피청구인 지명 중재인: Albert Jan Van Den Berg(네덜란드 국적)

5) 절차의 개요

2003. 5. 7.	청구인의 중재신청서(Request for Arbitration) 제출
2003. 7. 17.	ICSID 중재요청 등록
2004. 1. 26.	중재판정부 구성 완료 및 절차 개시
2004. 3. 8.	최초 절차기일(네덜란드 헤이그)
2004. 9. 3.	의장중재인 Allan Philip 건강상의 이유로 사임
2004. 9. 28.	새 의장중재인 Neil Kaplan 선정, 절차 재개
2004. 7. 30.	청구인 서면 제출
2005. 1. 17.	피청구인의 반박서면 제출

2005. 2. 15.	피청구인의 절차 분리 신청에 대한 중재판정부의 기각 결정
2005. 7. 22.	청구인의 재반박서면 제출
2005. 8. 12.	피청구인 측 변호인 Clifford Chance LLP 사임
2005. 9. 29.	피청구인 측 새 변호인 Bodnar Law Firm 선임
2005. 11. 4.	피청구인의 추가 반박서면(Rejoinder) 제출
2005. 12. 11.	청구인의 관할에 대한 재추가 반박서면 제출
2006. 1. 17 - 25.	심리기일 진행(영국 런던)
2006. 10. 2.	중재판정부 중재판정

2. 사실관계

1) 계약체결 경위

헝가리 교통부 산하 국영기업 '항공교통및공항관리공사(The Air Traffic and Airport Administration, 이하 'ATAA')는 부다페스트 국제공항(Budapest-Ferihegy International Airport)을 운영하고 사용·수익할 수 있는 권리를 보유하고 있었다. 부다페스트 국제공항의 이용객이 증가함에 따라 1992년 ATTA는 터미널 1과 터미널 2/A로 구성되어 있던 기존 시설을 증축하는 내용의 프로젝트를 발표하고 입찰을 개시하였다.

1994년 캐나다에서 설립된 회사인 ADC는 이 입찰에서 최종 계약자로 선정되었고, 1995년 ATAA와 '부다페스트 국제공항 터미널 2/A의 리노베이션, 터미널 2/B의 건설 및 두 터미널의 운영'에 관한 계약을 체결하였다.

이 계약은 (1) 마스터 계약서(master agreement), (2) 프로젝트 계약서(project agreement), (3) 신용 계약서(credit agreement) 세 가지 계약으로 구성

되어 있었다. 그중 마스터 계약서에는 ADC가 해당 터미널의 건설과 운영을 위하여 헝가리 법에 따른 프로젝트 컴퍼니(projet company)를 설립하여야 하고, 이 프로젝트 컴퍼니는 해당 터미널을 12년간 운영(일정한 조건하에서 6년간 연장 가능)하면서 수익할 수 있다고 명시되어 있었다. 또한 ADC의 투자에 대한 목표 내부수익률(Internal Rate of Return, IRR)[2]을 15.4%(상한 17.5%)로 정하였다. 프로젝트 계약서에는 ADC가 ATAA를 위하여 66%의 지분을 프로젝트 컴퍼니에 출자하고, ADC는 그 대가로 임대료(rental payment)를 받기로 하는 내용의 약속어음을 취득한다고 명시되어 있었다.

2) ADC의 투자 및 프로젝트 컴퍼니의 운영

ATAA와의 계약을 이행하고 동시에 세금감면 등의 혜택을 받기 위하여 1997년 ADC는 키프로스 법에 따라 ADC Affiliate와 ADC & ADMC Management를 설립하고, ADC Affiliate를 통해 프로젝트 컴퍼니에 자금을 출자하였다. 또한 ADC & ADMC Management는 프로젝트 컴퍼니에 공항관리 서비스를 제공하고 그 대가로 수익의 3%를 받는 내용의 계약을 체결하였다. 1998년 프로젝트 컴퍼니는 터미널 2/B의 공사를 완료하여 그 소유권을 헝가리 정부에 이전하였고, 2001년까지 공항을 운영하였다. 프로젝트 컴퍼니는 ADC Affiliate에 반년마다 위 약속어음의 내용을 이행하기 위한 배당과 매년 3월 프로젝트 컴퍼니의 이윤에 대한 배당을 실시하였고, ADC & ADMC Management에 반년마다 공항관리 서비스에 대한 대가를 지급하였다.

2 내부수익률이란 어떠한 사업에 대하여 사업기간 동안의 현금수익 흐름을 현재 가치로 환산하여 합한 값이 투자지출과 같아지도록 할인하는 이자율이다.

3) 법률 개정에 따른 프로젝트 컴퍼니의 수용

헝가리 정부는 1999년 유럽연합 가입을 위하여 항공산업을 근대화하고, 유럽연합법과의 합치를 위하여 ATAA를 항공관제를 담당하는 기관과 공항운영을 담당하는 기관으로 분리하는 등 개편을 시도하였다. 이어서 헝가리 교통부는 2001년 12월 20일 시행령 제45/2001호를 발표하여 ATAA가 제3자와 체결한 계약을 무효가 되도록 하였으며, 프로젝트 컴퍼니의 권리를 ATAA의 법률상 승계 회사인 Budapest-Ferihegy International Airport Management Joint Stock Co.으로 하여금 인수하도록 하였다. 이에 따라 프로젝트 컴퍼니의 공항운영 및 사용수익권도 중지되었는바, ADC Affiliate는 2001년 이후의 수익에 대한 배당금을, ADC & ADMC Management는 2001년 2분기 이후의 관리비 등을 지급받지 못하게 되었다. 2002년 1월 1일 ATAA는 HungaroControl과 공항운영을 담당하는 Budapest Airport Rt(이하 'BA Rt')로 분리되었고, 이 두 기관은 ATAA의 모든 법률상 권리를 승계하였다.

3. 쟁점: 손해액의 산정

1) 청구인이 문제 삼은 투자유치국의 조치

청구인은 시행령 제45/2001호의 발령과 그에 따라 BA Rt가 프로젝트 컴퍼니의 모든 권리를 인수케 한 것은 청구인의 투자에 대한 수용이라고 주장하였다.[3]

2) 청구인의 청구취지

청구인은 다음 세 가지 경우를 청구취지로 주장하였다. 청구인은 중재판정부에 대하여, 피청구인이 청구인들의 투자를 위법하게 수용하였으므로 위법한 수용에 관한 국제법상의 배상 기준에 따라 (1) 미화 68,432,638달러(수용 시 기준, time of expropriation approach), 또는 (2) 미화 76,227,279달러(원상회복 기준, restitution approach), 또는 (3) 미화 99,722,430달러(부당이득 기준, unjust enrichment approach) 및 이에 대한 이자를 지급하라는 결정을 구하였다.

3) 당사자들의 주장 및 중재판정부의 판단

(1) 관련 조문

Hungary - Cyprus BIT Article 4

1. Neither Contracting Party shall take any measures depriving, directly or indirectly, investors of the other Contracting Party of their investments unless the following conditions are complied with:
   (a) the measures are taken in the public interest and under due process of law
   (b) the measures are not discriminatory;
   (c) the measures are accompanied by provision for the payment of just compensation.

---

3 "The Claimants contend that the Respondent's issuance of the Decree and the following taking-over of all activities of the Project Company in the airport by BA Rt constitute an expropriation of the Claimants' investments in Hungary." (ADC v. Hungary, para 218.)

2. The amount of compensation must correspond to the market value of the expropriated investments at the moment of the expropriation.
3. The amount of this compensation may be estimated according to the laws and regulations of the country where the expropriation is made.
4. The compensation must be paid without undue delay upon completion of the legal expropriation procedure, but not later than three months upon completion of this procedure and shall be transferred in the currency in which the investment is made. In the event of delays beyond the three-months' period, the Contracting Party concerned shall be liable to the payment of interest based on prevailing rates.

헝가리-키프로스 BIT 제4조

1. 어느 체약당사국도, 아래 조건에 부합되지 아니하는 한, 직접적 또는 간접적으로 타방 체약당사국 투자자의 투자를 박탈하는 조치를 취하여서는 아니 된다.
   (a) 동 조치는 공익을 위하여 정당한 법 절차에 따라 행하여져야 한다.
   (b) 동 조치는 차별적이어서는 아니 된다.
   (c) 동 조치는 정당한 보상 지불의 제공이 수반되어야 한다.
2. 보상 액수는 투자 시점에 수용된 투자의 시장가치에 상당하여야 한다.
3. 보상 액수는 투자가 이루어진 국가의 법령에 따라 산정될 수 있다.
4. 동 보상은 법적 수용 절차 완료 후 부당한 지체 없이 지불되어야 하고 어느 경우든 동 절차 완료 후로부터 3개월을 도과하여서는 아니 되며 투자가 이루어진 통화로 송금되어야 한다. 만일 3개월의 기간을 넘어 지불이 지연되는 경우 관련 체약당사국은 정해진 이율에 따른 이자를 지급할 책임을 부담한다.

(2) 손해평가의 기준

손해를 평가하는 기준이 되는 근거 법률이 무엇인지에 관하여 당사자들 간에 상당한 견해의 대립이 있었다. 주된 쟁점은 손해평가의 근거 법률이 BIT인지 아니면 국제관습법인지 여부였다.[4]

청구인은 피청구인의 수용은 BIT를 위반하는 것이고, 이러한 위반은 국제법적으로 위법한 행위로서 호주프 공장(Chorzów Factory) 사건[5]에서 설시된 국제관습법상의 기준에 따른 손해배상이 이루어져야 한다고 주장하였다. 반면 피청구인은 이 사건 BIT가 국제관습법에 대한 특별법(lex specialis)으로서 우선 적용되어야 한다고 주장하였다.

이에 대하여 중재판정부는 일반적으로는 당사국 간에 발효된 BIT가 특별법으로서 국제관습법에 우선하여 적용되나, 본 사건에서 해당 BIT는 적법한 수용에 대한 배상 기준만을 규정하고 있을 뿐이고 위법한 수용에 대한 배상 기준에 대해서는 침묵하고 있다고 판단하였다. 따라서 해당 BIT가 위법한 수용에 대한 배상 기준을 제시하고 있지 않은 이상 일반 원칙으로 돌아가 국제관습법상의 기준을 살펴보아야 하고, 국가의 위법행위에 대한 배상의 기준은 호주프 공장 사건에서 설시된 법리라고 보았다. 즉 호주프 공장 사건의 법리에 따라 배상은 모든 불법이 없는 상태 내지 불법행위가 없었던 원래의 상황을 기준으로 판단되어야 하고, 그 배상의 방법은 원래의 것과 동종의 것으로 원상회복을 하

4 중재판정부는 피청구인의 조치가 BIT 제4조를 위반한 불법수용이라는 점을 인정한 바, 본문에서는 손해산정의 기준을 자세히 다룬다. 중재판정부의 수용 인정 여부 판단에 대한 자세한 내용은 이 책의 제2장「간접수용」참고.

5 Chorzów Factory (Claim for Indemnity)(Merits), Germany v. Poland, *P.C.I.J. Series A.*, No. 17 (1928). 이 글에서 자주 언급되는 호주프 공장 사건의 내용은 다음과 같다. 1차 세계대전 이후 실레지아(Silesia) 지방의 일부가 독일령에서 폴란드령으로 변경되었는데, 1922년 독일과 폴란드 간에 체결된 협약은 폴란드가 독일인 및 독일인이 경영하는 회사의 재산·권리·수익을 수용할 수 없다고 규정하고 있었다. 이후 폴란드가 위 협약을 위반하여 1차 세계대전의 휴전이 성립한 1918년 11월 이후에 성립된 재산권에 관한 모든 거래를 무효로 하는 법률을 제정하고 독일 국적 민간인의 재산이었던 호주프 공장을 몰수하자, 독일이 폴란드를 상대로 협약 위반을 주장하며 PCIJ에 제소했다(정인섭·정서용·이재민,『국제법 판례 100선』, 박영사, 2016, 147쪽 참고).

는 것이 원칙이며, 원상회복이 불가능한 경우에는 이에 상응하는 손해를 지급하는 정도에 이르러야 하고, 이러한 법리는 이후의 여러 국제사법재판소(International Court of Justice) 사건 및 투자분쟁 사건에서부터 현재까지도 동일하게 적용되고 있다고 판시하였다.[6]

또한 중재판정부는 UN국제법위원회(International Law Commission of the United Nations)의 2001년 국가책임초안(International Law Commission's Draft on Responsibility of States for Internationally Wrongful Acts) 제31조 제1항에서 "국가는 국제법상 위법행위로 인한 피해에 대하여 완전한 배상의무를 진다"고 규정하고 있고, 제35조 및 제36조에서 "국제법상 위법행위에 책임이 있는 국가는 원상회복, 즉 그 위법행위가 실행되기 전에 존재하던 상황을 복구할 의무를 부담하고, 손해가 원상회복에 의하여 전보되지 않는 범위 내에서는 금전배상을 해야 할 의무를 부담한다"[7]고 규정하고 있

6 "484. The customary international law standard for the assessment of damages resulting from an unlawful act is set out in the decision of the PCIJ in the Chorzow Factory case at page 47 of the Judgment which it reads: "reparation must, as far as possible, wipe out all the consequences of the illegal act and re-establish the situation which would, in all probability, have existed if that act had not been committed. 485. Moreover, the PCIJ considered that the principles to determine the amount of compensation for an act contrary to international law are: "Restitution in kind, or, if this is not possible, payment of a sum corresponding to the value which a restitution in kind would bear; the award, if need be, of damages for loss sustained which would not be covered by restitution in kind or payment in place of it."[Page 47 of the Judgment] 486. This statement of the customary international law standard has subsequently been affirmed and applied in a number of international arbitrations relating to the expropriation of foreign owned property. Due to the considerable disagreement between the Parties on the continued existence of this standard it is necessary to recite the authorities in this area in some detail." (Chorzów Factory [Claim for Indemnity][Merits], paras. 484-486)

7 "Responsibility of States for Internationally Wrongful Acts, concluded in 2001,

는 점 등을 예로 들면서, 호주프 공장 사건에서 설시된 법리가 국가책임 초안에서도 수용되었다고 보았다.

(3) 손해평가의 시기

청구인은 (1) 수용 시점에서의 수용된 투자에 대한 시장가치(market value) 혹은 (2) 판정 시점에서의 수용된 투자에 대한 시장가치(수용 이후의 가치 상승분에 대한 이익도 반영) 및 수용 시점부터 판정 시까지 청구인이 얻을 수 있었던 수익을 합한 금액 중 더 많은 금액을 청구금액으로 주장하면서, 판정 시점을 기준으로 손해가 평가되어야 한다고 주장하였다.

이에 대하여 중재판정부는 본 사건을 수용 이후 투자에 대한 가치가 상승한 매우 이례적으로 독특한 사건이라고 평가하면서, 호주프 공장 사건의 법리에 따라 마치 위법행위가 없었던 것과 같은 상태로 청구인을 회복시키기 위해서는 손해평가의 시기가 수용 시점이 아니라 판정 시점이 되어야 한다고 판시하였다. 호주프 공장 사건에서 재판부가 신청인의 손해가 반드시 수용 당시의 가치로 제한되지 않는다고 판시한 점, 유럽인권재판소의 Papamichalopoulos and Others v. Greece에서 재

---

expressly rely on and closely follow Chorzów Factory. Article 31(1) provides: "The responsible State is under an obligation to make full reparation for the injury caused by the internationally wrongful act." The Commission's Commentary (at [2]) on this Article states that "The general principle of the consequences of the commission of an internationally wrongful act was stated by the Permanent Court in the Factory at Chorzów case" and then quotes the identical passage quoted by the International Court of Justice in all of the cases cited above (and set forth in paragraph 484 above). The Commission continues in Article 35 of the Draft Articles to conclude that restitution in kind is the preferred remedy for an internationally wrongful act, providing in Article 36 that only where restitution cannot be achieved can equivalent compensation be awarded." (Chorzów Factory [Claim for Indemnity][Merits], para. 494).

판부가 호주프 공장 사건을 인용하면서 "신청인의 손해는 수용 당시의 재산 가치에 한정되지 아니하고, 원상회복이 불가능할 경우 현재 시점의 재산 가치에 상응하는 손해가 배상되어야 한다"고 판시한 점[8] 등을 근거로 삼았다.

(4) 손해평가의 방법

청구인은 LECG Report[9]의 손해산정에 근거하여 할인현금수지분석법(Discounted Cash Flow Methods, DCF)[10]을 적용한 손해평가 방법 및 판정금에 대한 복리이자의 지급을 주장하였다.[11]

---

8 "Factory standard requires that the date of valuation should be the date of the Award and not the date of expropriation, since this is what is necessary to put the Claimants in the same position as if the expropriation had not been committed. This kind of approach is not without support. The PCIJ in the Chorzów Factory case stated that damages are "not necessarily limited to the value of the undertaking at the moment of dispossession."(Page 47 of the Judgment. This passage being cited with approval in Amoco International Finance Corporation v. Iran, 15 IRAN – U.S. C.T.R. p. 189 at p. 247[para. 196])

9 다음에서 언급되는 LECG Report, NERA Report, Hunt Report는 모두 양측이 선임한 손해배상액 산정에 관한 전문가(quantum expert)가 제출한 보고서로서, 해당 전문가는 한국 법의 '감정인(鑑定人)'에 해당한다.

10 기업의 장래 잉여현금흐름(Free Cash Flow. FCF)을 자본비용 등 위험요소를 반영한 할인율로 할인하여 현재가치를 산출하는 방법이다. 산출식은 $\sum_{i=1}^{n}\frac{Ci}{(1+\text{할인율})^{i}}$ (C*i*는 n년 후의 잉여현금흐름)이다.

11 세계은행이 발간한 가이드라인(Ibrahim F. I. Shihata, *Legal Treatment of Foreign Investment, The World Bank Guidelines*, [Martinus Nijhof, 1992])에서는 다음과 같이 규정되어 있다. ""Discounted cash flow value" means the cash receipts realistically expected from the enterprise in each future year of its economic life as reasonably projected minus that year's expected cash expenditure, after discounting this net cash flow for each year by a factor which reflects the time value of money, expected inflation, and the risk associated with such cash flow under realistic circumstances.

반면 피청구인은 NERA Report와 이어서 제출된 Hunt Report의 손해산정에 근거하여 잔여지급방법(balancing payment methods)을 적용한 손해평가 방법 및 판정금에 대한 단리이자의 지급을 주장하였다. 보다 구체적으로 피청구인은 잔여지급 방법에 따라 '이미 지급한 이익을 제외하고, 내부수익률 17.5%를 기준으로 계약 종료시점까지 산정된 이익의 합계'를 손해로 평가하였다. 또한 피청구인은 청구인의 할인현금수입가치 방법에 관하여 여러 가지 비판을 하였는데, 주된 비판은 청구인의 LECG Report가 손해산정의 근거로 삼은 프로젝트 컴퍼니의 2002년 사업계획서(business plan)가 부정확하다는 것이었다. 피청구인은 2002년 사업계획서가 향후의 수익이나 수익률을 제대로 예측하지 못하고 있어 신뢰할 수 없음에도 청구인은 이를 근거로 손해를 산정하였다고 비판하였다.

이에 대하여 중재판정부는 비록 할인현금수입가치방법이 미래에 대한 예측에 기반하므로 부정확하다는 단점은 있으나, 피청구인이 주장하는 잔여지급방법으로 손해를 산정할 경우 청구인의 잔여 투자 기간이 충분히 반영될 수 없으므로 청구인이 주장하는 할인현금수입가치방법을 근거로 손해를 산정하는 것이 더 타당하다고 판시하였다. 또한 중재판정부는 2002년 사업계획서는 시행령 제45/2001호가 발령되기 불과 며칠 전인 2001년 12월 11일 ATAA에 의해 승인되었으므로 2002년 사업계획서는 프로젝트 컴퍼니의 향후 수익을 입증할 확실한 증거가 될 수 있다고 보았다.[12] 마지막으로 중재판정부는 현재 투자중재사건 판정

Such discount rate may be measured by examining the rate of return available in the same market on alternative investments of comparable risk on the basis of their present value."

12 "The 2002 Business Plan, therefore, constitutes the best evidence before the Tribunal of the expectations of the parties at the time of expropriation for the expected stream of cash flows." (Chorzów Factory [Claim for Indemnity][Merits], para 507.)

의 경향은 복리 지급을 명하는 것이므로, 이 사건에서도 복리 지급이 더 적절하다고 판단하였다.

4) 결론

중재판정부는 (1) 호주프 공장 사건의 기준이 본 사건에서 손해를 평가하는 기준이 되어야 하고, (2) 따라서 청구인은 원상회복을 기준으로 손해의 완전한 배상을 받을 권리가 있으며(청구인이 제시한 세 가지 청구취지 중 원상회복 기준[restitution approach]가 적절하다고 판단하였다), (3) 손해평가의 시기 역시 호주프 공장 사건의 법리에 따라 완전한 배상을 위하여 판정 시점이 되어야 하고, (4) 청구인이 손해평가의 방법으로 삼은 할인현금수입가치 방법은 타당하며, (5) 청구인이 제시한 LECG Report의 손해산정 방법과 이에 따라 산정된 손해배상 액수는 합리적이라고 판시하였다.[13]

이러한 기준에 따라 중재판정부는 피청구인이 청구인에게 (1) 판정 시점인 2006년 9월 30일을 기준으로 청구인의 프로젝트 컴퍼니에 대한 지분을 평가한 가치와 (2) 수용 시점부터 판정 시점까지의 ADC Affiliate에 대한 미지급 배당금 및 ADC & ADMC Management에 대한 미지급 관리비 등을 합한 금원인 미화 76,200,000달러, 그리고 이에 대한 연 6%의 복리이자를 판정일로부터 배상 시점까지 지급하여야 한다고 판시하였다.

---

13 "The Tribunal would like to point out here that the LECG reports are, in the Tribunal's view, an example as to how damages calculations should be presented in international arbitration; they reflect a high degree of professionalism, clarity, integrity and independence by financial expert witnesses." (Chorzów Factory [Claim for Indemnity][Merits], para 516.)

4. 판정의 의의와 시사점

최근 국제투자협정 중재사건에서 손해의 산정은 더욱 복잡해져 가고 있고, 당사자들이나 중재판정부가 손해산정에 투입하는 노력과 비용이 크게 늘어나고 있다. 본 판정은 손해산정의 방법 및 기준 등에 있어 후속 사건에 많은 영향을 주었는바, 다음 세 가지 측면에서 크게 의미가 있다.

첫째, 본 판정은 적법한 수용과 위법한 수용을 구별하면서, 적법한 수용은 당해 BIT의 기준에 따라 배상을 하고, 위법한 수용은 배상의 기준이 BIT에 규정되지 않은 경우에는 국제관습법을 기준으로 해야 함을 명확히 하였다. 이러한 구별의 함의는 수용 이후의 당해 자산가치 하락에 대한 위험이나 가치 상승에 대한 이익을 누구에게 귀속시킬지를 수용의 적법성 여부에 따라 달리 판단했다는 데 있다.[14]

일반적으로 수용 시점을 기준으로 배상을 할 경우 국가는 당해 자산가치 상승의 이익을 향유할 수 있으나, 하락 시의 위험 역시 부담하게 되어 결국 가치 변동의 위험을 국가가 부담하게 된다. 반면 판정 시점을 기준으로 배상을 할 경우 투자자는 가격 상승의 이익을 향유할 수 있으나 가격 하락의 위험 역시 부담하게 되어 결국 가치 변동의 위험을 투자자가 부담하게 된다. 따라서 판정 시점을 기준으로 배상을 한다고 하여 항상 투자자에게 유리하다고 볼 수는 없을 것이다.

그러나 본 사건은 중재판정부도 인정하였듯이 수용이 문제 된 사건 중 대상 자산의 가치가 수용 이후 상승한 거의 유일한 사건인바, 이러한

14 John Y. Gotanda, "Chapter 37: Assessing Damages: Valuation Standards," in Meg Kinnear et. al. (eds.), *Building International Law: The First 50 Years of ICSID* (Wolters Kluwer, 2016), pp. 527-528.

경우 호주프 공장 사건의 완전한 배상의 법리에 따라 판정 시점이 배상의 기준 시점이 되어야 한다고 판단함으로써 수용 이후 대상 자산의 가치가 상승한 이례적인 경우에는 판정 시점을 기준으로 국가가 투자자에게 배상을 하도록 하여 국가가 자산가치 상승의 이익을 향유할 수 없도록 하였다. 이러한 법리는 투자자로 하여금 완전한 보상을 받을 수 있도록 함과 동시에, 국가에 대해서는 위법한 수용의 경우 판정 시점이 배상의 기준 시점이 되어 대상 자산의 가치 상승에 대한 이익을 국가가 향유할 가능성이 배제될 수 있다는 경각심을 줄 것으로 보인다. 따라서 장기적으로는 국가로 하여금 수용의 절차와 요건 등을 준수하면서 적법한 수용을 하도록 유도하는 효과가 있을 것으로 생각된다.[15]

둘째, 청구인의 사업계획서를 근거로 하여 할인현금수입가치방법에 따라 손해를 산정한 부분 역시 의미가 있는데, 중재판정부는 이 사업계획서가 피청구인에 의하여 승인되었고 양 당사자가 이 사업계획서에 의거하여 투자를 계획하였다는 점에 주목하였다. 따라서 본 판정은 현금흐름(cash flow) 등 향후 수익률에 대하여 참고할 만한 명확한 근거 자료가 없음에도 피청구인이 승인한 사업계획서에서 향후 수익률에 대한 정치한 분석이 이루어졌다면 이를 근거로 할인현금수입가치방법을 적용하여 손해를 산정할 수 있도록 하였다는 점에서도 의미가 있다.[16]

셋째, 본 판정은 복리이자의 지급을 명함으로써 경제 실정을 반영

---

15 John Y. Gotanda, "Chapter 37: Assessing Damages: Valuation Standards," p. 528. 다만 같은 책 529쪽에서 저자는 "일부 중재판정부는 적법한 수용과 위법한 수용을 구별하여 배상의 기준 시점을 달리하여야 한다는 본 사건의 법리는 받아들이나 실제 수용이 문제 된 대부분의 사건에서 수용 이후 대상 자산의 가치가 하락하므로 본 사건의 법리가 실제 적용되는 사례는 드물고, 대상 자산의 가치가 하락한 경우 본 사건의 법리가 적용되지 않는다고 보고 있다"고 지적한다.

16 John Y. Gotanda, "Chapter 37: Assessing Damages: Valuation Standards," p. 528.

하였고, 복리이자의 지급이 투자중재판정에서 대세로 자리 잡아 가는 데 기여를 했다는 평가를 받고 있다.[17]

본 판정이 취하고 있는 '적법한 수용과 위법한 수용의 구별을 통해 판정 시점을 기준으로 보상을 하도록 하는 것'이나 '할인현금수입가치 방법의 적용'에 대해서는 다른 시각에서의 평가도 가능하다. 먼저 적법한 수용과 위법한 수용의 구별과 관련하여, 본 사건은 수용 이후 아무런 보상이 이루어지지 않았고 수용의 형태도 직접수용에 가까울 정도여서 위법한 수용이라고 판단할 여지가 다른 사건에 비하여 크다고 보인다. 그러나 국가의 수용이 문제 되는 많은 사건에서, 그 수용이 위법한 수용인지 적법한 수용인지 구별하는 것 자체가 어려운 문제라고 생각된다. 예를 들어 적법한 수용의 다른 조건들은 다 충족하였는데 보상 액수에 대해서는 다툼이 있을 경우 이러한 수용을 위법한 수용으로 보아야 하는지가 문제 될 수 있을 것이다. 특히 간접수용 사안에서는 공공 목적에 따라 수용이 이루어지는 경우가 많을 것이고, 공공 목적이 있는 경우 아예 수용에 해당하지 않는다고 규정하고 있는 투자보장협정도 존재하는데 이러한 경우 수용의 적법성 여부에 관한 판단은 더욱 어려울 것으로 보인다. 나아가 판정 시점을 기준으로 손해를 산정하게 된다면 투자자의 입장에서 투자 자산의 가치가 계속해서 상승하거나 상승할 것으로 예상될 경우 고의적으로 판정을 지연시킬 유인이 생기는 문제점도 발생할 수 있을 것이다.[18]

---

17 John Y. Gotanda, "Chapter 37: Assessing Damages: Valuation Standards," p. 528.

18 다만 위법한 수용의 경우 판정 시점을 기준으로 배상을 하는 법리를 투자중재판정의 일반적인 경향으로 보기는 어렵다. 앞서 15번 각주에서도 살펴보았듯이, 본 판정 이후에 적법한 수용과 위법한 수용을 구별하면서 위법한 수용 이후 투자 자산의 가치가 상승한 경우 판정 시점을 기준으로 배상을 명한 사건도 있으나, 적법한 수용과 위법한 수용의 구분이 실제 사건에서 문제 되는 경우가 드물다는 평가도 있다. 본

할인현금수입가치방법은 최근 투자중재판정에서 전보다 더 빈번히 활용되고 있는 손해산정 방법이고, 기업의 인수·합병 등 사인 간의 사적 거래에서 기업의 가치를 산정할 때 흔히 이용되는 방법이다. 그러나 1990년부터 2015년까지 약 95건의 국제중재사건을 분석한 통계에 의하면 할인현금수입가치방법은 약 38%의 중재판정에서 인용되었을 뿐이고, 할인현금수입가치방법에 따라 손해를 산정하는 경우에도 약 49%의 사건에서 양측의 손해산정 전문가들은 할인율(discount rate)에 관하여 합의에 이르지 못하였다고 한다.[19] 중재판정부가 할인현금수입가치방법에 따른 손해산정을 인정하지 않고 다른 손해산정 방법을 선호하거나 인정하는 가장 주된 이유는 할인현금수입가치방법 자체에 대한 불신 때문이라기보다는 그 기준이 되는 향후 수익에 대한 예측이 불확실하거나 신뢰할 수 없기 때문이라고 한다.

또한 본 사건 중재판정부는 2002년 사업계획서가 피청구인에 의해 승인되었기 때문에 이를 근거로 한 손해산정은 정당하다고 판시하였으나, 이 사업계획서는 어디까지나 2002년을 기준으로 산정된 향후 수익에 대한 예측이거나 추산이므로 그 산출 방법이나 기준이 정확한지 여부에 대한 충분한 심리가 이루어져야 할 것인데, 단지 피청구인의 승인이 있었다는 이유만으로 이를 손해산정의 근거로 삼는 것이 적절한 판단이었는지에 대해서는 의문이 있다. 나아가 중재판정부는 LECG Report의 손해산정 방법 및 그에 따른 액수는 수용 이후인 2005년 부다

사건의 중재판정부도 전제하였듯이 본 사건은 수용 이후에 자산의 가치가 상승한 거의 유일한 사건이고, 수용 이후에 자산의 가치가 하락한 경우에는 위 법리가 대체로 적용되지 않는다고 보고 있기 때문이다.

19 PWC, *2015 International Arbitration Damages Research*, (PWC), pp. 7-8(https://www.pwc.com/sg/en/publications/assets/international-arbitation-damages-research-2015.pdf[2017. 2. 18. 최종 접속]).

페스트 국제공항이 민영화되면서 헝가리 정부가 민간기업에 75년간 이를 사용·수익하게 하는 대가로 미화 2,230,000,000달러를 받은 점에 비추어 보아도 정당하다고 판단[20]하였는데, 손해평가의 시점을 기준으로 그 방법의 객관성과 정확성을 판단한 것이 아니라 수용 이후의 시점에서 결과론적으로 보고서의 손해산정 방법과 액수를 정당하다고 판단하였다는 점에서 문제가 있다.

결국 본 사건은 피청구인의 수용을 위법한 수용이라고 판단하여 투자 자산의 가치가 월등히 상승한 판정 시점을 기준으로 손해를 평가하고, 손해평가 방법 역시 불확실성이 큰 할인현금수입가치방법을 채택함으로써 투자자의 배상액수를 극대화한 판결이나, 위법한 수용과 적법한 수용의 구별이 어려운 사건에는 본 사건의 법리를 적용하기 어려운 점, 할인현금수입가치방법을 적용하는 기준이 되는 증거들에 대한 더 정치한 심리가 이루어지지 않은 점 등은 다소 아쉬움으로 남는다.[21] 호주프 공장 사건의 법리는 향후에도 손해산정에 있어서 가장 기본적이고 원칙적인 기준으로 작용할 것이나, 이 법리를 적용함에 있어 투자자의 이익과 국가의 이익을 조화하려는 고민과 노력이 필요할 것으로 생각된다.

---

20 "LECG's valuation is fully validated by the amount of the acquisition by BAA of Budapest Airport Rt. on December 22, 2005, being US$ 2.23 billion (£1.26 billion) for 75% minus one share and a 75-year assets management contract plus moveable assets."(ADC v. Hungary, para. 516.).

21 판정문의 원문은 다음과 같다. "The Tribunal is of course grateful to the experts on both sides for their enormous help on the issue of damages. However the Tribunal feels bound to point out that the assessment of damages is not a science. True it is that the experts use a variety of methodologies and tools in order to attempt to arrive at the correct figure. But at the end of the day, the Tribunal can stand back and look at the work product and arrive at a figure with which it is comfortable in all the circumstances of the case." (ADC v. Hungary, para. 521.).

제10장

절차의 투명성 및 제3자의 참여

Aguas del Tunari v. Bolivia 사건

양준열[1]

1. 사건의 개요

1) 사건명

Aguas del Tunari, S.A. v. Republic of Bolivia, ICSID Case No. ARB/02/3, Decision on Respondents Objections to Jurisdiction (2005. 10. 21.)(이하 'AdT v. Bolivia')[2]

2) 청구의 근거가 된 협정

볼리비아-네덜란드 BIT(1994. 1. 11. 체결) 및 ICSID 협약과 ICSID 중재규칙에 의거하여 절차가 진행되었다.

1 대구지방검찰청 김천지청 검사

2 이 사건의 분쟁 분야는 '상하수도 계약 관련 분쟁'으로, ICSID 사건 등록일은 2002년 2월 25일이었으며, 중재판정부의 관할 항변 기각판정 후 피청구인의 요청으로 ICSID 중재규칙 제44조에 따라 절차종결(discontinuance)되었다.

3) 당사자

(1) 청구인(Claimant)

· Aguas del Tunari, S.A.(볼리비아 법에 따라 설립된 회사, 이하 'AdT')

(2) 피청구인(Respondent)

· 볼리비아(Republic of Bolivia)

4) 중재판정부의 구성

· 의장중재인: David D. Caron(미국 국적)[3]
· 청구인 지명 중재인: Henri C. Álvarez(캐나다 국적)
· 피청구인 지명 중재인: José Luis Alberro-Semerena(멕시코 국적)

5) 사건의 배경 및 판정요지

청구인 AdT는 볼리비아의 상하수도 감독당국과 상하수처리 관련 양허계약(concession)을 체결하였다. 이 양허계약에 의해 청구인은 볼리비아 코차밤바(Cochabamba)시에 상하수처리 서비스를 제공하고 그 대가로 수도요금을 받기로 하였다. 양허계약 발효 이후 청구인이 수도요금을 인상하자 여론의 반발이 극심해졌고, 이는 상당한 규모의 폭력시위로 이어졌다. 이에 볼리비아의 상하수도 감독당국은 일방적으로 양허계약을 해지하였다.

3 ICSID 운영위원회 의장이 선정하였다.

그 후 청구인은 볼리비아 정부의 양허계약 해지는 볼리비아-네덜란드 BIT 위반이라고 주장하며 ICSID에 중재를 제기하였다. 반면 볼리비아는 (1) ICSID 관할에 동의하지 않았고, (2) 청구인은 위 BIT에 규정된 네덜란드 국적자(national)에 해당하지 않음을 이유로 여러 관할 항변들을 주장하였으나, 중재판정부는 본 사건 분쟁이 ICSID 관할 범위 내에 있다고 판정함으로써 볼리비아의 관할 항변을 기각하였다. 이 사건은 관할과 본안 절차가 분리(bifurcation)되어 진행되었다.

한편 중재절차 진행 과정에서 다수의 환경단체들이 중재절차참여 및 공개를 요구하는 '청원(petition)'을 제기하였으나, 중재판정부는 당사자들의 동의가 없는 한 제3자의 절차참여 및 절차공개를 허가할 수 없다는 이유로 청원을 기각하였다. 이 사건 이후로 ISDS 사건에서의 '투명성' 문제가 전 세계적으로 화두가 되었으며, 이는 2006년 ICSID 개정 중재규칙 등 투명성을 강화하는 규범이 제·개정되는 계기가 되었다.

6) 절차의 개요

2001. 11. 12.	청구인 중재신청서(Request for Arbitration) 제출
2002. 2. 25.	ICSID 중재요청 등록
2002. 4. 25.	청구인 측 중재인 Henri C. Álvarez 선정
2002. 4. 29.	피청구인 측 중재인 José Luis Alberro-Semerena 선정
2002. 6. 26.	의장중재인 David D. Caron 선정
2002. 8. 28.	환경단체들의 비분쟁당사자로서의 절차참여 청원 제출
2002. 12. 9.	최초 절차기일 개최(미국 워싱턴 D.C.), 절차 분리 합의·결정
2003. 1. 17.	[1차 관할 항변 관련] 피청구인 관할 항변(Objections to Jurisdiction) 제출

2003. 1. 29.	의장중재인, 환경단체들의 절차참여 청원을 기각하는 서한 송부
2003. 1. 31.	[1차 관할 항변 관련] 청구인 관할 항변 반박서면(Response to Bolivia's Objection to Jurisdiction) 제출
2003. 2. 5.	[1차 관할 항변 관련] 피청구인 관할 항변 재반박서면(Reply) 제출
2003. 2. 13.	[1차 관할 항변 관련] 청구인 관할 항변 재반박서면(Rejoinder) 제출
2003. 4. 8.	중재판정부, 절차명령 제1호(Procedural Order No.1) 발령
2003. 6. 4.	[2차 관할 항변 관련] 청구인, 관할 준비서면(Memorial) 제출
2003. 10. 6.	[2차 관할 항변 관련] 피청구인, 관할 2차 반박서면(Rejoinder) 제출
2004. 2. 9 - 11.	관할에 대한 심리기일 개최
2004. 10. 1.	중재판정부, ICSID 중재규칙 제34조[4]에 근거하여 비분쟁당사국(non-disputing Party)인 네덜란드 정부에 의견서(Post-Hearing Inquiry) 제출 요청[5]

4 "(1) The Tribunal shall be the judge of the admissibility of any evidence adduced and of its probative value. (2) The Tribunal may, if it deems it necessary at any stage of the proceeding: (a) call upon the parties to produce documents, witnesses and experts; and (b) visit any place connected with the dispute or conduct inquiries there. (3) The parties shall cooperate with the Tribunal in the production of the evidence and in the other measures provided for in paragraph 2. The Tribunal shall take formal note of the failure of a party to comply with its obligations under this paragraph and of any reasons given for such failure."

5 중재판정부는 네덜란드 외교부의 법률자문 담당자인 Johannes G. Lammers에게 서신을 발송하였다.

2004. 12. 14.	중재판정부, 네덜란드 정부로부터 '볼리비아-네덜란드 BIT에 관한 해석 의견서'를 제출받아 절차명령 제4호(Procedural Order No. 4)를 통해 양 당사자에게 전달
2005. 1. 5.	양 당사자, 네덜란드 정부의 의견서에 대한 의견(comments) 제출
2005. 10. 21.	중재판정부, 관할 항변 기각판정
2006. 1.	합의에 의한 절차종결[6]

2. 사실관계

1) 코차밤바시의 상하수처리 양허계약체결

1998년경 볼리비아는 국내에서 세 번째로 큰 도시인 코차밤바시의 상하수처리 및 전력생산사업을 민영화하기 위한 국제입찰절차를 개시하였다. 1999년 4월경 AdT 컨소시엄만 입찰을 신청했으나, 입찰절차의 요건들을 충족하지 못하여 낙찰받지 못하였다. 그럼에도 불구하고 AdT

6 합의 내용은 다음과 같다. (1) 양허계약이 AdT의 주주(상위의 다국적 기업)들에 의해 해지된 것이 아니라 코차밤바시의 여론 악화(civil unrest) 및 비상사태(state of emergency)에 의해 해지되었음을 인정하고, (2) 양허계약 해지나 ICSID 중재에 대해 양측이 상호 배상(compensation) 의무를 부담하지 않는다. "As a result of the settlement, the claims against Bolivia currently before the International Centre for Settlement of Investment Disputes will be withdrawn. There will be no compensation paid by the Government of Bolivia or Aguas del Tunari for the termination of the concession and the withdrawal of the claim."("Cochabamba Water Dispute Settled," *Bechtel News* [2006. 6. 19.])

컨소시엄은 볼리비아 정부에 양허계약과 관련된 협상을 재개할 것을 요구했고, 그 결과 1999년 4월 19일 관계 법령에 의해 상하수처리 사업의 민영화를 위한 협상위원회가 구성되었다. 1999년 1월 11일 자 최고법령(supreme decree)에 의해, 볼리비아 상하수도 및 전력 감독당국(Bolivian Water and Electricity Superintendencies, 이하 '상하수도 감독당국')은 상하수도 양허계약과 전력생산허가에 대해 협상할 권한을 부여받았다.

청구인은 AdT 컨소시엄이 투자하여 볼리비아 국내에 설립한 회사로, 1999년 9월 2일 설립·등록되었다. 1999년 9월 2일 볼리비아 정부는 양허계약체결을 승인했고, 같은 해 9월 3일 양허계약은 상하수도 감독당국과 AdT가 서명하여 체결되었으며, 행정결정에 의해 공식 인준되었다. 이 양허계약은 1999년 11월 1일부터 발효되었다.

2) 양허계약의 내용

양허계약은 제41조에서 분쟁해결 조항을 규정하고 있었고, 이는 추후 볼리비아의 관할 항변의 근거가 되었다. 양허계약 제41조 중 관할에 관한 사항은 다음과 같다.

Concession Article 41.2

[AdT] recognizes the jurisdiction and competence of the authorities that make up the System of Sectoral Regulation (SIRESE) and of the courts of the Republic of Bolivia, in accordance with the SIRESE law and other applicable Bolivian laws.

양허계약 제41.2조

양허권자(청구인)는 볼리비아 국내법에 따라 '부문별 규제 시스템(System of

Sectoral Regulation, SIRESE)'을 구성하는 볼리비아 권한당국 및 볼리비아 국내법원의 권한 및 관할을 인정한다.

Concession Article 41.3

The provisions of the present Contract are not to be interpreted as a renunciation on the part of the Shareholders, the Founding Shareholders, including the Ultimate Shareholders, of methods of dispute resolution established in International Treaties recognized by the Republic of Bolivia.

양허계약 제41.3조

본 계약의 규정들은 최종주주를 포함한 주주들이 볼리비아 정부가 승인한 국제협정상 분쟁해결방식을 포기하는 것으로 해석되지 아니한다.

Concession Article 41.5

The Parties [the Superintendency of Water and AdT] recognize that the Shareholders and Ultimate Shareholders including the Founding Shareholders are free to have recourse to those methods of dispute resolution which are legally available to them in accordance with Bolivian Law (such as, for example, arbitration under the rules of the ICC, ICSID or UNCITRAL or other similar international organizations). The Parties agree to cooperate in the above-mentioned process, to the extent permitted by Law.

양허계약 제41.5조

본 계약의 당사자들(상하수도 감독당국 및 청구인)은 주주, 최종주주, 설립주주들이 볼리비아 국내법에 따라 법적으로 가능한 분쟁해결수단(예컨대 ICC, ICSID, UNCITRAL 등 국제기구에 의한 중재)을 통해 배상청구할 수 있음을 인정한다. 당사자들은 법이 허용하는 범위 내에서 상기 언급된 절차에 상호 협력할 것을 약속한다.

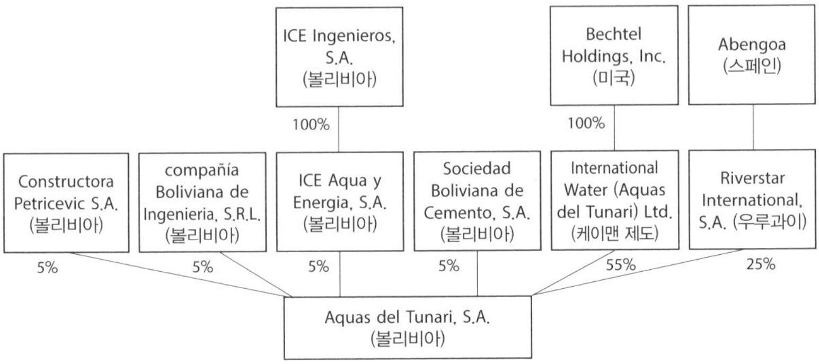

[그림 1] 1999년 9월 AdT의 지분보유 구조

출처: Republic of Bolivia's Reply to Claimant's Response (2003. 2. 5.), p. 8, paragraph 3.4.

3) 양허계약체결 당시 청구인의 상위회사

1999년 9월 양허계약이 체결될 당시, (1) AdT의 20% 지분은 볼리비아 회사 네 곳이 나누어 가진 상태였고, (2) Riverstar International, S.A.라는 우루과이 회사가 지분 25%를 보유하고 있었으며, (3) 나머지 지분 55%는 케이맨 제도의 International Water (Tunari) Ltd.(이하 'IW Ltd.')가 보유하고 있었다. 위 IW Ltd.의 주식은 Bechtel Enterprise Holding, Inc.(이하 'Bechtel')라는 미국 회사가 그 지분의 100%를 보유하고 있었다([그림 1] 참고).

4) 양허계약체결 후의 사정 변화

(1) 시민단체들의 양허계약 관련 정보공개 요구 및 비판

1999년 9월 3일 시민단체 Defense of Water Committee는 양허계약 협상 과정이 공개되지 않은 것을 비판하면서, 양허계약체결 전에 수도요금을 공개할 것을 볼리비아 정부에 요구하였다. 시민단체들은 특히, 인

상될 수도요금과 양허계약 지역 내에 있는 사유 우물(private water well)들에 미칠 부정적 영향을 우려하였다.[7] 1999년 11월 양허계약 발효 이후에 시민단체의 비판은 더욱 거세졌고, 언론은 수도요금 인상 및 그로 인한 악영향들을 보도[8]하며 양허계약의 취소를 요구하였다. 이에 상하수도 감독당국 담당자들은 코차밤바시 지역사회 단체들과의 간담회를 통해 청구인의 양허계약상 권한범위를 명확히 설명하고자 노력하였다. 또한 1999년 11월 28일 청구인은 여론의 비판에 대응하기 위해, 여러 볼리비아 신문에 '공개편지(open letter)'를 게재하기도 하였다. 그러나 1999년 11월 29일 노동조합들은 여전히 상하수처리법(Portable Water and Sewage Service Law)의 위헌성을 지적하며 양허계약의 해지를 요구하였다. 그럼에도 불구하고 1999년 12월 1일 새로운 수도요금이 채택되자, 많은 정치인 및 시민단체들의 비판이 이어졌다.

(2) 청구인 상위회사들의 지배구조 변경

1999년 11월 9일 Bechtel(미국 모회사)은 이탈리아의 Edison, S.p.A(이하 'Edison')와 단일합작회사를 설립하여 상하수도 관리사업을 하기로 하였고, 그 결과 Edison이 IW Ltd.(케이맨 제도 모회사) 지분의 50%를 보유하게 되었다. 1999년 11월 24일 Bechtel은 상하수도 감독당국에 대해 Edison의 지분참여로 인한 청구인의 지배구조 변경을 통보했고, 이와 관련하여 필요한 주식양도를 승인해 줄 것을 요구하였다. 이에 상하수

---

7 Toby Landau & Romesh Weeramantry, "Chapter 48: A Case for Transparency in Investment Arbitration," in Meg Kinnear et. al. (eds.), *Building International Law: The First 50 Years of ICSID* (Wolters Kluwer, 2016), p. 671.

8 사업개시 후 몇 주 만에 수도요금은 50% 이상 인상될 것이라고 보도되었고, 새로운 수도요금은 근로자 평균 월 수입의 4분의 1에 이를 것이라는 보도도 나왔다(William Finnegan, "Leasing the Rain," *The New Yorker* [2002. 4. 8.]).

도 감독당국은 1999년 12월 3일 IW Ltd.가 보유한 청구인 AdT에 대한 지분을 네덜란드 회사로 이전하는 것을 승인하였다(단, 볼리비아 정부는 주식양도 행위의 법적 효력 등에 대해 이의를 제기하였다). 그러나 청구인은 IW Ltd.(케이맨 제도 모회사)가 보유한 주식을 새로운 네덜란드 회사로 양도하는 것을 중단했고, 그 대신 IW Ltd.를 케이맨 제도에서 룩셈부르크로 이전시키기로 결정하였다. 이에 대해 볼리비아는 주식양도와 회사이전 사이에 차이가 없다며 반박하였다.

Edison과 합작회사를 구성하기 위해, 1999년 11월 25일 네덜란드 법에 따라 Baywater Holdings, B.V.(이하 'Baywater B.V.')가 설립되었다. 1999년 12월 8일 International Water Holdings B.V.(이하 'IWH B.V.')와 International Water (Tunari) B.V.(이하 'IWT B.V.')는 각각 Baywater와 IWH B.V.에 의해 네덜란드 법에 따라 설립되었다. 1999년 12월 21일 케이맨 제도의 IW Ltd.는 룩셈부르크로 회사를 이전(migrated)함과 동시에 International Water (Tunari) S.a.r.l.(이하 'IW S.a.r.l.')로 명칭을 변경하였다. 결국 1999년 12월 22일 IWT B.V.는 IW S.a.r.l.의 100% 지분을 보유한 모회사가 되었다.

5) 1999년 12월경 청구인의 지배구조

1999년 12월경 이러한 기업지배구조 개편 결과, 케이맨 제도에 있는 회사가 아니라 룩셈부르크에 소재한 IW S.a.r.l.이 AdT의 지분 55%를 보유하게 되었고, 그 IW S.a.r.l.을 네덜란드의 IWT B.V.가, 다시 그 IWT B.V.를 네덜란드의 IWH B.V.가 보유하는 것으로 구조가 변경되었다. 이로써 청구인은 AdT를 이와 같이 네덜란드 회사들이 보유하고 있으므로 볼리비아-네덜란드 BIT가 적용될 수 있다고 주장하였다.

이러한 청구인의 기업지배구조 개편 결과에 대해, 볼리비아는 1999

년 12월 22일 이후부터 청구인의 상위투자자들이 Baywater B.V., IWH B.V., IWT B.V. 등 네덜란드 회사들을 통해 AdT의 55% 지분을 보유하고 있으나, 이러한 네덜란드 회사들의 실질은 도관회사(mere shells)에 불과하므로 볼리비아-네덜란드 BIT가 근거협정으로 적용될 수 없다고 주장하였다.

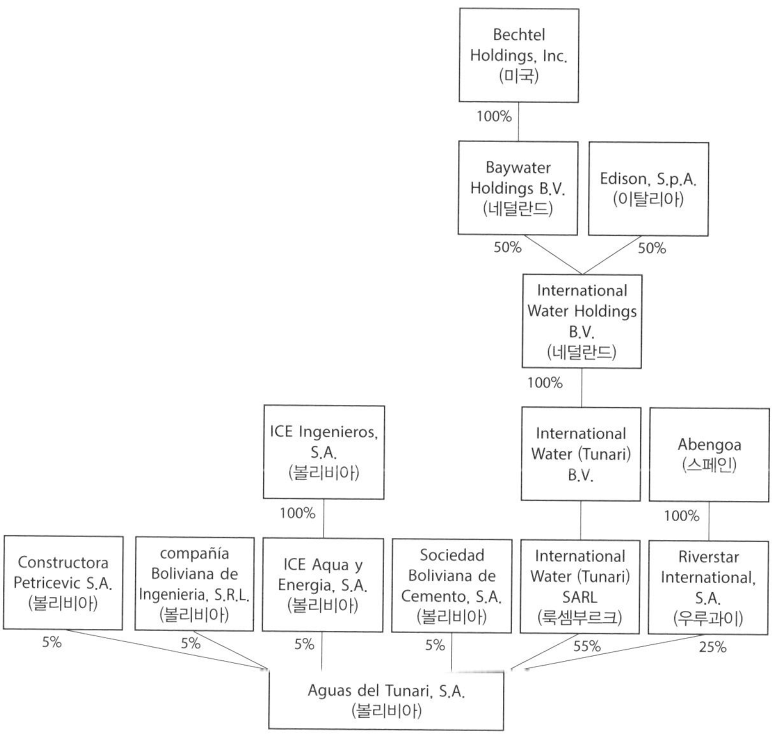

[그림 2] 1999년 12월 22일 이후 AdT의 지분보유 구조
출처: Request for Arbitration, Exhibit 15 (2001. 11. 12.)

6) 물의 전쟁 및 양허계약의 해지

2000년 1월 1일 이후 AdT가 사업을 개시한 이후부터 코차밤바시를 포함한 볼리비아 전역에서 양허계약에 대한 반대여론이 극심해졌다. 격분한 시민들은 볼리비아 군대와 경찰들에 대항하여 물을 취득할 인권을 주장하고, "AdT, 본국으로 돌아가라(AGUAS del TUNARI, GO HOME)"라고 외치며 격렬히 저항하였다(La guerra del agua, 물의 전쟁[9]). 민간인들에게 실탄이 발포되었고, 시위대들이 던진 돌들과 최루가스가 거리를 뒤덮었다. 그 결과 시민과 경찰 등 150여 명의 부상자가 발생했으며, 학생들이 저격수가 쏜 총에 맞아 사망하기도 하였다. 몇 건의 폭력시위 이후인 2000년 4월 초경, 볼리비아 상하수도 감독당국은 결국 양허계약을 해지(terminate)하였다.

3. 쟁점

1) 관할 관련 쟁점

(1) 청구인이 문제 삼은 투자유치국의 조치

청구인은 양허계약이 여론의 악화 및 폭력시위로 인해 해지되기에 이르렀으나 이는 결국 볼리비아 정부가 작위 혹은 부작위를 통해 양허계약을 해지한 것으로 볼리비아-네덜란드 BIT상 투자자보호의무 위반이라

---

9 William Finnegan, "Leasing the Rain," *New Yorker* (2002. 4. 8.); Toby Landau & Romesh Weeramantry, "Chapter 48: A Case for Transparency in Investment Arbitration," p. 669 참고.

고 주장하였다.[10] 즉 볼리비아 정부의 양허계약 해지행위를 문제 삼은 것이라 볼 수 있다.

(2) 청구인의 청구취지

청구인은 비록 자신이 볼리비아 법에 따라 설립된 볼리비아 회사지만, 그의 상위 투자자들은 Baywater B.V., IWH B.V., IWT B.V. 등 네덜란드 회사들이고 이러한 네덜란드 회사들이 청구인을 직간접적으로 통제하고 있으므로(controlled directly or indirectly), 청구인은 볼리비아-네덜란드 BIT 제1조(b)(iii)상 네덜란드 국적의 회사에 해당하여 본 사건의 관할이 인정된다는 취지로 주장을 전개하였다.[11]

(3) 당사자들의 주장

▶청구인의 주장: 관할 있음

Bolivia - Netherlands BIT Article 9(6)

If both Contracting Parties have acceded to the Convention on the Settlement of Investment Disputes between States and Nationals of other States of 18 March 1965 [ICSID Convention], any disputes that may arise from investment between one of the Contracting Parties and a national of the other Contracting Party shall, in accordance with the provisions of

---

10 이 사건은 본안심사에 들어가기 전에 당사자 간 합의종결되어 관할판정만이 공개된 상태다. 따라서 청구인이 본안 단계에서 주장하였을 BIT상 구체적인 투자자보호 조항들과, 양허계약 해지와 관련하여 볼리비아 정부의 어떤 조치가 문제 되었는지는 구체적으로 나타나 있지 않다.

11 10번 각주와 마찬가지로, 본 사건은 본안판정 없이 종결되었고, 관할판정 외에는 청구인이 제출한 서면 등이 공개되지 않았으므로, 청구인이 본안에서 주장하였을 청구취지는 알기 어렵다.

that Convention, be submitted for conciliation or arbitration to the International Centre for Settlement of Investment Disputes.

볼리비아-네덜란드 BIT 제9조 제6항

양 체약당사국이 1965년 3월 18일 '국가와 타방 국가 국민 간의 투자분쟁의 해결에 관한 협약'[ICSID 협약]에 가입한 경우, 일방 체약당사국과 타방 체약당사국의 국민 간의 투자로부터 발생하는 모든 분쟁은 동 협약의 규정에 따라 조정 또는 중재에 의한 해결을 위하여 국제투자분쟁해결본부에 회부되어야 한다.

청구인은 볼리비아-네덜란드 BIT 제9조 제6항에 근거하여 ICSID 관할이 있다고 주장하였다.

또한 청구인은 볼리비아-네덜란드 BIT 제1조의 국민(national)에 관한 정의 규정을 고려할 때, 자신이 BIT상 네덜란드 국적 회사(national)라고 주장하였다. 청구인은 BIT 제 1조(b)(iii)에 따라, 스스로가 볼리비아(the other contracting party) 국내법에 따라 설립된 회사로서 IWT B.V.와 IWH B.V.라는 네덜란드 국적 회사(nationals of that contracting party)들에 의해 직간접적으로 지배되는(controlled directly or indirectly) 회사라고 주장하였다. 따라서 청구인은 볼리비아와 네덜란드 양국 모두 ICSID 협약의 체약국인 점, 청구인이 BIT상 네덜란드 국적인 점 등을 고려할 때 ICSID는 본 사건 분쟁에 대한 관할권이 있다고 주장하였다.

Bolivia - Netherlands BIT Article 1(b)(ii)

without prejudice to the provisions of (iii) hereafter, legal persons constituted in accordance with the law of that Contracting Party;

볼리비아-네덜란드 BIT 제1조(b)(ii)

아래 (iii)항의 내용에도 불구하고, 일방 체약당사국의 법률에 따라 설립된 회사;

Bolivia - Netherlands BIT Article 1(b)(iii)

legal persons controlled directly or indirectly, by nationals of that Contracting Party, but constituted in accordance with the law of the other Contracting Party.

볼리비아-네덜란드 BIT 제1조(b)(iii)

일방 체약당사국의 국민들에 의하여 직접적 또는 간접적 지배를 받지만 타방 체약당사국의 법률에 따라 설립된 회사.

▶피청구인의 주장: 관할 없음

① 1차 관할 항변

중재판정부는 볼리비아의 1차 관할 항변을 다음의 여섯 가지 측면으로 나누어 검토하였다.

1. 양허계약 협상 시 상황 및 양허계약상 배타적 분쟁해결 조항을 고려할 때, 양허계약과 관련한 분쟁은 볼리비아 국내법원에 배타적 관할권이 있다는 항변
2. 본 사건 분쟁의 적절한 당사자는 양허계약의 당사자인 상하수도 감독당국이지, 볼리비아는 당사자가 아니라는 항변[12]

---

12 상하수도 감독당국의 양허계약 관련 작위·부작위는 볼리비아의 행위로 귀속되지 않는다는 국가행위 불귀속 항변을 내포하고 있다. 그러나 중재판정부는 국가행위 귀속 관련 쟁점은 본안판단 사항이라며 관할판정 단계에서는 이에 대해 판단하지 않았다.

3. BIT 제2조는[13] 볼리비아 국내법 및 국내법원에 따른 배타적 관할을 인정한 것으로 해석해야 한다는 항변
4. 1999년 12월경 AdT가 기업지배구조를 개편한 것은 양허계약 위반이므로 중재판정부의 관할이 없다는 항변[14]
5. AdT의 ICSID 중재제기는 이러한 지배구조 변경이 볼리비아 정부에 악영향을 미치지 않을 것이라는 진술(representations) 위반이라는 항변[15]
6. 볼리비아의 BIT상 중재동의는 본 사건에 대한 중재동의를 포함하지 않는다는 항변[16]

② 2차 관할 항변

피청구인은 청구인이 네덜란드 국적 회사에 의해 직간접적으로 지배되는 회사가 아니기 때문에 볼리비아-네덜란드 BIT 제1조(b)(ii) 및 (iii)상 네덜란드 국적 회사로 볼 수 없다고 주장하였다. BIT 제1조(b)(iii)상 '지

13 "Either Contracting Party shall, within the framework of its law and regulations, promote economic cooperation through the protection in its territory of investments of nationals of the other Contracting Party. Subject to its right to exercise powers conferred by its laws or regulations, each Contracting Party shall admit such investments."

14 구체적으로 볼리비아는 "상위투자회사들 중 일부를 케이맨 제도에서 룩셈부르크로 이전하고 새로 설립한 네덜란드 회사들에 주식을 양도하는 등의 지배구조 변경행위는 볼리비아 정부가 승인하지 않은 양허계약 위반행위"라고 주장하였다.

15 구체적으로 볼리비아는 "Bechtel은 AdT의 지배구조 변경이 볼리비아에 악영향을 미치지 않을 것이라고 진술했으나, 지배구조 변경을 통해 새로운 네덜란드 회사들을 설립하고 볼리비아-네덜란드 BIT에 기한 ICSID 중재를 제기함으로써 볼리비아 정부에 악영향을 주었으므로 이는 청구인의 진술 위반"이라고 주장하였다.

16 구체적으로 볼리비아는 "볼리비아는 ICSID 협약을 비준할 때 청구인과 같이 ICSID 중재를 제기하기 위해 지배구조를 변경한 회사에 대한 ICSID 중재 가능성을 동의한 것이 아니므로, 볼리비아-네덜란드 BIT상 볼리비아의 ICSID 중재 관련 청약은 이러한 관점에서 제한적으로 해석되어야 한다"는 취지로 주장하였다.

배(control)'는 Bechtel(미국 회사)과 같은 최종지배회사(ultimate controller)를 의미할 뿐이고, 중간단계의 도관회사에 불과한 IWT B.V. 및 IWH B.V(네덜란드 회사)는 청구인을 지배한다고 볼 수 없다는 것이다.

(4) 법률적 쟁점 및 중재판정부의 판단

▶법률적 쟁점

볼리비아는 이와 같이 다양한 관할 항변들을 하였으나, 중요한 쟁점은 (1) 볼리비아의 BIT상 중재동의를 본 사건에 대한 중재동의로 해석할 수 있는지 여부, (2) AdT를 볼리비아-네덜란드 BIT상 네덜란드 국적의 회사라고 볼 수 있는지 여부였다.

▶중재판정부의 판단

① 1차 관할 항변에 대한 판단

①-1 양허계약상 배타적 분쟁해결 조항에 의해, 양허계약과 관련된 분쟁은 볼리비아 국내법원에 배타적 관할권이 있다는 항변

볼리비아는 양허계약 제41조 전체와 양허계약 협상 과정, 볼리비아 국내법상 요건들 등에 비추어 볼 때 청구인이 양허계약에 동의한 것은 ICSID 중재를 제기하지 않기로 동의한 것이라고 주장하였다.

중재판정부는 논의의 전제로, 볼리비아가 제시한 양허계약서가 본 중재판정부의 관할을 배제하기 위해서는 양허계약서상 분쟁해결 조항이 본 사건 BIT 분쟁과 동일한 계쟁물 및 당사자들을 규율하고 있어야 하며, 의무적으로 상충되는 의무(mandatory conflicting obligations)를 포함하고 있어야 한다고 설시하였다.

그러나 양허계약 제41.2조[17]는 유사한 다른 ICSID 사건들에서의 분쟁해결 조항과 구조가 다르다. 예컨대 Vivendi 사건의 계약상 분쟁해결조항은 "본 계약의 해석 및 적용과 관련하여, 당사자들은 투쿠만(아르헨티나

서북부의 도시) 행정법원의 배타적 관할을 인정한다"[18]고 규정하고 있었다. 이러한 Vivendi 사건의 분쟁해결 조항은 본 사건 양허계약 제41.2조와 다른 두 가지 특징이 있다. 첫째, 특정 법원의 관할이 명백히 '배타적(exclusive)'인 것으로 규정되어 있다. 둘째, "본 사건 계약의 해석 및 적용과 관련하여"라고 규정함으로써 계약 관련 분쟁이 배타적 법원의 관할하에 있음을 명확히 하였다. 그러나 제41.2조에는 이러한 두 가지 특징이 드러나 있지 않다. 따라서 제41.2조를 볼리비아의 주장과 같이 '양허계약과 관련된 모든 분쟁은 볼리비아 국내법원의 배타적 관할권에 의해야 한다'고 해석할 수 없다.

설사 볼리비아 법원이 양허계약 제41.2조에 의해 배타적 관할권을 보유한다고 가정해도, 볼리비아 국내법원의 관할권은 본 사건의 청구인이 볼리비아-네덜란드 BIT에 근거하여 제기한 본 사건 분쟁에 대해서까지 확장될 수 없다. 청구인은 양허계약상 의무 위반을 주장한 것이 아니라 BIT상 의무 위반을 주장한 것이기 때문이다. 상하수도 관리당국에 대한 양허계약에 기한 청구와, 볼리비아 정부에 대한 BIT에 기한 본 사건 청구는 비록 같은 사실관계에 기초하지만 법적으로 엄연히 구별되는 것이다.

---

17 "[AdT] recognizes the jurisdiction and competence of the authorities that make up the System of Sectoral Regulation (SIRESE) and of the courts of Republic of Bolivia, in accordance with the SIRESE law and other applicable Bolivian laws."

18 "Article 16.4 of the Concession Contract provides as follows: For purposes of interpretation and application of this Contract the parties submit themselves to the exclusive jurisdiction of the Contentious Administrative Tribunals of Tucumán."(Compañía de Aguas del Aconquija, S.A. & Compagnie Générale des Eaux v. Argentine Republic [ICSID Case No. ARB/97/3], Award [2000. 11. 21.], para. 27.).

또한 단지 계약상 배타적 관할 조항이 존재한다는 이유만으로 ICSID 관할행사가 배제된다고 볼 수도 없다. ICSID 관할과 상충되는 문서(양허계약서)는 그것이 명백히 ICSID 관할을 수정·배제하려는 의도를 명시하고 있는 경우에만 ICSID 관할에 영향을 미칠 수 있다. 당사자들의 공통되고 명확히 드러난 의도 없이는, 당사자들이 ICSID 관할을 포기하거나 수정하려는 것으로 추론할 수 없다. 그러나 양허계약 제41조나 양허계약 전체를 통틀어도, 청구인이 ICSID 중재를 제기할 권리를 명백히 포기한 것으로 볼 만한 증거는 없다.

이와 같은 이유로 중재판정부는 피청구인의 1차 관할 항변 중 첫 번째 항변을 배척하였다.[19]

①-2 본 사건 분쟁의 적절한 당사자는 양허계약의 당사자인 상하수도 감독당국이지, 볼리비아는 당사자가 아니라는 항변에 대한 판단

피청구인은 본 사건에서 볼리비아 정부는 당사자적격이 없다고 주장하며, 그 근거로 계약을 실제로 체결한 국가기관이 아니라 국가 자체를 상대로 제기한 ICSID 중재사건(Cable TV 사건[20])의 관할 기각판정을 제시하였다.

Cable TV 사건에서 계약서의 분쟁해결 조항은 '계약상 분쟁은 ICSID 협약상 중재절차에 의하도록' 규정하고 있었다. 중재판정부는 '네비스섬 행정부(Nevis Island Administration)'만이 당사자로 관여한 계약으로 인해 발생한 분쟁에서, 청구인이 중재의 피청구인으로 삼은 '세인트키츠(St. Kitts) 연방'과 '네비스 국가' 자체는 당사자적격이 없다는 이

19 AdT v. Bolivia, paras. 109-123.

20 Cable Television of Nevis, Ltd. & Cable Television of Nevis Holdings, Ltd. v. Federation of St. Kitts and Nevis, ICSID Case No. ARB/95/2, Award (1997. 1. 13.).

유로 세인트 키츠 연방과 네비스 국가에 대한 청구는 관할권이 없다고 판시하였다.

물론 본 사건의 상하수도 감독당국은 국가 내에서 자율성을 가진 조직이라는 점에서 Cable TV 사건의 네비스섬 행정부와 유사한 측면이 있다. 그러나 본 사건과 위 사건의 중요한 차이점은 Cable TV 사건에서 주장된 관할 근거는 '양허계약'상 분쟁해결 조항이었고, 본 사건의 관할 근거는 양허계약이 아니라 'BIT'라는 것이다. 따라서 Cable TV 사건의 판시는 본 사건에 적용될 수 없다.

이와 같은 이유로 중재판정부는 볼리비아의 1차 관할 항변 중 두 번째 항변을 기각하였다.[21]

①-3 BIT 제2조는 볼리비아 국내법 및 국내법원에 따른 배타적 관할을 인정한 것으로 해석해야 한다는 항변

볼리비아는 볼리비아-네덜란드 BIT 제2조상 볼리비아 법의 원용은 광의로 해석되어야 한다고 주장하며, 이는 외국 투자가 국내 시장에 진입하는 조건을 규정한 것이라고 하였다. 더 나아가 볼리비아는 BIT 제2조를 통해 외국 투자 관련 분쟁은 볼리비아 법원의 배타적 관할 범위 내에 있다는 해석을 도출할 수 있다고 주장하였다. BIT 제2조는 다음과 같다.

Netherlands - Bolivia BIT Article 2

Either Contracting Party shall, within the framework of its law and regulations, promote economic cooperation through the protection in its territory of investments of nationals of the other Contracting Party.

---

21 AdT v. Bolivia, paras. 133-138.

Subject to its right to exercise powers conferred by its laws or regulations, each Contracting Party shall admit such investments.

볼리비아-네덜란드 BIT 제2조

각 체약당사자는 자국 법령의 범위 안에서 타방 체약당사자의 국민이 행한 투자를 자국의 영역 안에서 보호함으로써 경제협력을 증진한다. 각 체약당사자는 자국 법령에 따라 부여된 권한을 행사할 권리에 따라 그러한 투자를 허용한다.

이에 대해 중재판정부는 볼리비아-네덜란드 BIT 제2조 첫 번째 문장과 두 번째 문장에 볼리비아 법이 두 차례 원용되긴 하였으나, 그 의미는 문구의 맥락과 BIT의 목적에 따라 제한 해석되어야 한다고 판시하였다. BIT의 주된 목적은 투자분쟁 발생 시 ICSID를 독립적이고 중립적인 분쟁해결의 장(forum)으로 하는 것이다. 이러한 목적을 고려해 보면, BIT 체약국들은 BIT 제2조에 원용된 국내법을 이용하여 이와 같은 BIT의 목적을 무시하는 해석을 할 수 없다. 볼리비아가 BIT 제2조를 국내법원의 배타적 관할권을 설정하는 것으로 광범위하게 해석할 경우, 이는 모든 투자분쟁사건을 국내법원의 배타적 관할에 의해 해결하는 것으로 BIT를 변형시켜 버릴 우려가 있다. 따라서 BIT 제2조가 볼리비아 법을 원용하고 있더라도, 이를 BIT에 의해 발생한 분쟁에 대해 볼리비아 국내법원의 배타적 관할권이 있음을 규정한 것으로 확장 해석할 수 없다.

이와 같은 이유로 중재판정부는 볼리비아의 1차 관할 항변 중 세 번째 항변을 기각하였다.[22]

---

22 AdT v. Bolivia, paras. 142-154.

①-4 청구인의 주식양도로 인해 관할이 없다는 항변

볼리비아는 1999년 12월경 AdT가 기업지배구조를 개편한 것은 양허계약 위반이므로 중재판정부의 관할이 없다고 항변하였다. 구체적으로 상위투자회사들 중 일부를 케이맨 제도에서 룩셈부르크로 이전하고, 새로 설립한 네덜란드 회사들에 주식을 양도하는 등의 지배구조 변경행위[23]는 볼리비아 정부가 동의하지 않은 것으로서 양허계약 제37.1조 위반이므로 중재판정부의 관할이 없다는 것이다.

양허계약 제37.1조는 모든 설립주주(founding stockholder)는 양허권자(청구인)에 대해 보유하고 있던 지분의 50% 이상을 양허계약체결일로부터 최소 7년간 보유해야 한다고 규정하고 있었고, 제13조는 상위회사인 Bechtel의 완전 자회사이자 청구인 주식의 55% 지분을 보유한 IW Ltd.(케이맨 제도)를 설립주주(founding stockholder)로 규정하고 있었다.

그러나 중재판정부는 양허계약 제37.1조는 볼리비아의 동의 없이도 AdT 상위회사(founding stockholder)들의 지배구조를 변경할 수 있는 규정으로 해석해야 한다고 판시하였다. 양허계약 제37.1조의 50% 제한은 설립주주에게만 적용될 뿐, 최종주주(ultimate shareholders)에게는 적용되지 않기 때문이다. 따라서 제37.1조는 최종주주들이 지배구조를 다양한 층위로 분화하는 것을 제한하지 않는 규정이고, AdT의 1차 상위회사들만 당초 보유지분의 50% 이상을 유지하도록 하는 규정으로 해석되어야 한다. 따라서 중재판정부는 결국 이 주장의 쟁점은 설립주주인 IW

---

23 1999년 12월, 청구인의 55% 지분을 보유하고 있던 IW Ltd.는 회사를 케이맨 제도에서 룩셈부르크로 이전했고, 그 이름을 'International Water (Tunari) S.a.r.l.'로 변경하였다. 이와 동시에 주식양도를 통해 IW S.a.r.l.의 상위투자자들이 IWT B.V.와 IWH B.V 등 네덜란드 회사로 변경되었다. AdT v. Bolivia, para. 156.

Ltd.가 회사를 룩셈부르크로 이전한 후에도 당초 보유지분의 50% 이상을 유지하였다고 볼 수 있는지 여부라고 판시하며, 이를 해결하기 위해 양측이 선임한 전문가 증인들의 전문가보고서를 검토하였다.

청구인은 케이맨 제도의 로펌 Maples and Calder와 룩셈부르크 로펌 Allen and Overy의 전문가보고서를 제출하였다. Maples and Calder는 케이맨 제도 회사법상 회사 이전이 가능하다고 분석했고, Allen and Overy는 룩셈부르크 법상 회사 이전이 가능하다고 분석하였다. 반면에 볼리비아는 Merritt B. Fox 교수의 전문가보고서를 제출했고, 위 교수는 이전 후 회사인 IW S.a.r.l.은 이전 전의 회사인 IW Ltd.와 다른 회사이며 다른 법인격을 갖고 있다고 분석하였다.

중재판정부는 피청구인 측 전문가 증인인 Merritt B. Fox 교수의 견해는 본 사건과 같은 특수한 사정에서는 타당하지 않다고 보았다. 중재판정부는 비록 본 사건과 같은 서로 다른 관할 사이에서의 회사 이전이 이례적일지라도, 케이맨 제도 법상 그러한 회사 이전이 허용될 뿐만 아니라 룩셈부르크 법상으로도 이전 후의 회사 법인격은 그대로 유지된다고 판단함으로써 청구인 측 전문가 증인들의 견해를 지지하였다.

결론적으로 중재판정부는 IW Ltd.를 케이맨 제도에서 룩셈부르크로 이전하고 그 이름을 'International Water (Tunari) S.a.r.l.'로 변경한 것은 양허계약 제37.1조 위반이 아니라고 판시했고, 따라서 볼리비아의 주장과 같이 양허계약 위반으로 인해 중재판정부의 관할이 없어지는지 여부는 더 나아가 판단할 필요가 없다고 보았다.[24]

①-5 청구인이 허위진술로 인해 관할이 없다는 항변

볼리비아는 청구인이 볼리비아를 상대로 ICSID 중재를 제기한 것은 양허계약체결 당시 청구인이 볼리비아 정부에 제공했던 '상위회사의 지배구조 변경이 볼리비아 정부에 악영향을 미치지 않을 것'이라는 취지의 진술을 위반한 것으로서 허위진술(misrepresentations)에 해당한다고 항변하였다. 구체적으로, 청구인의 상위회사인 Bechtel(미국)은 상위회사들의 지배구조 변경이 볼리비아에 악영향을 미치지 않을 것이라고 진술 및 보증(representation)을 했었으나, 지배구조변경을 통해 새로운 네덜란드 회사들을 설립하고 청구인을 통해 볼리비아-네덜란드 BIT에 기한 ICSID 중재를 제기함으로써 볼리비아 정부에 악영향을 미친바, 이는 청구인의 진술 위반이라는 것이다.

볼리비아는 1999년 11월과 12월에 Bechtel 대리인으로부터 청구인 의 지배구조 변경 및 그로 인한 법적 효과에 대한 진술을 내용으로 하는 두 편지를 받았다. 이 두 편지에서 청구인은 주식양도를 통해 케이맨 제도에 있는 설립주주(IW Ltd.)를 네덜란드 회사로 변경할 예정인바, 이는 볼리비아 정부에 부정적 영향을 미치지 않을 것이라고 진술하였다.

그러나 중재판정부는 (1) Bechtel이 위 두 편지에서 제안했던 '주식양도'거래는 실제로 이루어지지 않았고 IW Ltd.가 룩셈부르크로 이전(migrate)되기만 한 점, (2) 위 두 편지에서는 룩셈부르크에 대한 언급도 없었던 점 등을 고려하면, 이와 같이 실제로 이행되지 않은 제안에 대한 진술은 법적 효력이 없다고 판시하였다.

또한 중재판정부는 이와 같이 청구인의 허위진술이 인정되지 않는 이상, 금반언 원칙 위반 여부에 대해 더 나아가 판단할 필요가 없다고 판시하였다.[25]

24 AdT v. Bolivia, paras. 156-178.

25 AdT v. Bolivia, paras. 181-191.

①–6 청구인의 볼리비아–네덜란드 BIT에 근거한 본 사건 중재는 볼리비아의 중재 동의 범위에 포함되지 않는다는 항변

피청구인은 자신의 볼리비아-네덜란드 BIT상 중재동의는 본 사건에 대한 중재동의를 포함하지 않는다고 항변하였다. 구체적으로 볼리비아는 ICSID 협약을 비준할 때 청구인과 같이 ICSID 중재를 제기하기 위해 지배구조를 변경한 회사에 대한 ICSID 중재 가능성에 동의한 것이 아니므로, 볼리비아-네덜란드 BIT상 볼리비아의 ICSID 중재동의는 이러한 관점에서 제한적으로 해석되어야 한다는 것이다. 특히 투자유치국의 ICSID 중재동의는 투자계약상 당사자들의 행위, 투자계약서의 문언, 투자유치국의 국내법 규범 등을 고려하여 사건별로 달리 판단되어야 한다고 주장하였다. 따라서 볼리비아는 투자유치국은 ICSID 관할에 대한 청약(invite)을 제한할 수 있고, 이에 대한 투자자의 승낙(acceptance)은 투자유치국이 제한한 청약의 범위를 벗어날 수 없는 것으로 해석해야 한다고 주장하였다. 특히 볼리비아는 양허계약상 양허권자는 ICSID 중재를 제기할 수 있는 국가의 회사(foreign entity, 본 사건의 네덜란드 회사)에 의해 지배되지 않아야 하는 것으로 제한하였다. 그럼에도 불구하고 청구인은 양허계약 이후 상위투자회사들의 지배구조를 변경함으로써 ICSID 중재를 제기할 수 있는 국가인 네덜란드에 회사를 설립하였고, 이를 통해 볼리비아-네덜란드 BIT를 근거로 ICSID 중재를 제기한 것인바, 이는 볼리비아의 중재동의의 범위를 벗어난다는 것이다.

그러나 중재판정부는 '볼리비아-네덜란드 BIT 제2조의 문언, 양허계약의 구조, 청구인의 지배구조 변경 등을 이유로 ICSID 관할동의의 범위를 제한하려는 피청구인의 주장은 이미 중재판정부가 1차 관할 항변 중 첫째, 둘째, 셋째 및 넷째 주장 부분에서 배척한 바 있으므로 더 나아가 살펴볼 필요 없이 이유 없다'는 취지로 판정하였다.[26]

② 2차 관할 항변에 대한 판단[27]

②-1 피청구인의 주장

피청구인은 청구인이 볼리비아-네덜란드 BIT 제1조(b)(ii) 및 (iii)에 규정된 '네덜란드 회사에 의해 직간접적으로 지배되는 볼리비아 회사'가 아니므로 청구인을 네덜란드 국적(national)의 회사로 볼 수 없다고 주장하였다. '지배'는 최종지배회사를 의미하므로 본 사건의 경우 미국 회사인 Bechtel이 그에 해당할 뿐, 중간의 네덜란드 회사들은 AdT를 지배한다고 볼 수 없다는 것이다. 특히 볼리비아는 중간 네덜란드 회사들인 IWT B.V.와 IWH B.V.는 도관회사에 불과하므로, 청구인을 지배하지 않는다고 주장하였다.

②-2 중재판정부의 판단

쟁점 볼리비아는 '실체적 지배(real control)'라는 용어를 쓰며, BIT 제1조상 '지배'에 해당하기 위해서는 단지 그러할 법적 가능성(지분보유 상태)만으로는 부족하고 실제로 그러한 지시 및 통제 권한의 행사가 있어야 한다고 주장하였다. 즉 청구인을 '최종적으로' 지배하는 회사이거나, '실효적으로(effective)', '실제로(actual)' 지배하는 회사여야 한다는 것이다. 반면 청구인은 '직간접적으로 지배되는'의 의미는 단지 지배할 법적 '가능성'만 있으면 이에 해당하는 것이라고 주장하였다.

'직간접적으로 지배되는'의 의미 조약법에 관한 비엔나협약(Vienna Convention on the Law of Treaties, 이하 '비엔나협약') 제31.2조는 조약해석의 일반원칙을 제시하며, 문언의 (1) '통상적 의미(ordinary meaning)'

26 AdT v. Bolivia, paras. 194-202. 단, Arbitrator Alberro-Semerena 중재인은 중재판정부 다수의견과 달리 볼리비아의 위 6번째 주장에 대해 반대의견을 제시하였다.

27 AdT v. Bolivia, paras. 206-323.

와 (2) '맥락 및 조약의 목적' 등을 고려하여 해석해야 한다고 규정한다. 이에 따라 사전에 나온 '지배'의 의미를 분석해 보면, 많은 사전에 '실제 지배권한을 행사하는 경우'와 '지분보유로 인해 발생하는 지배권(지배할 법적 가능성)'이 모두 포함되어 있다. 이에 대해 피청구인은 볼리비아-네덜란드 BIT상 '지배'는 '지배되는'으로 쓰인바, 이는 과거분사로서 그 특별한 의미를 중시하여 해석해야 한다고 주장하였다. 즉 과거분사로 'controlled'를 사용했으므로 실제(actual) 혹은 실효적인(effective) 지배를 요건으로 한다는 것이다.

중재판정부는 이러한 볼리비아의 주장을 검토하기 위해 '지배'의 '법적' 의미를 분석하였다. *Black's Law Dictionary*에서 '지배지분(controlling interest)'이란 어느 회사의 정책 및 경영을 지배하기에 충분한 정도의 주식을 보유한 것으로서 특히 회사 지분의 50% 이상을 보유한 것을 의미한다고 정의된 점을 들며, 그 외의 다른 법률사전에서도 '실제 지배권한의 행사'가 아닌 '지배권한 보유'만을 의미하는 것으로 서술되어 있다고 판시하였다.

만약 BIT 체약국들이 '지배'의 의미에 대해 볼리비아의 주장과 같이 '지배권한을 실제로 행사'하는 것으로 의도하였다면, 'controlled'가 아닌 'managed'라는 용어를 사용했을 것이다. '직접적으로 지배되는(directly controlled)'의 의미는 지배회사와 피지배회사 간 중간회사가 없다는 의미이고, '간접적으로 지배되는(indirectly controlled)'의 의미는 지배회사와 피지배회사 간 하나 혹은 그 이상의 중간회사들이 있다는 의미다. 즉 'controlled'를 'directly or indirectly'가 수식함으로써, 하나의 직접지배회사와 하나 혹은 그 이상의 간접지배회사들이 이에 해당할 수 있게 되는 것이다. 따라서 볼리비아-네덜란드 BIT는 청구인적격의 범위를 최종지배회사로 제한하고 있는 것으로 해석할 수 없다.

또한 볼리비아-네덜란드 BIT 서문을 보면 BIT의 목적은 체약국

상호 간 자본 및 기술교류를 촉진하는 것이라고 할 수 있다. 이러한 목적을 고려하면 'controlled'는 청구인의 주장과 같이 '지배지분보유'만으로도 충족될 수 있다. 그 이유는 첫째, 지배지분보유로 지배가 충족된다는 것은 여러 법체계에서 일반적으로 받아들여지는 원칙이다. 다양한 국가의 회사법상, 1차 회사들은 실제 자회사에 대해 지배권을 행사했는지 여부와 무관하게 그 자회사의 여러 행위에 대해 책임을 질 수 있기 때문이다. 둘째, 볼리비아는 BIT에 규정된 지배하는 회사는 최종 지배회사여야 한다고 주장하나, 이러한 해석은 BIT상 '직간접적으로(directly or indirectly)'라는 문구와 부합하지 않는다. '직간접적으로(directly or indirectly)'라는 문구로 인해 직접지배회사와 간접지배회사가 모두 이에 포함되기 때문이다. 셋째, 투자자가 그들이 투자유치국 내에 설립한 회사가 BIT의 보호를 받는지 여부를 확신할 수 없다면 투자를 촉진하겠다는 BIT의 목적은 좌절될 것이다. 따라서 볼리비아의 지배 해석은 BIT 목적에 위배되는 주장이다.

네덜란드 정부 의견서 관련 볼리비아는 네덜란드 정부가 2002년경 네덜란드 의회에 보낸 관련 답변서들이 자신의 주장을 뒷받침한다고 주장한다. 비엔나협약 제31조 제3항은 '(a) 조약 해석과 관련된 체약국 간의 후속합의'나, '(b) 조약 적용에 있어 체약국들의 후속조치'를 조약 해석 시 모두 고려해야 한다고 규정한다. 그러나 네덜란드 정부의 위 답변서들은 제31조 제3항(a)에 규정된 체약국들의 조약 해석 관련 합의라고는 볼 수 없다. 따라서 위 답변서들이 비엔나협약 제31조 제3항(b)의 조약 적용 관련 후속조치의 일환으로서 조약 해석 시 고려될 수 있는 것인지 검토할 필요가 있다.

네덜란드 정부의 의회에 대한 2002년 3월 6일 자 1차 답변서에서는 "본 사건 분쟁이 BIT상 분쟁에 해당하는지 여부는 중재판정부의 재량에 달려 있다"[28]고 하였다. 그 후 2002년 4월 6일 자 2차 의견서에서는 1차 답변서 내용을 원용하며 일반적 답변만을 하였다. 2002년 6월 5일 자 3차 의견서에서는 "정부의 견해는 볼리비아-네덜란드 BIT가 본 사건 분쟁에 적용될 수 없다는 것이다"[29]는 취지의 답변을 하였다. 이와 같이 3차 답변서의 취지가 1, 2차 답변서와 다른 이상(답변이 일관되지 않은 이상), 이러한 답변서들로부터 BIT의 해석에 대한 결론을 내릴 수는 없다고 하였다.

이에 중재판정부는 2004년 10월 1일 네덜란드 외교부에 볼리비아-네덜란드 BIT 해석 관련 의견서를 제출할 것을 요구하였다(ICSID 중재규칙 제34조에 근거). 그 후 2004년 12월 14일 네덜란드 정부는 '볼리비아-네덜란드 BIT의 해석에 관한 의견서'를 중재판정부에 제출하였으나, 중재판정부는 이러한 의견이 비엔나협약 제31조상 해석의 고려 요소로 볼 만한 것들이 없는 일반적 해석에 불과한 것으로서 중재판정부의 결정에 어떠한 도움도 되지 않았다고 판단하였다. 또한 중재판정부는 네덜란드 정부가 이 의견서를 제출하면서 "네덜란드 정부가 의회에 제출한 세 가지 답변서들은 당시의 언론기사(press)들을 근거로 작성된 것으로서 반드시 옳다고 볼 수는 없다(may not necessarily have been correct)"고 한 점을 지적하였다. 그리하여 이러한 점들을 고려하면 네덜란드 정부가 의회에 제출한 세 가지 답변서들이 '볼리비아-네덜란드 BIT가 본 사건 분쟁에 적용될 수 없다는 견해'(피청구인의 주장)를 명백히 지지한 것이라고 볼 수는 없으며, 이는 관할 여부의 결정권이 BIT 체약국이 아니라 중재판정부에 있음을 고려하면 더욱 그러하다고 판정하였다.[30]

28 AdT v. Bolivia, para. 253.

29 AdT v. Bolivia, para. 254.

30 AdT v. Bolivia, paras. 259-264.

'직간접적으로 지배되는'의 해석에 관한 중재판정부의 결론 결국 직·간접적 지배는 어떤 회사가 다른 회사를 지배할 '법적 권한'을 보유하는 것만으로 충분하다. 즉 볼리비아-네덜란드 BIT는 '직간접적으로 지배되는'의 요소로 실제적 지배권이나 최종지배권을 요구하는 것으로 볼 수 없다. 그러므로 본 사건의 네덜란드 회사들과 같이 어떤 회사의 주요 주주인 경우, '직간접적으로 지배되는'에 해당하는 것으로 볼 수 있다.[31] 중재판정부는 이러한 해석을 도출하기 위해 (1) BIT 협상 기록, (2) ICSID 제25조 제2항과 관련된 법리, (3) '지배'에 대한 다른 중재판정부들의 해석, (4) 양 체약국들의 BIT 체결 관행 등을 고려하였다.

첫째로, 네덜란드 정부는 볼리비아-네덜란드 BIT 협상 후 의회에 주석서(explanatory note)를 제출했으나, 이 주석서에는 BIT가 네덜란드 모델 BIT와 다른 두 가지 점만 간략히 기재되어 있을 뿐 지배와 관련한 정보는 없어 본 사건과 관련이 없다.

둘째로, ICSID 협약 제25조 제2항[32] 중 '외국인의 통제(foreign control)'의 의미가 본 사건과 관련이 있다. 그러나 ICSID 협약 협상 자문위원회 의장이자 ICSID 초대 사무총장이었던 Aron Broches는 협약 초안 작성 과정에서 'foreign control'에 대한 정확한 정의를 하려는 시도는 포기(abandoned)되었다고 한 바 있다. 따라서 BIT 제1조(b)(iii)의 해석에 도움이 되는 ICSID 협약 제25조 제2항(b)의 'foreign control'의 의미에 대해 유의미한 법리를 찾을 수 없다.

셋째로, '지배'가 문제 된 다른 사건들의 경우, 본 사건과 달리 청구

---

31 이에 대해 José Luis Alberro-Semerena 중재인의 반대의견이 있다.

32 "“National of another Contracting State” means: (b) any juridical person […] which, because of foreign control, the parties have agreed should be treated as a national of another Contracting State for purposes of this Convention."

인들은 '소수 지배주주(minority shareholders)'였기 때문에 해당 사건의 중재판정부들은 '지배권한 보유(capacity to control)'와 '실제 지배권 행사(the exercise of control)'를 구별할 필요가 없었다. 따라서 다른 중재판정부들의 견해 역시 본 사건 BIT 해석에 도움이 되지 않는다.

마지막으로, 네덜란드가 동시대에 체결한 BIT들은 대체로 네덜란드 모델 BIT를 따른바, 그것들은 본 사건의 볼리비아-네덜란드 BIT보다 상대적으로 더 넓게 '국적'을 규정하고 있다. 또한 'controlled'라고 규정한 네덜란드-아르헨티나 BIT 및 볼리비아-아르헨티나 BIT 모두 그 의정서(protocol)에서 지배의 증거가 필요하다고 기술하고 있다. 이러한 점에 비추어 볼 때, 볼리비아가 주장하는 과거분사형의 'controlled'는 별다른 의미가 없다. 'controlled'라는 용어를 쓴 양 체약국들이 맺은 다른 BIT들의 의정서들도 'control', 'controlled'를 구별하고 있지 않기 때문이다.

해석의 적용: 청구인이 IWH B.V.와 IWT B.V.에 의해 직간접적으로 지배되는지 여부 룩셈부르크의 IW S.a.r.l.은 AdT의 55% 지분을 보유한바, 이는 IW S.a.r.l이 AdT를 지배할 법적 권한을 보유하고 있다는 것이다. 또한 네덜란드의 IWT B.V. 및 IWH B.V. 회사들은 간접적으로 청구인을 지배하는 것으로서 BIT 제1조(b)(iii)의 요건을 충족한다. 볼리비아는 이 네덜란드 회사들이 도관회사라고 주장하나, IWH B.V.는 합작투자회사로서 특별한 실체가 있는 회사이지 ICSID 관할을 얻기 위해 도관으로 설립된 회사가 아니다. IWH B.V.는 그 상위회사인 Baywater B.V.(네덜란드)나 Edison(이탈리아)이 배타적으로 IWH B.V.를 지배하지 못하고 합동해서만 지배할 수 있도록 설계된 회사다. 또한 IWH B.V.와 그 자회사들은 평균 55명의 직원들을 두고 있고, 순매출이 약 860만 유로에 이른다. 따라서 IWT B.V. 및 IWH B.V.는 청구인을 간접적으로 지배하는 회사이므로, BIT 제1조(b)(iii)의 '직간접적으로 지배되는'에 해당한다.

이와 같은 이유로 중재판정부는 볼리비아의 'AdT가 BIT 제1조(b)(iii)상 '국적(national)'이 아니므로 본 사건에 관할이 없다'는 취지의 2차 관할 항변을 기각하였다.

(5) 기타 쟁점

▶청구인은 폭력시위를 미리 예상하였다는 항변

살펴 본 항변들 외에도, 피청구인은 청구인이 1999년 11-12월경에 상위회사들의 지배지분을 변경한 것은 2000년 봄의 사건(폭력시위 등)들을 예상하고 미리 변경해 둔 것이라고 항변하였다.

이에 대해 중재판정부는 다음 사항들을 고려하여 이러한 주장을 배척하였다. (1) Bechtel과 Edison 간에 있었던 1999년 11-12월경의 합작투자 계획은 주식양도로부터 적어도 수개월 전부터 존재하였다. (2) 1999년 11-12월경 시민단체들은 계획된 수도요금 구조(tariff structure)에 대해 강한 우려를 표명했고 양허계약의 취소를 요구하기까지 하였다. (3) 현재의 기록들만으로는 1999년 11월이나 12월 당시에 2000년 봄경 발생한 심각한 특정 사건들(폭력시위)을 청구인이 예측할 수 있었다는 점을 입증할 수 없다.

▶기업지배구조 변경은 법인격 남용이라는 항변

또한 피청구인은 청구인은 볼리비아-네덜란드 BIT를 이용하기 위해 전략적으로 기업지배구조를 변경한 것으로서, 이는 사기적 수준(level of fraud)에 이르렀거나 법인격 남용(abuse of corporate form)에 해당한다고 항변하였다.

중재판정부는 다음 사항들을 고려하여 이를 배척하였다. (1) 1999년 11-12월경 Bechtel과 Edison 간의 합작투자는 AdT의 양허계약상 권리의무보다 상당히 더 많은 사업활동을 필요로 하였다.[33] (2) 비록 청구인이 네덜란드가 절세 목적으로 선택된 국가임을 암시하긴 했지만, 현재까지의 중재기록만으로는 어떤 이유로 합작투자회사의 본사가 다른 국가가 아닌 네덜란드에 소재하는지(탈세 목적인지 여부)를 입증할 수 없다. (3) 합작투자회사를 어디에 위치시킬 것인가에 관한 결정은 BIT 이용가능성(availability)뿐만 아니라 절세(taxation)를 고려하여 이루어지기도 한다. (4) 투자자에게 보다 유리한 규제 및 법적 환경, 절세, BIT의 이용 가능성 및 관할 등을 제공받기 위해 사업지를 선정하는 것은 이례적이거나 불법적인 일이 아니다. 따라서 중재판정부는 현재의 기록 및 증거들만으로 청구인의 행위가 법인격 남용에 해당하거나 사기적 행위에 해당한다고 볼 수 없다고 판시하였다.[33]

(6) 중재판정부의 최종결론: 관할 항변 기각

최종적으로 중재판정부 다수의견은 본 사건 분쟁이 ICSID 및 볼리비아-네덜란드 BIT 관할 범위 내에 있다고 판시하였다. 볼리비아의 1차 관할 항변 중 여섯 번째 쟁점에 대해 중재판정부 다수의견은 기각이었으나, José Luis Alberro-Semerena(피청구인 측 중재인)는 관할 항변을 인용하는 반대의견을 제시하였다. 또한 다수의견은 청구인이 네덜란드 '국적'에 의해 직간접적으로 지배되지 않는다는 취지의 볼리비아의 2차 관할 항변을 기각하였다.[34]

---

33 즉 Bechtel과 Edison의 합작투자가 상당한 사업활동을 필요로 할 만큼 '실질적'이었으므로 법인격 남용에 이르지는 않았다는 취지로 판시한 것으로 보인다.

34 2차 관할 항변을 기각한 결과, 2차 관할 항변을 입증할 증거를 수집하기 위한 볼리비아의 증거개시(production of evidence) 신청 역시 목적을 상실하여 기각되었다.

2) 투명성 관련 쟁점: 중재절차참여 및 공개 요구 청원

2002년 8월 28일경 환경단체들은 중재판정부에 비분쟁당사자(non-disputing Party)로서의 절차참여 청원서를 제출하였다. 환경단체들은 주위적으로는 환경단체들이 본 사건에 '당사자'로 참여할 것을 요구하였고, 예비적으로는 '법정조언자(amici curiae)'로서 참여할 것을 요구하였다. 또한 절차적 사항, 관할, 본안판단 관련 서면 등 각종 서면을 제출할 권리, 심리기일 참여권, 심리기일에서의 발언권(oral presentations during hearings), 사건에 제출된 모든 서면에 대한 열람권(immediate access) 등을 요구하였다. 이러한 '절차참여 청원'의 근거로는 (1) 이 사건에 대해 환경단체 등이 '직접적 이해관계(interest)'를 가지는 점, (2) 환경단체 등의 참여가 국제중재절차에서의 투명성을 강화할 수 있다는 점, (3) 환경단체 등은 중재판정부의 심리 시 '특별한 전문지식(unique expertise and knowledge)'을 제공할 수 있다는 점 등을 제시하였다.

(1) 청원 취지

중재판정부 구성일로부터 2개월이 지난 2002년 8월 28일경, 비정부기구인 Earthjustice와 국제환경법센터(Center for International Environmental Law, CIEL)는 다양한 이해관계인들과 시민단체들을 대리하여 중재절차참여를 원한다는 취지의 청원서를 제출하였다. 청원인들 이외에도 볼리비아, 네덜란드, 미국 등 38개 국가들의 300여 개 시민단체 대표들은 이 청원인들의 중재절차참여를 허가할 것을 촉구하는 서신을 중재판정부에 제출하였다.[35]

35 AdT v. Bolivia, Petition of La Coordinadora para le Defensa del Agua y Vida

청원인들은 (1) 주위적으로는 청원인들이 중재절차에 당사자로서 참여하는 것을 요구했고, (2) 예비적으로는(alternative) 법정조언자로서 중재절차에서 서면 제출 및 구술주장을 허용함과 동시에, 판정부에 제출된 모든 서면들을 열람하게 해 줄 것을 요구하였다. 또한 (3) 모든 본안 관련 서면, 증인진술서, 전문가보고서, 증거 및 녹취록 등의 공개(public disclosure), (4) 모든 구술심리의 공개 및 참관 허용(public access), (5) 중재판정부가 코차밤바시에 방문하여 공개 구술심리를 개최할 것 등을 요구하였다.[36]

(2) 청원 이유

▶이해관계 있음

청원인들은 중재절차에 대한 참여 허가를 신청하며 다음과 같은 이유들을 제시하였다.

첫 번째 이유로, 청원인들은 본 사건 청구의 계쟁물에 대해 직접적 이해관계를 가지고 있고 판정에 의해 부정적인 영향을 받을 가능성이 있다. 따라서 청원인들이 중재절차참여를 통해 스스로의 이익을 방어할 기

[Coalition for the Defense of Water and Life], La Federacion Departamental Cochabambina de Organizaciones Regantes [Cochabamba Federation of Irrigators' Organizations], SEMPA Sur, Friends of the Earth-Netherlands, Oscar Olivera, Omar Fernandez, Father Luis Sanchez, and Congressman Jorge Alvarado to the Arbitral Tribunal (2002. 8. 29.)(이하 '청원'), para 63; Toby Landau & Romesh Weeramantry, "Chapter 48: A Case for Transparency in Investment Arbitration," in Meg Kinnear et. al. (eds.), *Building International Law: The First 50 Years of ICSID* (Wolters Kluwer, 2016), pp. 672-674.

36 AdT v. Bolivia, para. 63. 청원인들이 이와 같이 서면 및 구술심리를 공개할 것을 중복적으로 요구한 것은 중재판정부에 대해 절차를 공개할 것을 보다 강하게 주장하려는 의도로 보인다.

회를 박탈당하는 것은 근본적 정의 관념(natural justice)에 반하고 불공평(unfair)한 것이다.

두 번째 이유로, 각 청원인들은 전통적으로 국제중재절차에서 문제되어 온 투명성 부족 문제를 해결할 수 있다. 청원인들이 절차에 참여한다면, 광범위하게 공적 영향력을 미치는 쟁점들이 의미 있는 민주적인 공적 참여(meaningful public participation) 절차를 통해 해결될 수 있다. 본 사건은 본질적으로 사적인 것이 아니라 비분쟁당사자들의 이해관계에 광범위한 영향을 미칠 수밖에 없는 특성을 지니고 있다. 따라서 이러한 쟁점들을 해결할 특별한 능력이 있는 청원인들을 분쟁절차에서 배제하는 것은 정의 관념에 반하고 불공평한 것이다. 또한 본 청원인들은 볼리비아와 전 세계 다양한 분야의 우려를 대표하는 것이다. 청원인들에게 분쟁당사자로서의 참여를 허가하면, 중재판정부는 쟁점에 대해 더욱 깊이 있게 이해할 수 있게 될 뿐만 아니라 본 사건 중재절차의 타당성(legitimacy)에 대한 공중의 의구심을 해소할 수 있게 될 것이다.

청원인들의 이와 같은 투명성 및 민주적 절차 강화 주장의 핵심은 다음과 같다. 첫째, ISDS는 주요 쟁점이 분쟁의 직접 당사자들과만 관련된 일반적 상사중재와는 본질적으로 다르다. 본 사건 ICSID 중재절차는 공공질서(public order) 및 물에 대한 접근권(access to water)을 보장하기 위한 볼리비아 정부의 조치들로 인해 개시되었다. 따라서 본 사건에서 중재판정부의 결정은 정부의 핵심적인 공적 기능과 관련되어 있다.

둘째, 판정부는 볼리비아 정부가 투자협정을 준수하기 위해 '사유재산권(property right)'과 공중보건(public health) 및 위생규제(sanitation regulations) 정책을 실행할 수 있는 '정부 권한(governmental authority)' 사이의 균형을 깨뜨려야 하는지(투자협정이 볼리비아 정부로 하여금 이러한 균형을 깨뜨리도록 요구하고 있는지) 여부를 판단해야 한다. 그런데 이러한 정부의 공적 권한은 볼리비아의 민주적·정치적 절차를 통해 형성된 것이므로,

투자자의 재산권 보호와 정부의 공적 권한 사이의 조정은 헌법적 중요성을 가진 문제다.

셋째, 볼리비아 정부는 공공질서와 물에 대한 접근권을 보장하기 위해 노력해 왔다. 그런데 만약 중재판정부가 볼리비아로 하여금 공공자원(public resources)이 이러한 공익(public interest) 달성을 위해 쓰이는 것을 금지하도록 한다면, 향후에 볼리비아는 공익을 보호하는 것이 외국투자에 악영향을 미칠 것을 우려하게 되므로 공익을 보호할 유인을 상실하게 될 것이다.

넷째, ICSID는 세계은행이 통제하는 기구다. 세계은행은 볼리비아 정부로 하여금 상하수도 체계를 민영화하도록 강요했고, James Wolfensohn 세계은행 총재는 공개적으로 수도요금 인상을 지지하기도 하였다. 이러한 점들을 고려하면 ICSID는 본 사건 분쟁의 객관적 결정권자가 될 수 없다. 게다가 ICSID 직원의 추천에 따라 세계은행 고위간부가 본 사건에서 중재판정부 의장중재인의 지명을 승인하기도 하였다.

다섯째, 청원인들에게 공중의 이러한 우려를 대변할 공식적 참여 기회를 준다면, 중재절차가 공익보다 사익을 우선시할 정도로 비밀스러운 절차라는 점에 대한 대중의 의심을 불식시킬 수 있을 것이다.

마지막 여섯 번째 이유는, 청원인들이 중재판정부가 본 사건을 해결함에 있어 도움이 될 수 있는 '수도 가격의 실제 인상분에 대한 정확한 정보 제공 등'에 관한 특별한 전문지식을 보유하고 있다는 것이다.

▶중재판정부의 절차참여 인정 권한 있음

당시의 ICSID 중재규칙에는 중재판정부가 법정조언자의 문서제출을 허용할 수 있는 개정 중재규칙 제37조와 같은 규정이 없었다. 따라서 청원인들은 그들이 이해관계 있는 당사자(interested parties)로서 참여할 수 있는 법적 근거로, (1) ICSID 협약 제44조("절차에 관한 문제에 대해 ICSID 협약이나 ICSID 중재규칙이나 당사자들 간의 합의로 해결되지 않을 경우, 중재판정부가 결정해야 한다")[37]와 (2) 공서양속(public policy, 구술심리는 공정하게 진행되어야 한다는 원칙)의 적용을 주장하였다. 또한 청원인들은 제3자(third parties)의 절차참여를 허용하고 있는 볼리비아 민사소송법(Articles 355-369 of the Bolivian Code of Civil Procedure)을 예시로 들며, 청원인들의 절차참여를 허가할 중재판정부의 권한이 있다고 주장하였다.

(3) 중재판정부의 판단: 청원 기각

2003년 1월 29일 중재판정부는 만장일치로 시민단체들의 절차참여 청원을 기각하였다. 주된 취지는 본 사건에 적용되는 두 협약(ICSID 협약, 볼리비아-네덜란드 BIT)과 중재의 합의적 속성을 고려할 때 이는 중재판정부가 아니라 당사자들이 결정해야 할 쟁점이라는 데 있었다. 즉 당사자들의 동의 없이는 제출된 서면이나 구술심리 등을 공중에 공개할 수 없는 것이 원칙이고, 본 사건에서 당사자들의 동의가 없다는 점이 중요하게 고려되었다. 중재판정부는 향후 당사자들의 동의가 있다면 이를 허용할 여지는 있다고 하면서, 관할 여부를 판단하는 현 단계에서는 비분쟁당사자를 증인신문하거나 그들로부터 서면을 제출받을 필요가 없다고 보이나 향후 절차에서는 이것들이 필요할 가능성이 있음을 배제하지 않는다고 하였다.

---

37 "Any arbitration proceeding shall be conducted in accordance with the provisions of this Section and, except as the parties otherwise agree, in accordance with the Arbitration Rules in effect on the date on which the parties consented to arbitration. If any question of procedure arises which is not covered by this Section or the Arbitration Rules or any rules agreed by the parties, the Tribunal shall decide the question."

중재판정부의 청원 기각 이유는 다음과 같다. 첫째, 절차참여 청원에 대해 중재판정부가 허가할 권한이 없다. 본 사건에 적용되는 ICSID 협약, 볼리비아-네덜란드 BIT 및 중재의 합의적 속성(consensual nature)을 고려하면 청원은 중재판정부가 아니라 당사자들이 결정할 문제다. 따라서 당사자들의 동의 없이는 중재판정부가 비분쟁당사자들의 절차참여를 허용하거나 일반 공중에 대해 구술심리·제출문서 등 중재절차를 공개할 권한이 없음이 명백하다. 둘째, 절차참여 및 절차공개를 위해 필요한 당사자들의 동의가 아직 존재하지 않는다. 단, 차후에 당사자들이 이에 동의하면 중재판정부는 달리 결정할 여지가 있다. 셋째, 관할만 심사하는 현재 단계에서는 비분쟁당사자로부터 보충서면을 제출받거나 증인을 제공받을 필요가 없다.

또한 중재판정부는 이와 같은 결정을 하면서 ICSID 중재규칙 제6조 제2항에 의한 중재인의 비밀유지의무를 위반하지 않기 위해 노력하였다고 언급하며 비밀유지의무를 재차 강조하였다. 중재판정부는 청원인들이 본 사건에 대해 우려하고 있음을 이해한다고 하면서도, 중재판정부의 의무는 특정 분쟁을 규율하는 조약들에만 근거하여 발생하므로, 싱가포르-미국 BIT가 제3자의 참여(amicus participation)를 허용하고 있더라도 싱가포르-미국 BIT를 본 사건에 적용할 수는 없다는 취지로 설명하였다.[38]

38 AdT v. Bolivia, Decision on Respondent's Objections to Jurisdiction (2005. 10. 21.)(Caron, Alvarez, Alberro-Samerena), "Appendix III: Text of January 29, 2003 Letter from the Tribunal to Earthjustice, Cousel for Petitioners."

4. 판정의 의의 및 시사점

1) 판정의 특징

본 사건 판정의 특징은 크게 두 가지라 할 수 있다. 첫째는 중재판정부의 절차참여 청원 기각 결정으로 인해 ISDS 절차의 밀실재판(secret court)적 속성에 대하여 전 세계적으로 다양한 논의가 시작되는 계기가 마련되었다는 점이고, 둘째는 볼리비아가 7가지 이상의 다양한 관할 항변들을 통해 ICSID 관할이 없음을 치열하게 다투었음에도 불구하고 중재판정부가 이 항변들을 세세히 판단하며 모두 기각하였다는 점이다.

먼저 투명성 쟁점과 관련하여 본 중재판정부가 '당사자들의 부동의' 사유로 절차참여 청원을 기각한 결정에 대해 많은 비판이 있으나, 후술하는 바와 같이 당시에는 제3자의 절차참여를 허용하는 ICSID 개정중재규칙이 없었던 점 등을 고려하면 이와 같은 결정은 불가피하였다고 보인다. 다음으로 관할 쟁점과 관련하여, 본 사건에서 중재판정부가 가장 깊이 있게 다루었던 문제는 투자자의 정의에 관한 볼리비아-네덜란드 BIT 제1조(b)(iii)의 '직간접적인 지배'의 해석이었다. 이에 대해 중재판정부는 비엔나협약상 조약 해석의 일반원칙, 양 체약국의 BIT 체결 관행, ICSID 협약 제25조 제2항의 'foreign control'에 관한 법리, 유사 판정례들의 판단, 해당 BIT 체결 과정에서의 의사록 등을 모두 고려하여 '지배'의 의미를 넓게 해석하였다. 즉 최종지배회사 혹은 실효적 또는 실제적 지배회사(effective or actual controller)가 아니더라도, 본 사건의 네덜란드 회사들과 같은 중간지배회사 역시 간접지배회사로서 BIT 제1조(b)(iii)에 포섭되는 체약국의 국민(national)이라고 판시하였다.

이러한 판단은 본 사건과 같이 간접투자회사들을 통해 보다 유리한 BIT를 선택하고자 하는 투자자들의 법정지 선택(forum shopping)을 제한

적이나마 허용한 것으로 해석될 수 있는바, 비판의 소지가 있다고 생각된다. 또한 본 사건의 네덜란드 회사들이 도관회사인지 여부, 양허계약 체결 이후 청구인이 상위투자회사들의 지배구조를 변경한 경위를 중재판정부가 구체적으로 분석하지 않은 채 바로 IWT B.V. 및 IWH B.V. 등 중간 네덜란드 회사들은 도관회사가 아니며, 상위회사들의 지배구조 변경은 정당하다는 취지로 결정한 점이 아쉽다. 또한 '지배'의 의미에 대해 '실제 지배권의 행사'가 아닌, '주요 지분보유 등을 통해 지배권을 행사할 가능성'만 있으면 지배에 해당한다고 넓게 해석한바, 이와 같이 지배에 대해 완화된 해석을 하게 되면 일부 주식을 보유하고 있다는 점만 입증하면 지배에 해당하게 되므로 투자자들의 BIT 남용 및 법인격 남용을 제한하기 어려워진다. 게다가 지배를 이와 같이 넓게 해석할 만한 확실한 근거를 제시하지 못한 점 역시 아쉬운 부분이다.

2) 청원 기각의 불가피성

ISDS 절차에서 분쟁의 당사자가 아닌 제3자의 참여를 허용하는 문제가 최근 특히 쟁점이 되고 있다. 예컨대 한국의 경우, 론스타 ISDS 사건에서 시민단체(민변)의 세 차례에 걸친 구술심리 참관 및 제3자 의견서 제출신청이 '당사자들의 부동의' 사유로 모두 불허되기도 하였다.[39] 그

39 민주사회를 위한 변호사 모임(민변)은 2015년 5월, 6월 및 11월 등 모두 세 차례에 걸쳐 ICSID에 론스타 사건의 구술심리 참관 및 제3장 의견서 제출 신청을 했으나, 론스타와 한국 정부가 이에 동의하지 않아 중재판정부로부터 불허결정을 받았다(「정부, 론스타 사건 민변 의견서 제출 반대」, 『Focus News』, 2015. 12. 30. ; 「민변, '론스타 국제중재사건, 정부가 참관과 의견서 제출 모두 반대'」, 『로이슈』, 2015. 12. 31. ; 「야 의원 24명, 총리 대행에 민변의 론스타 ISD 참관 허용 요구시한」, 『뉴스1』, 2015. 6. 15.; 「민변· 참여연대 '론스타와의 ISD 과정, 국민에게 투명하게 공개해야'」, 『세계일보』, 2015. 5. 20.).

후에도 시민단체들은 론스타 사건 등 현재 한국을 상대로 진행되고 있는 ISDS 사건들의 관련 문서 및 진행상황 등을 공개하라는 요구를 계속하고 있으며, 이에 대한 한국 정부의 비공개 조치에 대해 여러 언론에서 '밀실재판'이라는 비판이 이어지고 있다.[40]

지난 10여 년간 ICSID 중재판정부를 비롯한 투자중재판정부들은 앞에서와 같이 시민단체 등 분쟁의 비당사자인 제3자로부터 중재절차에 법정조언자 자격으로 참여하게 해 달라는 요청을 수차례 받아 왔다. 시민단체들은 당사자들이 제출한 문서에 대한 접근(access to documents) 및 구술심리 참관 등 절차의 공개뿐만 아니라, 자신들이 직접 중재판정부에 서면을 제출하는 일을 허가해 줄 것까지 요구하는 추세다. 그러나 당시에는 개별 투자협정이나 ICSID 협약, UNCITRAL 중재규칙 등에 절차의 공개와 관련한 명시적 기준이 없었기 때문에 중재판정부는 이에 대한 스스로의 판단 기준을 제시해야 하였다. 전반적으로 이와 같은 요청을 받은 중재판정부들은 각각의 사안마다 시민단체들이 절차에 참여하려는 의도, 참여의 실익, 그로인해 부과되는 책임 등을 검토했고, 이러한 요청에 대하여 개별 절차명령(procedural order) 등을 통해 그 허부를 판단해 왔다.[41]

본 사건은 ISDS 절차에서 투명성을 강화하는 계기가 된 랜드마크 사건으로 불리는바, 이 사건이 랜드마크 사건이 된 이유는 ICSID 중재판정부가 투명성 요구를 승인했기 때문이 아니라 그렇게 할 수 없다

---

40 민변 관계자는 "ISD와 관련해 정부는 그 어떤 것도 공식적으로 공개하거나 확인해주지 않는 극단적 비밀주의를 고수하고 있다"며 "무엇을 얼마나 더 숨겨야 하는지 이해하기 어렵다. 정부가 태도를 바꿔야 한다"고 말하였다(「민변·참여연대 '론스타와의 ISD 과정, 국민에게 투명하게 공개해야'」, 『세계일보』, 2015. 5. 20.).

41 박노형·오현석, 『투자자-국가소송(ISD) 최신판정분석』(법무부, 2014. 4), 246-247쪽 참고.

고 판단했기 때문이다. 즉 중재판정부의 '제3자의 절차참여 불가능'이라는 판단으로 인해 투명성 관련 규범에 대한 많은 관심이 생겼다. 그 결과 이 사건 이후로 전 세계적으로 ISDS 절차에서의 투명성을 강화하기 위한 노력이 계속되어 왔고, 오늘날에는 ICSID 개정중재규칙 및 UNCITRAL 투명성 규칙과 같이 중재절차 공개 및 제3자의 절차참여를 허용하는 새로운 중재규칙들이 탄생하였다. 만약 본 사건의 청원이 현재 시점에서 제기되었다면 이러한 새로운 규칙들에 의해 절차참여가 허용되었을 가능성도 있다고 본다. 그러나 여전히 투명성 쟁점은 논란이 되고 있으며, 중재절차의 기밀성은 ISDS 반대론자들의 주요 반대근거로 사용되고 있다.[42]

중재판정부는 비록 청원인들의 절차공개 요구에 대해 분쟁당사자들이 동의하지 않았다는 이유로 거부하였으나, 당시에는 (1) 절차공개 및 제3자의 절차참여권을 명시적으로 규정한 ICSID 개정 중재규칙 제32조, 제37조와 같은 규정이 없었던 점, (2) 볼리비아-네덜란드 BIT에도 투명성 관련 조항이 없었던 점, (3) 투명성을 강화해야 한다는 논의가 오늘날처럼 일반적이지 않았던 점 등을 감안하면 중재판정부의 청원 기각은 불가피하였다고 본다. 중재판정부는 적용 가능한 법규칙인 ICSID 협약, 중재규칙, 볼리비아-네덜란드 BIT, 국제관습법에 근거하여 청원을 기각했을 뿐이며, 적용할 수 없는 타 국가 간의 BIT(예컨대 당시 싱가포르-미국 BIT는 제3자의 참여[amicus participation] 관련 규정이 있었다)를 본 사건에 적용할 수 없었음은 당연하다.

만약 중재판정부가 청원을 받아들여 제3자의 절차참여를 허용하였

42 Toby Landau & Romesh Weeramantry, "Chapter 48: A Case for Transparency in Investment Arbitration," p. 670.

다면 투자유치국의 국민들은 해당 판정 결과를 신뢰하고 납득할 수 있었을지 모르나, 이에 동의하지 않았던 당사자들은 ICSID 협약 제52조에 따라 원판정에 대한 취소(annulment) 신청을 할 수 있고, 실제로 동 협약 제52조 제1항(d)의 '현저한 절차규칙 위반(serious departure from a fundamental rule of procedure)' 사유로 판정취소가 될 가능성도 있었을 것이다. 즉 중재판정부는 절차공개 및 제3자의 참여를 허용하고 싶어도 할 수 없는 상태였을 것이다.

그러나 ICSID 규칙이 개정되어 투명성 관련 규정이 추가된 오늘날에는 본 사건과 같은 청원이 있다면 일정 요건하에 받아들여졌을 가능성이 있다. 다음에서는 본 사건 이후 발전한 투명성 관련 새로운 규범들을 살펴보고자 한다.

3) 투명성 관련 새로운 규범 비교·분석

[표-1] 문서의 공개 관련 규범 비교[43]

규칙	문서 공개 여부
2010 UNCITRAL	(34.5) 모든 당사자들 동의 시 판정문 공개 가능 / 일방 당사자의 법적 권리를 추구하기 위해 필요하거나 공개가 법적 의무인 경우에는 판정문 공개 가능[44]

43 한지희, 「ISDS 절차의 투명성 제고에 관한 연구」, 『국제경제법연구』 제13권 제1호(2015), 77-78쪽, 〈표3〉 주요 중재규칙 및 IIA 투명성 규정 비교를 참고하여 편집·재구성.

44 반면 2010년 개정 전의 '1976 UNCITRAL 중재규칙' 제32조 제5항은 "판정문은 양 당사자의 동의가 있는 경우에만 공개될 수 있다"고만 규정하여 이 표의 2010 개정규칙보다는 판정문이 공개될 가능성이 더 적었다(신희택, 「국제투자분쟁에서의 UNCITRAL 중재규칙 활용 실무」[법무부, 2013], 166-168쪽 참고).

[표-1] (계속)

<table>
<tr><th colspan="2">규칙</th><th>문서 공개 여부</th></tr>
<tr><td rowspan="2">2013 UNCITRAL 투명성 규칙[45]</td><td>공개</td><td>[제3조: 문서의 공개]
(3.1) 공개문서: 중재신청서, 준비서면 등 각종 서면, 증거목록(증거 자체는 제외), 제3자·비분쟁당사국이 제출한 서면, 구술심리 녹취록, 중재판정부의 명령·결정·판정문은 공개해야 함(의무적 공개)
(3.2) 일방 요청 시 공개문서: 전문가보고서, 증인진술서(첨부된 증거는 제외)</td></tr>
<tr><td>비공개</td><td>[제7조: 비공개 사유]
(7.2) ① 영업기밀 정보, ② 조약에 의한 비공개정보, ③ 피청구인 국내법상 비공개정보 및 중재판정부가 적용 결정한 법·규칙 상 비공개정보, ④ 공개될 경우 법집행 저해의 우려가 있는 정보는 '기밀 혹은 보호정보'로서 공개 불가
(7.5) 피청구인의 본질적 국가안보(essential security interests)에 반하는 정보는 비공개 가능
(7.7) 공개할 경우 증거 수집·제출이 방해되거나, 증인·변호사·중재인들에 대한 위해 등 중재절차의 고결성을 저해할 우려가 있는 정보는 중재판정부가 분쟁당사자들과 협의 후 공개를 제한·지연하기 위한 적절한 조치 가능</td></tr>
<tr><td colspan="2">ICSID</td><td>[행정재정규정]
(22.1) ICSID 사무총장은 센터 운영 정보, 중재제기 등록 정보, 중재절차 일자, 절차종결 방식 등을 적절히 공개해야 함
(22.2) 양 당사자들이 판정문·회의록(minutes)·기타 기록의 공개에 동의한 경우, 사무총장은 국제투자법 발전의 견지에서 적절한 방법으로 공개함

[중재규칙]
(48.4) ICSID는 당사자들의 동의 없이 판정문 공개 불가 / 그러나 판정문의 법리 발췌본은 당사자 동의 없이도 신속히 공개해야 함</td></tr>
<tr><td rowspan="2">NAFTA[46]</td><td>공개</td><td>• 중재신청서·중재의향서·병합신청서 등 공개(제1126조 제10-13항)
• 2001 FTC Note on Interpretation of Chapter 11: NAFTA에 기한 ISD 정보 중 "① 영업기밀정보, ② 국내법상 비공개정보, ③ 적용된 중재규칙상 비공개정보" 등을 제외한 모든 문서 공개</td></tr>
<tr><td>비공개</td><td>① 영업기밀정보(제1111조), ② 국가안보에 반하는 정보(제2102조), ③ 법집행 저해의 우려가 있는 정보(제2105조), ④ 국내법상 보호되는 개인 금융정보(제2105조)</td></tr>
</table>

[표-1] (계속)

규칙		문서 공개 여부
한-미 FTA	공개	(11.21) 중재의향서, 중재신청서, 준비서면, 제3자 의견서, 병합 관련 문서, 구술심리 녹취록, 중재판정부의 명령·결정·판정문 등 문서는 피청구인이 신속히 공개
	비공개	① 영업기밀정보(제11.21조), ② 국내법상 비공개정보(제11.21조), ③ 국가안보에 반하는 정보(제23.2조), ④ 법집행, 공익, 특정 기업의 이익을 저해할 우려가 있는 정보(제23.4조)

[표-2] 제3자(amicus curiae) 의 절차참여 관련 규범 비교

규칙	절차참여 방법 및 범위
ICSID 중재규칙	[제3자 의견서 제출] (37.2.) (1문) 중재판정부는 양 당사자와 협의 후 비분쟁당사자의 의견서 제출 허가 가능 (고려 요소) ① 분쟁당사자들과 다른 관점 및 지식을 제공함으로써 중재판정부가 사실적·법적 쟁점을 결정하는 데 도움이 될 것, ② 분쟁 범위 내일 것, ③ 비분쟁당사자가 상당한 이해관계(significant interest)를 가지고 있을 것 [구술심리 참여] (32.2.) 일방 당사자의 반대가 없는 한, 중재판정부는 사무총장과 협의 후 제3자의 구술심리 참관(attend or observe)[47]을 허가할 수 있음(may)

45 2013 UNCITRAL 투명성 규칙은 당사자 간 다른 합의 없는 한 2014년 4월 1일 '이후' 체결된 BIT에 따른 ISDS에만 적용되고, 2014년 4월 1일 '이전' 체결된 BIT에 따른 ISDS에는 적용되지 않는다(단, 당사자 간 별도 합의가 있거나 BIT 당사국들이 2014년 4월 1일 이후에 동 규칙 적용 합의를 한 경우에는 적용할 수 있다).

46 2001 NAFTA FTC(Free Trade Commission)의 '11장 해석 주석(Notes of interpretation of certain chapter 11 provisions)'에서는 전방위적으로 투명성을 강화하였다. 여기서는 NAFTA의 어떤 규정도 중재 관련 서면들을 공개하는 것을 금지하지 않는다고 선언하였다. 또한 2004년 10월 7일 NAFTA FTC는 11장의 중재절차에 있어 비분쟁당사자의 참여 정도를 더욱 확장하였다. 단, (1) 중재판정부의 허가가 필요하고, (2) 제출문서의 범위는 20쪽 내여야 하며, (3) 계쟁물이 공적 이해관계와 관련성이 있을 것 등의 제한규정을 두었다.

규칙	절차참여 방법 및 범위
UNCITRAL 투명성 규칙	[제3자 의견서 제출] (4.1) 중재판정부는 당사자들과 협의 후 분쟁 범위 내의 사안에 대한 제3자 의견서 제출 허가 가능 (4.3) 제3자의 의견서 제출 가부 판단 시 고려사항 (a) 제3자가 상당한 이해관계(siginificant interest)를 갖고 있는지 여부 (b) 분쟁당사자들과 다른 관점 및 지식을 제공함으로써 중재판정부가 사실적·법적 쟁점을 결정하는 데 도움이 되는지 여부 [비분쟁당사국(non-disputing Party to the treaty)의 의견서 제출] (5.1) 중재판정부는 분쟁당사자들과 협의 후 비분쟁당사국에 대해 조약 해석 관련 의견서를 제출하도록 제안(invite)할 수 있음 (5.2) 당사자들과 협의 후, 중재판정부는 분쟁 범위 내의 추가 사항들에 대한 비분쟁당사국의 의견서 제출을 허가할 수 있음 / 이때 중재판정부는 ① 4.3조에 규정된 사항들과, ② 해당 의견서가 투자자의 청구를 뒷받침함으로써 외교적 보호에 이를 정도인지 여부를 고려해야 함 [구술심리 참여] (6.1) 구술심리는 공개되어야 함(shall be public) (6.2) 기밀정보나 중재절차의 고결성(integrity)을 보호할 필요가 있는 경우, 중재판정부는 해당 부분의 구술심리 공개를 삼가야 함 (6.3) 중재판정부는 구술심리에 공중의 참여(public access)가 가능하도록 준비해야 함(화상장치 등을 포함)

이상의 투명성 관련 규범들을 비교해 보면 모든 문서의 공개를 원칙으로 선언한 NAFTA의 공개 범위가 가장 넓고,[48] 한-미 FTA와 UNCITRAL 투명성 규칙은 의무적으로 공개해야 하는 문서의 범위가 비슷한 것으로 보인다. ICSID 개정 중재규칙은 판정문의 법리이유에 대한 발췌본 외에는 당사자의 의사에 반해 공개할 수 없어 공개범위가 가장 좁다.

---

47 현행 중재절차규칙 제32조 제2항의 "출석하거나 참관(to attend or observe)"한다는 구절로 인해 일견 비분쟁당사자들이 중재절차 중 구두변론도 할 수 있을 것이라고 추정할 수 있지만, 비분쟁당사자들이 구두변론에 참여했던 ICSID 중재사건은 아직까지 한 건도 없다(강병근, 『ICSID 중재제도연구』 [법무부, 2016], 26쪽.).

48 한지희, 「ISDS 절차의 투명성 제고에 관한 연구」, 76쪽.

구술심리 공개의 경우, ICSID 개정 중재규칙은 일방 당사자가 반대하면 제3자의 구술심리 참관을 허용할 수 없는 한계가 있는 반면, UNCITRAL 투명성 규칙은 구술심리를 원칙적으로 공개하도록 규정한 차이가 있다. 또한 제3자 의견서 제출과 관련하여 ICSID 개정 중재규칙과 UNCITRAL 투명성 규칙은 그 요건과 방식 등이 유사하나, 후자의 경우 '비분쟁당사국'의 의견서 제출을 명문화하였고 의견서 제출의 방식을 더욱 구체화하였다는 특징이 있다.

그러나 UNCITRAL 투명성 규칙의 경우, 2014년 4월 1일 이후에 체결된 투자협정에 기한 ISDS 사건들에만 적용되기 때문에(동 규칙 제1조), 2014년 4월 1일 이전에 체결된 3,000여 개 이상의 투자협정들에 기한 ISDS 사건에서의 투명성 문제를 해결할 필요가 있었다. 이에 UNCITRAL은 '투자협정중재에서의 투명성 협약(Mauritius Convention, 이하 '모리셔스 협약')[49]'을 제정했고, 이를 통해 모리셔스 협약의 체약국은 2014년 4월 1일 이전에 체결한 투자협정에 근거하여 개시된 ISDS 사건에도 UNCITRAL 투명성 규칙을 적용할 수 있도록 하였다. 모리셔스 협약은 2015년 3월 17일에 8개국이 서명한 이후 현재 총 23개국[50]이 서명한 상태이며, 2017년 10월 18일에 발효되었다.[51] 모리셔스 협약은

49 UNCITRAL, "Settlement of commercial disputes: Draft convention on transparency in treaty-based investor-state arbitration: Note by the Secrtariat," UN Doc. A/CN.9/812.

50 가봉, 감비아, 네덜란드, 독일, 룩셈부르크, 마다가스카르, 모리셔스, 미국, 벨기에, 베냉, 볼리비아, 스웨덴, 스위스, 시리아, 영국, 이라크, 이탈리아, 카메룬, 캐나다, 콩고, 핀란드, 프랑스, 호주 등 23개국이 서명하였다. (비준국은 2019년 3월 기준 모리셔스[2015. 6. 5.], 캐나다[2016. 12. 12.], 스위스[2017. 4. 18.], 카메룬[2018. 6. 18.], 감비아[2018. 9. 28.] 5개국)

51 Mauritius Convention (9.1): "This Convention shall enter into force six months after the date of deposit of the third instrument of ratification, acceptance, approval

국제투자법 분야에서 완전히 새로운 체계를 도입한 것으로서, 상사중재와 사적 정의(private justice)를 기본 모델로 삼았던 기존 ISDS 체계의 파괴를 의미하는 것으로 평가되고 있다.[52]

4) ISDS 절차의 특수성 및 투명성의 필요

ISDS는 일반적으로 UNCITRAL, ICC 중재규칙과 같은 전통적인 상사중재의 메커니즘을 그대로 활용하고 있다. 이는 ISDS 사건의 중재인 및 변호인들이 상사중재 분야에서 오랜 기간 동안 커리어를 쌓아 왔다는 점에서 더욱 그럴 수밖에 없다.

그런데 상사중재의 주요 특징은 '기밀성'이고, 이는 국내소송절차에는 없는 중재절차만의 장점으로 여겨졌다. 따라서 중재절차를 공중에 공개하는 것은 상사중재의 기본 정신에 배치되기 때문에, 분쟁당사자가 아닌 제3자가 기밀성 완화 요구(투명성 강화 요구)를 하면 분쟁당사자와 중재판정부는 이에 반대하는 것이 보통이었다. 그러나 본 사건에서 볼 수 있듯이 상사중재절차의 기밀성을 ISDS에 그대로 적용하면 심각한 여론의 반발이 있을 수 있다. 그렇다면 과연 상사중재절차의 본질적 특성인 '기밀성'을 ISDS 절차에도 그대로 적용하는 것이 타당한지에 대해 생각해 볼 필요가 있다.[53]

첫째, 사적 관계를 판단하는 상사중재와 달리 ISDS는 공법관계

---

or accession."

52 Stephan W. Schill, "Editorial: The Mauritius Convention on Transparency," *Journal of World Investment and Trade Law*, Vol. 16, Issue 2 (2015), pp. 201-204.

53 이하 Toby Landau, "Reasons for Reasons: the Duty of Arbitrators in Investor-State Arbitration," in *50 years of the New York Convention: ICCA Congress Series*, Vol. 14 (Kluwer Law International, 2009), pp. 187-205 참고.

(public law adjudication)를 다룬다. 즉 ISDS는 사적 당사자들 사이의 수평적 관계를 다루는 것이 아니라 개인과 국가 사이의 수직적 관계에서 발생한 규제적 분쟁(regulatory disputes) 문제를 다룬다. 따라서 투자중재판정부는 필연적으로 국가의 정책, 공권력 행사 및 규제 방식 등에 대해 판단할 수밖에 없다. 결국 ISDS 사건에서는 계약 당사자들 간의 권리 의무 관계뿐만 아니라 투자유치국 정책의 옳고 그름 또한 사건의 실체적 쟁점과 긴밀하게 관련되어 있고, 투자유치국 정책에 대한 중재판정부의 판단은 사회 전반에 광범위하게 영향을 미치게 된다. 따라서 ISDS는 분쟁당사자에게만 영향을 미치는 상사중재와는 근본적으로 다르다.

둘째, 투자중재판정부는 상사중재판정부보다 광범위한 재량적 판단권한을 보유하고 있다. 투자중재판정부는 투자유치국의 행정·입법·사법작용을 포함한 모든 차원의 공권력 행사를 검토할 권한이 있다. 중재판정부가 검토하는 공권력은 민주적 정당성을 확보한 것으로서, 공권력 행사의 타당성을 검토하는 과정에서도 민주적 절차를 확보할 필요가 있다. 또한 투자중재판정부는 FET와 같은 포괄적이고 불명확한 투자협정상 기준들을 적용하여 분쟁을 판단한다. 그 결과 중재판정부는 이 포괄적 기준들을 해석·적용함에 있어 상당한 재량을 갖게 된다. 게다가 중재판정부는 선례에 구속되지 않으므로 이와 같은 재량적 판단권한은 더욱 극대화된다. 이러한 투자중재판정부의 권한은 일반적 법체계 내의 국내법원 판사들이 가진 권한보다도 광범위함에도 불구하고, 국내법원의 판결과 달리 중재판정에 대하여는 상소할 수 없다. 따라서 ISDS 사건에서 중재판정부의 재량권을 견제하고 공권력 행사의 타당성 검토 과정에 있어 민주성을 확보하기 위해서는 제3자의 절차참여를 적극적으로 인정할 필요가 있다.

셋째, 투자중재판정부는 국가에 손해배상금을 부과하는 판정을 결정할 수 있다. 패소한 국가는 판정금액을 지불하기 위해 세금 등 공적 기금(public funds)를 사용하게 될 것이며, 이 경우 판정은 분쟁의 직접당사자들을 넘어서 납세자인 국민에게도 지대한 영향을 미치게 된다.

이와 같이 ISDS 사건은 전통적인 상사중재사건에 비해 더욱 다양하고 넓은 범위의 이해관계를 다루므로, 여론의 비판과 정당성(legitimacy) 문제에 노출될 수밖에 없다. 그러나 만약 ISDS 사건에서 상사중재처럼 기밀성을 유지함으로써, 일반 공중이 무엇이, 누구에 의해, 어떤 이유로 어떻게 결정되는지를 알 수 없다면, 중재절차에 대한 국민들의 의구심과 비판은 더욱 거세지기만 할 것이다. 살펴본 바와 같이 상사중재와 ISDS 절차가 본질적으로 다르기 때문에 ISDS 절차에 당사자의 자율성과 기밀성을 중시하는 상사중재 모델을 적용하는 것은 부당하다. 중재절차가 더욱 공개될수록 판정결과에 대한 수용가능성은 더욱 높아질 것이므로 ISDS 사건에는 상사중재와는 다른 절차 모델이 필요하다. 따라서 ISDS 절차에서 일반 공중의 정보접근(public perception)은 중재절차의 정당성과 안정성을 확보하기 위해 매우 중요하며, 영업기밀이나 국가안보 혹은 이에 상응할 만한 매우 중요한 기밀유지 필요성이 인정되지 않는 한, 단지 분쟁당사자가 기밀유지를 원한다는 사유만으로 기밀성을 유지하는 것은 바람직하다고 보기 어렵다.[54]

5) 결론

이와 같이 본 사건 이후 다양한 투명성 규범들이 계속해서 발전해 왔으나, 투명성 문제는 여전히 논란을 일으키며 ISDS 메커니즘 자체의 존

54 Toby Landau & Romesh Weeramantry, "Chapter 48: A Case for Transparency in Investment Arbitration," pp. 675-697.

립을 위태롭게 하고 있다. 특히 오늘날에도 ISDS를 비판하는 가장 강력한 근거 중 하나는 '비밀법원(secret courts)'이 사건을 판단한다는 점이다.[55] 따라서 향후 ISDS 제도의 지속가능 여부는 이러한 투명성 요구를 수용할 수 있는지 여부에 달려 있다고 해도 과언이 아니다.[56] 전통적 상사중재와는 다른 새로운 절차 모델이 필요한 시점이다.

전통적 상사중재의 특징 중 하나는 기밀·보안 유지에 유리하다는 것이다. 영업기밀 누설, 분쟁으로 인한 평판 저하 등이 우려되는 기업들은 상호 간의 분쟁을 상사중재로 해결하는 것을 더 선호할 만큼 기밀유지의 장점도 없지 않다. 그러나 ISDS는 국가 대 사적 주체(투자자) 간의 분쟁이라는 점에서 사적 주체 간에 발생하는 상사중재와는 본질적으로 다르다.

BIT 등 투자협정들은 외국 투자를 상호 촉진하여 국가경제, 나아가서는 세계경제를 발전시키는 것을 목표로 삼고 있다. 이러한 목표 달성을 위해서는 외국 투자자에게 국내소송보다 공정하고 객관적인 분쟁해결절차를 제공하는 것이 필수적이다. 일반적으로 외국 투자자들은 개발도상국 등 투자유치국 국내법원의 사법절차를 신뢰하지 않는 경향이 있는데, 투자유치국의 일방적 정책 변경 등으로 인해 손해를 입은 투자자에게 투자유치국 국내법원의 구제만 허용할 경우, 투자자는 제대로 된 권리구제를 받지 못할 것이라고 생각하고 애초부터 투자 자체를 꺼

---

55 『이코노미스트(*The Economist*)』에서는 ISDS 조항에 대해 "외국 회사들은 정부가 담배 규제 법안, 환경보호 법안 등을 통과시킬 때마다 변호사들에게 높은 보수를 주고 비밀스러운 중재판정부에 중재를 제기하며 손해배상을 요구할 수 있다"고 설명하기도 하였다("Investor-State Dispute Settlement: The Arbitration Game," *The Economist*, 2014. 10. 11).

56 Toby Landau & Romesh Weeramantry, "Chapter 48: A Case for Transparency in Investment Arbitration," p. 683.

리게 될 것이기 때문이다. 이에 각종 투자협정들은 분쟁해결의 객관성과 공정성을 담보하기 위해 제3국 국적의 중재인들로 구성된 중재판정부가 국제상사중재절차에 따라 투자자 국가 간 분쟁을 판단하는 ISDS 조항을 규정하게 되었다.

이와 같이 ISDS 제도가 외국 투자자에게 객관적이고 공정한 중재인들에 의한 분쟁해결을 보장해 줌으로써 궁극적으로는 상호 간의 투자를 촉진하기 위한 수단이라는 점을 고려할 때, 상사중재에서와 같은 '기밀성'은 ISDS의 본질적 구성요소가 아니다. ISDS에서 기밀성을 완화하고 투명성 요구를 반영한다고 해서 투자자들에 대한 객관적이고 공정한 권리구제 시스템이 미흡해지는 것은 아니기 때문이다. 투명성을 강화하더라도 투자자들은 여전히 당사자들 간 합의에 의해 자율적으로 구성된 제3국적의 공정한 중재판정부에서 분쟁에 대해 판단을 받을 수 있다. 오히려 투명성을 강화하면 일반 국민들의 ISDS 제도에 대한 신뢰를 향상시킴으로써 ISDS 제도가 향후에도 지속될 수 있고, 다시 이를 통해 상호투자 촉진 및 세계경제 발전이라는 투자협정의 궁극적 목적을 달성하는 선순환 구도가 완성될 것이다. 오늘날 투명성 강화는 전 세계적 추세라는 점과 ISDS 제도와 상사중재 제도 간의 본질적 차이와 현재의 ISDS 제도의 기밀성에 대한 비판 등을 고려할 때, ISDS 사건에서 더욱 적극적으로 투명성을 강화하는 노력을 할 필요가 있다.

제11장

중재판정의 취소

Kılıç v. Turkmenistan 사건

유미리[1]

1. 사건의 개요

1) 사건명

Kılıç İnşaat İthalat İhracat Sanayi ve Ticaret Anonim Şirketi v. Republic of Turkmenistan, ICSID Case No. ARB/10/1, Annulment Proceeding, Decision on Annulment (2015. 7. 14.)(이하 'Kılıç v. Turkmenistan')

2) 신청의 근거가 된 협정

터키-투르크메니스탄 BIT(1992. 5. 2. 체결) 및 ICSID 협약과 ICSID 중재규칙 제50조에 의거하여 절차가 진행되었다.

1 금융위원회 사무관, 서울대학교 법학전문대학원 박사과정

3) 당사자

(1) 신청인(Applicant)

· Kılıç İnşaat İthalat İhracat Sanayi ve Ticaret Anonim Şirketi(터키 법에 따라 설립된 회사, 이하 'Kılıç')

(2) 피신청인(Respondent)

· 투르크메니스탄(Republic of Turkmenistan)

4) 특별위원회의 구성

· 위원장: Andrés Rigo Sureda 박사(스페인 국적)
· 위원: Karl-Heinz Böckstiegel 교수(독일 국적)
　　　신희택 교수(한국 국적)

5) 원 판정 중재판정부의 구성

· 의장중재인: J. William Rowley QC(캐나다 국적)
· 청구인 지명 중재인: William W. Park 교수(미국 국적)
· 피청구인 지명 중재인: Philippe Sands QC 교수(영국·프랑스 국적)

6) 사건의 배경

(1) 중재제기

Kılıç는 2009년 12월 30일 터키-투르크메니스탄 BIT를 근거로 피청구인을 상대로 ICSID 중재를 제기하였다. 피청구인 투르크메니스탄은

2011년 2월 청구인이 BIT 제7조 제2항을 위반하였다는 관할 항변을 제기하면서 절차분리(bifurcation)를 요청하였다. 중재판정부는 2011년 6월 30일 피청구인의 절차분리 요청은 기각하였으나, 터키-투르크메니스탄 BIT 제7조 제2항의 해석에 관한 다툼 및 해석의 중요성을 고려하여 우선 해당 조문의 의미에 관한 결정을 내리겠다고 결정하였다.

(2) BIT 제7조 제2항의 해석에 관한 결정

양측은 터키-투르크메니스탄 BIT 제7조 제2항의 해석에 관한 심리기일에서 터키-투르크메니스탄 BIT 러시아어본의 영문 번역을 두고 치열하게 다투었다. 청구인이 최초로 BIT 러시아어본의 영문 번역[2]을 제출했을 때 피청구인은 번역에 대해 아무런 이의를 제기하지 않았다. 그러나 심리기일 3일 전, 피청구인은 BIT 러시아어본에 따르면 국내법원 제소요건이 강행규정이라고 주장하며 'if'를 삭제한 BIT 러시아어본 영문 번역의 수정본을 제출하였다. 피청구인 측 대리인 사무실에서 러시아어를 할 줄 아는 본 사건과 무관한 사람들이 모두 BIT 러시아어본을 읽고 BIT 제7조 제2항을 강행규정으로 해석했다는 것이다.[3] 나아가 피

---

2 처음 청구인이 제출한 터키 투르크메니스탄 BIT 러시아어본 영문 번역은 다음과 같다. "2. If the referenced conflicts cannot be settled in this way within six months following the date of the written notification mentioned in paragraph 1, the conflict may be submitted at investors choice to (a) …, (b) …, (c) The Court of Arbitration of the Paris International Chamber of Commerce, **on the condition that, if the** concerned investor submitted the conflict to the court of the Party, that is a Party to the conflict, and a final arbitral award on compensation of damages has not been rendered within one year."

3 즉 피청구인의 주장에 따르면 BIT 러시아어본의 의미를 정확하게 반영한 영문 번역(수정본)은 조건을 의미하는 'if'가 없으므로 국내법원 제소요건은 반드시 충족되어야 하는 강행규정이다.

청구인은 심리기일 당시 중재판정부에 독립적인 번역가를 선임하여 번역문을 검증하자는 제안을 하였으며, 중재판정부도 심리기일 종료 후 양측에게 번역가 선임에 관한 의견을 물었으나 청구인이 반대하여 독립적인 번역가를 선임하지 않았다.

중재판정부는 터키-투르크메니스탄 BIT 제7조 제2항의 해석에 관하여 양측이 제출한 서면 및 심리기일 전문가 증언[4] 등을 고려하여 2012년 5월 7일 이 조항의 해석에 관한 결정을 내렸다. 이 결정에서 중재판정부는 (1) BIT 정본은 영문본과 러시아어본 두 종류가 있고, (2) BIT 러시아어본의 영문 번역은 피청구인이 제출한 수정본[5]이 정확하며, (3) BIT 제7조 제2항의 의미와 효과로 인해 투자자는 분쟁 발생 시 먼저 투자유치국의 법원에 제소해야 하고, 제소일로부터 1년 이내에 최종판결을 받지 못했어야 BIT 제7조 제2항에 따른 중재절차를 개시할 수 있다고 판단하였다.

(3) 중재판정

중재판정부는 2013년 7월 2일 관할권이 없다는 종국판정을 하였다. 특히 터키-투르크메니스탄 BIT 제7조는 명시적으로 분쟁해결이 순차적으로 여러 단계를 거치도록 하여("a multi-layered, sequential dispute resolution system") 만약 분쟁이 특정 단계에서 해결되지 않으면 그다음

---

4 청구인 측 전문가인 Yusuf Çalişkan 교수, 피청구인 측 전문가인 Emre Öktem 박사, Mehmet Karlı 박사, Jaklin Kornfilt 박사가 증언하였다.

5 "the translation into English of the Russian version of the BIT that is found in Exhibit R-1 (revised)". 피청구인이 제출한 터키-투르크메니스탄 BIT 러시아어본 영문 번역 수정본은 다음과 같다. "(c) The Court of Arbitration of the Paris International Chamber of Commercc, **on the condition that the** concerned investor submitted the conflict to the court of the Party [···]"(이하 모든 고딕체 강조는 인용자).

단계의 절차에 따라 진행·해결될 것을 상정한 것으로서 ICSID 제26조[6]에도 부합한다고 판단하였다. 또한 중재판정부의 다수의견은, 분쟁해결에 있어 BIT에 정해진 일정한 절차를 거쳐야 하고(shall), 중재를 제기하기 위해서는 다시 별도 절차의 준수를 요구하는(provided that) BIT 문언에 비추어 볼 때 BIT 제7조는 관할이 성립하기 위한 선결조건(condition precedent)이며 수리 가능성(admissibility)에 관한 것이 아니라고 하였다. 따라서 관할 성립의 선결조건을 충족하지 못한 이상 관할이 성립할 수 없다는 이유로 관할 부존재를 선언하였다.

또한 터키-투르크메니스탄 BIT 제2조 제2항의 최혜국대우(MFN) 조항을 통해 국내절차 선행요건이 없는 스위스-투르크메니스탄 BIT상 분쟁해결절차 조항을 원용할 수 없으며, 국내법원 제소가 무의미했을 것이란 점을 인정할 수 없으므로 투자자는 BIT 제7조 제2항의 적용 면제를 주장할 수 없다고 선언하였다. 다만 중재인 William W. Park 교수는 별개의견(separate opinion)을 통해 BIT 제7조 제2항상 요건 미충족은 관할이 아니라 수리 가능성(admissibility)에 관한 문제라는 견해를 밝혔다.

청구인은 이 판정에 대하여 ICSID 협약 제52조에 정한 취소사유가 있다고 주장하면서 ICSID에 취소신청을 하였다.

---

6 "**Consent** of the parties to arbitration under this Convention shall, unless otherwise stated, be deemed consent to such arbitration to the exclusion of any other remedy. A Contracting State **may require the exhaustion of local administrative or judicial remedies as a condition of its consent to arbitration under this Convention.**"

7) 취소절차의 개요

2014. 1. 13.	청구인, ICSID 협약 제52조에 따른 취소신청
2014. 1. 27.	ICSID, 신청 접수 후 해당 사건 판정의 집행이 ICSID 중재규칙 제54조 제2항에 따라 잠정 중지되었음을 고지
2014. 3. 3.	ICSID, 양 당사자에게 특별위원회 구성 완료, 취소절차 개시 통지
2014. 4. 2.	신청인, 서한을 통해 중재판정 집행정지 유지 요청
2014. 5. 27.	특별위원회, 절차명령 제1호(Procedural Order No. 1) 발령
2014. 6. 5.	특별위원회, 집행중지 유지를 위해 청구인의 은행 보증(bank guarantee) 제출이 필요하다고 결정
2014. 7. 21.	신청인, 금융기관의 보증을 확보하지 못했다고 통지
2014. 8. 19.	특별위원회, ICSID 중재규칙 제54조 제3항에 따른 집행정지 종료
2014. 8. 4.	신청인 서면(Memorial) 및 Zergül Özbilgiç 증인진술서 제출
2014. 10. 20.	피신청인 반박서면(Counter-Memorial) 제출
2014. 12. 24.	신청인 재반박서면(Reply) 제출
2015. 2. 25.	피신청인 재반박서면(Rejoinder) 제출
2015. 4. 28.	심리기일 진행(미국 워싱턴 D.C.)
2015. 5. 29.	양 당사자, 비용에 관한 서면(submission on costs) 제출
2015. 7. 14.	특별위원회 결정(Decision on Annulment)

2. 취소 판단 시 적용 기준에 대한 당사자들의 주장 및 특별위원회의 판단

취소의 근거가 되는 ICSID 협약 제52조의 적용 기준에 관한 양측 주장 및 특별위원회의 입장을 살펴본다. 우선 ICSID 협약 제52조는 다음과 같이 규정하고 있다.

ICSID Convention Article 52

(1) Either party may request annulment of the award by an application in writing addressed to the Secretary-General on one or more of the following grounds:

(a) that the Tribunal was not properly constituted;

(b) that the Tribunal has manifestly exceeded its powers;

(c) that there was corruption on the part of a member of the Tribunal;

(d) that there has been a serious departure from a fundamental rule of procedure; or

(e) that the award has failed to state the reasons on which it is based

ICSID 협약 제52조

(1) 각 당사자는 다음의 1 또는 2 이상의 사유로써 사무총장 앞으로 신청서를 제출하여 판정의 무효를 요청할 수 있다.

(a) 재판소가 적절히 구성되지 아니하였을 때,

(b) 재판소가 명백히 그의 권한을 이탈하였을 때,

(c) 재판소의 재판관에 독직이 있을 때,

(d) 근본적 심리규칙으로부터 중대한 이탈이 있었을 때, 또는

(e) 판정서에 그의 근거가 되는 이유를 명시히지 이니히였을 때

신청인은 다섯 가지 취소신청 사유 중 (b), (d), (e), 즉 중재판정부의 명백한 권한유월(manifest excess of powers), 근본적 절차규칙의 심각한 위반

(serious departure from a fundamental rule of procedure), 이유 미기재(failure to state the reasons)가 있다고 주장하였다.

1) 명백한 권한유월

(1) 신청인의 주장

신청인은 '명백(manifest)'이란 중대(significant)하거나 결과에 영향을 미친다(consequential)는 의미로서, 항상 분명(obvious)하다는 의미는 아니라고 주장하였다. 신청인은 다음 경우가 모두 권한유월에 해당한다고 주장하였다. 첫째, 관할이 없음에도 관할이 있다고 하거나 관할이 있음에도 이를 행사하지 않는 경우 언제나 명백한 권한유월이고 특히 관할의 경우 본안보다 법률 적용의 오류가 더 쉽게 인정된다고 주장하였다. 둘째, 올바른 법률(proper law)을 적용하지 않은 것도 권한유월이며, 이는 중재판정부가 올바른 법률을 적용하려고 노력했지만 실패한 경우나 BIT 해석에 있어 조약법에 관한 비엔나협약(Vienna Convention on the Law of Treaties, 이하 '비엔나협약')을 무시한 경우도 포함한다고 주장하였다. 셋째, 법률의 심각한 적용 오류(gross misapplication)도 명백한 권한유월이라고 하였다.

(2) 피신청인의 주장

피신청인은 '명백'이란 분명하여 쉽게 식별할 수 있는 것을 의미한다고 보았으며 관할에 관한 사항이라고 하여 법률 적용 오류를 판단하는 기준이 본안보다 더 낮다고 볼 수는 없다고 주장하였다. 또한 법률의 심각한 적용 오류는 법률의 일부 적용이나 잘못된 적용은 포함하지 않으며, 법률 적용에 심각한 오류가 있어 적용되어야 할 법률을 적용하지 않은 것과 동일한 결과인 경우만을 의미한다고 하였다.

(3) 특별위원회의 판단

특별위원회는 다른 특별위원회의 견해에 구속되는 것은 아니지만 선례들을 고려하여 다음과 같이 판단하였다. 첫째, '명백'은 그 단어 자체에서 알 수 있듯 분명하다는 의미이나, 예외적 절차인 취소절차의 성격에 비추어 볼 때 중재판정부의 권한유월로 인해 심각한 결과가 발생하여야 한다. 둘째, 중재판정부가 아예 올바른 법률을 적용하지 못하거나 당사자들의 동의 없이 형평과 선에 근거하여 판단하는 것은 권한유월에 해당한다. 한편, 다수 특별위원회의 입장과 동일하게, 본 특별위원회도 ICSID 협약 문언상 달리 볼 근거가 없으므로 법률 적용에 관해 관할 및 본안에 동일한 기준이 적용된다고 보았다.

2) 이유 미기재

(1) 신청인의 주장

신청인은 판정문에 기재된 이유가 해당 결론에 이르게 된 근거로 불충분하거나 부적합한 경우에는 이유를 설시하지 않은 경우, 이유 미기재에 해당한다고 주장하였다.

(2) 피신청인의 주장

피신청인은 이유 미기재와 정확하고 신빙성 있는 이유를 기재하지 못한 것은 구분되어야 하며, 이유 미기재는 예외적으로 인정되는 것으로서 관할에 관한 결정인 경우에도 마찬가지라고 주장하였다.

(3) 특별위원회의 판단

특별위원회는 이유 미기재에 대해, "판정문을 읽으면서 중재판정부가 A에서 B로, 종국적으로 결론에까지 이르는 전체 과정, 즉 논리의 흐름을 이해할 수 있다면 비록 법률이나 사실관계에 관한 오류가 있더라도 이유 기재에 관한 요건을 충족한 것으로 보아야 한다"[7]는 MINE 특별위원회의 설시를 원용하였다. 특별위원회는 ICSID 협약 문언이 관할과 본안에 관한 구분을 두고 있지 않으므로 이유 미기재에 관한 MINE 특별위원회의 위 판단기준은 관할과 본안에서 동일하게 적용되어야 한다고 보았다.

한편 이유가 불충분하거나 부적합하다는 것은 판정문에 대한 질적 평가를 내포한 개념이므로 이를 취소사유로 인정한다면 취소절차가 항소심처럼 운영될 위험이 있다고 판단하였다. Soufraki 특별위원회가 인용한 Vivendi I 특별위원회는 실무적·이론적으로 불충분하거나 부적합한 이유와 부정확하거나 신빙성 없는 이유를 구분해야 한다는 점은 널리 인정된다고 설시한 바 있다고 하면서,[8] 이에 따라 본 특별위원회 역시 중재판정부가 설시한 이유가 적절한지 여부가 아니라, A에서 B로 그 논리적 흐름을 따라갈 수 있는지 여부를 기준으로 판단할 것을 밝혔다.

---

7 Maritime International Nominees Establishment v. Republic of Ghana, ICSID Case No. ARB 84/4, Decision on the Application by Guinea for Partial Annulment of the Arbitral Award (1998. 1. 6.), para. 5.09.

8 Hussein Nuaman Soufraki v. United Arab Emirates, ICSID Case No. ARB/02/7, Decision of the Ad Hoc Committee on the Application for Annulment of Mr. Soufraki (2007. 6. 5.) ('Soufraki 특별위원회')가 인용한 Compania de Aguas del Aconquija S.A. and Vivendi Universal (formerly Compagnie Générale des Eaux) v. Argentine Republic, ICSID Case No. ARB/97/3, Decision on Annulment, (2002. 7. 3.) ('Vivendi I 특별위원회')는 이유 미기재에 관하여, 중재판정부가 특정 쟁점에 대해 아무런 이유를 명시하지 않았으나, 해당 쟁점이 중재판정부의 판단에 필수적이었던 경우에 해당한다고 판시한 바 있다(para. 65). Annulment Decision, paras. 62-63 참고.

3) 근본적 절차규칙의 심각한 위반

(1) 당사자들의 주장

'심각한(serious)'에 대해 신청인은 중재판정문에 영향을 미칠 가능성이 있다는 의미라고 주장했고, 피신청인은 절차규칙의 위반으로 인해 절차규칙을 준수했더라면 도달했을 결론과 달라졌다는 의미라고 주장했다.

(2) 특별위원회의 판단

특별위원회는 기존 중재판정의 취소절차에서 모든 특별위원회가 '심각한'의 의미에 대하여 결정에 중대한 영향(material impact)을 미쳐야 한다고 본 것은 아니나, 그렇게 본 사례도 존재한다고 밝혔다. 한편 심각한 위반인지 여부는 사안별로 판단되는 것으로서 구체적인 사실관계에 따라 달라질 수 있다고 보았다. 특별위원회는 Christoph Schreuer 교수도 '심각한'의 의미에 대해, 최소한의 정도를 넘어 상당한 위반으로 인해 절차규칙을 준수했더라면 도달했을 결론과 달라지게 하는 것을 의미한다는 Wena 취소위원회의 분석을 원용한 바 있다고 하면서,[9] 중대한 영향을 미친 것과 중대한 영향을 미칠 가능성이 있다는 것은 개별 사안의 사실관계에 따라 결정되는 것으로서 양립 가능한 기준이라고 판단하였다.

9 Wena Hotels Ltd. v. Arab Republic of Egypt, ICSID Case No. ARB/98/4, Decision on the Application by the Arab Republic of Egypt for Annulment of the Arbitral Award (2000. 12. 8., 2002. 2. 5.)('Wena 취소위원회') in Annulment Decision, (2015. 7. 14.), para. 69.

3. 사안별 취소사유 판단

신청인은 중재판정부가 터키-투르크메니스탄 BIT 제7조 제2항의 해석 및 효과에 관하여 명백히 권한을 유월했고 이유를 기재하지 않았으며 근본적 절차규칙을 심각하게 위반했다고 주장하였다. 또한 중재판정부가 비용 분담에 관하여도 명백히 권한을 유월했고 이유를 기재하지 않았다고 주장하였다. 다음에서는 개별 사유에 관한 양측 주장 및 특별위원회의 판단을 살펴볼 것이다.

1) 터키-투르크메니스탄 BIT 제7조 제2항의 해석

Turkey - Turkmenistan BIT Article 7(2)

If these disputes [sic] cannot be settled in this way within six months following the date of the written notification mentioned in paragraph 1, the dispute can be submitted, as the investor may choose, to:

(a) ICSID, (b) [⋯], (c) [⋯],

provided that [if][10] the investor concerned has brought the dispute before the courts of justice of the Party that is a party to the dispute and a final award has not been rendered within one year."(Tribunal's emphasis)

터키-투르크메니스탄 BIT 제7조 제2항

이러한 분쟁이 제1항에 언급된 서면 통보일로부터 6개월 이내에 제1항과 같은 방법으로 해결될 수 없는 경우, 분쟁은 투자자의 선택에 따라 아래의 절차로 회부될 수 있다.

(a) ICSID, (b) [⋯], (c) [⋯]

단, 이는 [만일] 관련 사건의 투자자가 분쟁을 분쟁당사국인 체약당사국의 법원에 회부하였으며 최종 판정이 1년 내에 선고되지 않을 것을 조건으로 한다.

(1) 명백한 권한유월

▶ **신청인의 주장**

신청인은 터키-투르크메니스탄 BIT 제7조 제2항에 대하여 다음과 같이 주장하였다. 첫째, 중재판정부가 입증책임 분배에 관한 오류를 범했다고 주장하였다. 즉 중재판정부는 관할 항변을 제기한 당사자로서 입증책임을 부담하는 피청구인이 터키-투르크메니스탄 BIT상 국내절차 요건이 강행규정이란 점에 대한 증거를 제출하지 못했음에도 관할 항변을 인용하였다는 것이다. 둘째, 중재판정부는 BIT 영문본과 러시아어본상 인정되는 관할권을 행사하지 않았는바, BIT 제7조 제2항의 'if'는 'and'와 함께 해석상 의미 있는 부분임에도 BIT 러시아어본의 영문 번역(수정본)과 같이 'if'를 생략하여 판단했으며, 이는 피청구인이 제출한 편파적인 번역에 근거한 것으로서 중재판정부는 독립적인 번역가의

---

10 본래 터키-투르크메니스탄 BIT 영문본에는 'if'가 포함되어 있으나, 중재판정부는 해석 결정(2012. 5. 7.)을 통해 'if' 없이 읽는 것이 정확한 해석이라고 판단한 바 있다. 즉 (1) BIT 러시아어본의 영문 번역(수정본)은 국내법원 제소를 선결요건으로 규정하고 있고("[…], **on the condition that the** concerned investor submitted the conflict to the court of the Party"), (2) BIT 터키어본의 영문 번역본에도 조건을 의미하는 'if'가 없으며("[…] **provided that** the investor has brought the subject matter of dispute to the judicial court of the host party"), (3) BIT 영문본은 'provided that'과 'if'가 함께 쓰이는 등 문법적 오류가 있어 문언 그대로 해석하면 의미가 모호해지거나 애매하게 되는 경우에 해당하므로 그 의미를 확정할 때 비엔나협약 제32조에 따른 보충적 해석 수단을 활용함이 타당하고, (4) 보충적 해석 수단 중 하나인 체결 당시 상황(circumstances)을 고려해 보면, BIT 체결 무렵 체결된 다른 4개의 BIT 중 하나인 터키-카자흐스탄 BIT도 국내법원 제소요건을 강행규정으로 두고 있는 등, 결국 본 조항이 강행규정이 아니라고 볼 근거는 터키-투르크메니스탄 BIT의 영문본('if')밖에 없는데, 이는 앞서 살펴보았듯 그 자체로 의미가 모호하거나 애매하므로 결국 터키-투르크메니스탄 BIT 영문본의 'if'를 생략하고 국내법원 제소요건을 강행규정으로 봄이 타당하다는 결론을 내렸다(Decision on Article VII. 2 of the Turkey-Turkmenistan Bilateral Investment Treaty, para. 9.3, 9.7, 9.17, 9.20, 9.21 등).

번역에 근거하여 판단했어야 한다고 주장하였다. 셋째, Rumeli 사건[11]과 Sistem 사건[12]은 본 사건에서 원용된 BIT와 조문이 동일하고 체결 시점도 유사한 BIT에 근거하여 제기되었으며, 그 판정들이 취소절차에 회부된 바 없음에도 본 중재판정부가 이와 반대로 해석한 것은 터키가 주변 국가들과 체결한 BIT의 해석에 관한 권한유월이라고 주장하였다. 넷째, 중재판정부는 BIT를 비엔나협약에 따라 해석하지 않았으며, 신청인이 제출한 터키 공무원의 진술을 무시했다고 주장하였다. 다섯째, 중재판정부가 터키가 체결한 85개의 BIT 중 오로지 4개만이 국내절차를 필수로 규정하며 여타 ICSID 사건에서 터키-투르크메니스탄 BIT 제7조 제2항과 유사하거나 동일한 문언인 경우에도 국내법원 제소요건을 관할 항변으로 제기한 바 없는 터키의 관행을 고려하지 않았다고 주장하였다. 여섯째, 국내법원 제소를 필수적 요건으로 보는 것은 BIT의 체결 목적에 반하고 불합리한 결과로 이어지는데, 국내법원이 1년 내에 소를 기각하기만 하면 투자유치국은 기준 충족이 어려운 사법구제의 거부(denial of justice) 외에는 아무런 책임이 없게 된다는 점은 납득하기 어렵다고 주장하였다. 일곱째, 중재판정부는 임의로 BIT 러시아어본의 영

---

11 Rumeli Telecom A.S. & Telsim Mobile Telekomik A.S.Y.O.N. Hizmetleri A.S. v Republic of Kazahstan, ICSID Case No. ARB/05/16, Award (2008. 7. 29.), 이 사건은 터키-투르크메니스탄 BIT 제7조 제2항과 동일한 조문을 두고 있는 터키-카자흐스탄 BIT에 근거하여 제기된 사건으로서, 해당 중재판정부는 터키어본과 달리 영문본과 러시아어본은 국내법원 제소요건을 두고 있지 않기 때문에 국내법원 제소요건은 필수적이지 않다고 해석하였다(para. 3.21.).

12 Sistem Muhendislik Insaat Sanayi ve Ticaret A.S. v. Krygyz Republic (ICSID Case No. ARB (AF)/06/1, Decision on Jurisdiction [2007. 9. 13.])은 터키-투르크메니스탄 BIT 제7조 제2항과 동일한 조문을 두고 있는 터키-키르기스스탄 BIT에 근거하여 제기된 사건으로서, 해당 중재판정부는 청구인이 키르기스스탄 법원에 제소한 바 없기 때문에 해당 쟁점에 대해 판단하지 않겠다고 선언하였다(para. 9.11.).

문 번역 수정본, 터키-카자흐스탄 BIT,[13] 공보(Official Gazette)에 게재된 정본인 BIT 영문본에 대한 번역에 불과한, 즉 정본이 아닌 터키어본[14] 등에 근거하여 판단하했다고 주장하였다.

또한 신청인은 Zergül Özbilgiç[15]의 진술서가 새로운 증거를 포함하지 않았다는 점에서, 터키 국회 서한[16] 및 터키가 주변 국가와 체결한 BIT(이하 '터키 BIT')는 신청인이 주장하는 취소사유와 관련이 있으며 공개된 자료란 점에서 각 제출이 허용된다고 보아야 한다고 주장하였다.

▶피신청인의 주장

피신청인은 신청인이 중재판정부가 입증책임 분배의 오류를 범했다 주장한다고 보았다. 그러나 피신청인은 자신이 관할 항변을 제기한 당사자인 것은 사실이나 신청인이 투르크메니스탄의 중재동의에 관한 입증책임을 부담해야 한다고 주장하였다. 나아가 중재판정부의 해석결정은

13 Rumeli 사건의 근거가 된 터키-카자흐스탄 BIT는 터키-투르크메니스탄 BIT보다 하루 먼저 체결되었는데, 해당 BIT의 터키어본은 국내법원 제소요건을 강행규정으로 규정하고 있다.

14 터키는 공보에 영문본(정본)과 터키어본(번역본)을 게재하였는데, 터키어본에 따르면 국내절차 제소요건이 강행규정으로 해석된다("publication in the Official Gazette of the 'official' Turkish translation of the authentic English version of the BIT in terms which are unquestionably mandatory.").

15 신청인 측 증인인 Zergül Özbilgiç은 터키 공무원으로서, 터키-투르크메니스탄 BIT 준비절차에 참여한 경험을 바탕으로 BIT 체결 당시 터키의 의도를 설명하며 BIT 제7조 제2항이 임의규정이라고 설명하였다.

16 터키 행정부가 터키 국회에 제출한 BIT에 관한 설명 자료로서, BIT 제7조 제2항을 임의규정으로 설명하고 있다. 그러나 원 판정의 중재판정부는 해당 설명 자료가 제출된 이후 터키 정부가 공보에 게재한 영문본(정본)의 터키 공식 번역본이 분명하게 강행규정으로 규정하고 있기 때문에 해당 터키 국회 서한을 근거로 임의규정이라고 볼 수 없다고 판단하였다.

신청인의 입증책임 부족에 근거하지 않았으며, 신청인은 입증책임을 핑계 삼아 사실상 중재판정부의 증거 채택에 관한 재평가를 요청하고 있는바, 이는 특별위원회의 권한 밖이라고 주장하였다. 또한 신청인은 중재판정부가 터키-투르크메니스탄 BIT 영어본과 러시아어본의 일반적인 의미(plain meaning)를 적용하지 않았다고 주장하나, 신청인 스스로도 중재신청서(Request For Arbitration, 이하 'RFA')에서 BIT 제7조 제2항에 대해 '외견상' 국내절차 요건이 필수적으로 보인다고 인정한 바 있다고 밝혔다.

특히 중재절차 당시 중재판정부가 신청인에게 터키-투르크메니스탄 BIT 러시아어본에 대한 영문 번역을 요청했음에도 제공하지 않았고, 독립적인 번역가를 선임하여 번역문을 검증하자는 제안도 거절한 바, 신청인이 뒤늦게 제출한 터키-투르크메니스탄 BIT 러시아어본의 영문 번역은 당초 중재절차에서 제출하지 않은 새로운 주장에 해당하는 것으로서 받아들일 수 없다고 주장하였다. 또한 피신청인은 신청인이 중재판정부가 동일한 BIT를 다른 중재판정부와 다르게 해석했다고 주장하나, 국제중재는 선례구속성을 인정하지 않으며 선례들과 해석이 다르다고 하여 권한유월이 인정되는 것은 아니라고 주장하였다. 특히 BIT 제7조 제2항에 관한 터키 정부의 견해는 또 다른 체약당사국인 투르크메니스탄의 인정이 없는 이상 권한 있는 해석이라고 볼 수 없다고 덧붙였다.

한편 Zergül Özbilgiç의 진술서는 새롭게 제출된 증거로서 그 내용을 보아도 실제 터키-투르크메니스탄 BIT 문언에는 반영되지 않은 일방적 견해에 불과하며, 터키 국회 서한도 중재판정부에 제출되었던 증거가 아니고 취소사유와 관련이 없으므로 모두 제출이 허용될 수 없다고 주장하였다. 피신청인은 터키 BIT를 보아도 국내절차요건에 관한 터키의 명확한 정책 방향 내지 관행을 확인할 수 없고, 국내법원 제소요건이 불합리한 결과로 이어진다고 볼 수 없으며, 특별위원회는 중재판정부의 사실관계 확정을 재심사할 수 없다고 주장하였다.

▶특별위원회의 판단

특별위원회는 절차명령 제1호에서 추가 서류는 취소사유와 관련된 것으로서 중재판정의 기초가 되는 분쟁에 관한 것이 아닌 경우 제출할 수 있다고 정한 바 있다. 특별위원회는 우선 Zergül Özbilgiç 진술서, 터키 국회 서한, 터키 BIT의 제출가능 여부에 대하여 새롭게 제출되는 서류는 취소사유와 관련성이 있어야 하며, 중재판정부가 검토했던 서류인지 여부에 따라 판단될 것은 아니라고 하였다. 그러나 BIT 제7조 제2항의 해석에 관한 주장을 뒷받침하기 위해 제출된 위 서류는 중재판정부의 해석에 관한 당부 판단이 특별위원회의 권한 밖이라는 점에서 취소사유와 관련 있다고 볼 수 없다고 판단하였다.

특별위원회는 또한 당사자들 간에 많은 다툼이 있었던 Sehil 사건의 관할에 관한 결정[17]과 본 사건 중재판정과의 관련성을 판단하였다. 해당 결정은 이 취소신청의 신청인이 반박서면(Reply)을 제출한 이후, 피신청인이 재반박서면(Rejoinder)을 제출하기 전인 2015년 2월 13일 선고되었으며, 각 당사자들의 대리인은 본 사건의 대리인과 동일하다고 하면서 Sehil 사건 중재판정부와 본 사건 중재판정부는 터키-투르크메니스탄 BIT 제7조 제2항이 불명확하다는 점에서는 견해가 일치했으나, 그 의미에 대해서는 각각 다른 결론을 내렸다고 밝혔다. 본 사건의 중재판정부는 Sehil 사건의 관할에 관한 결정이 내려지지 않은 상태에서 결정한 것이고, Sehil 사건 중재판정부의 경우 본 사건 중재판정문(2013. 7. 2.)과 해석결정(2012. 5. 7.)의 내용을 알고도 다른 결론을 내린 것이다.

신청인은 Sehil 결정을 근거로 본 중재판정부의 권한유월이 인정된다고 주장하나, 피신청인은 선례구속성이 인정되지 않으며 특별위원회의 기능은 해석의 일관성 추구에 있지 않다고 주장하였다. 이에 특별위원회는 구속력 없는 최신 결정이 모호한 BIT 조문에 관해 과거 중재판정부와 다른 결론에 도달하였다고 하여 이를 과거 중재판정부의 권한유월의 근거로 삼을 수는 없다고 판단하였다.

특별위원회는 또한 BIT 해석이 다르다고 하여 명백한 권한유월이 있었다고 볼 수는 없다고 보았다. 중재판정부가 부당하게 입증책임을 신청인에게 전가했다는 주장과 관련하여, 특별위원회는 중재판정부와 양 당사자 모두 원 중재절차에서 입증부담에 관해 논의한 바 없었으며 중재판정부도 입증 부족을 이유로 판단한 바 없다고 하였다. 그리고 이어서 특별위원회는 나머지 사유를 검토하였다.

첫째, 영문 번역과 관련하여, 피신청인이 수정본을 심리기일 3일 전에 제출한 것은 사실이나 신청인은 당시 이에 대하여 이의를 제기하지 않았고, 심리기일에 번역가의 반대신문을 요청하지도 않았으며, 특히 그 대리인도 번역에는 이의가 없으나 피신청인의 해석에 동의할 수 없다는 점을 강조한 바 있다고 보았다. 나아가 신청인이 중재판정부가 독립적인 번역가를 선임하겠다고 제안한 것에 반대하면서 피신청인이 해당 선임 비용을 부담해야 한다고 주장한 바 있다는 점을 언급하면서 특별위원회는 취소절차는 중재절차에서 일방 당사자가 범한 전략 실수를 만회하기 위한 절차가 아니라고 판단하였다.

둘째, 신청인은 중재판정부가 터키-투르크메니스탄 BIT 영문본과 러시아어본의 일반적인 의미를 무시했다고 주장하나, 중재판정부는 영

---

17 Muhammet Çap and Sehil Inşaat Endustri ve Ticaret Ltd. Sti. v. Turkmenistan (ICSID Case No. ARB/12/6, Decision on Respondent's Objection to Jurisdiction under Article 7 (2) of the Turkey-Turkmenistan Bilateral Investment Treaty)은 터키-투르크메니스탄 BIT에 근거하여 제기된 사건으로서, 해당 사건의 중재판정부는 2015년 2월 13일 터키-투르크메니스탄 BIT 제7조 제2항에 관한 해석결정에서 국내법원 제소요건을 임의규정으로 해석하였다(Decision on Annulment, para. 97.).

문본의 분석[18]을 통해 영문본을 비엔나협약 제31조[19]에 따라 해석하는 것은 그 의미를 불분명하게 한다고 판단하여 러시아어본의 수정 번역을 채택한 것이라고 보았다. 특별위원회에게 중요한 것은 중재판정부가 당사자의 설명을 듣고 검토를 거쳐 이 판단에 이르렀다는 점이며, 일반적인 의미가 존재하지 않는다는 판단이 중재판정부의 권한 밖이라고 볼 수 없다고 판단하였다.

셋째, 신청인은 중재판정부가 Rumeli 사건 및 Sistem 사건의 중재판정부와 다르게 터키-투르크메니스탄 BIT 제7조 제2항을 해석했다는 점을 문제 삼고 있으나, 중재판정부는 위 판정문들을 모두 검토한 후 본 사건에 적용되지 않는다고 판단한 것이고, 다른 중재판정부의 결론을 따를 의무도 없으며, 특별위원회의 목적은 해석의 일관성 달성에 있지 않다고 하였다.

넷째, 신청인은 중재판정부가 터키-투르크메니스탄 BIT 제7조 제2항의 해석 과정에서 비엔나협약의 적용 오류를 범했다고 주장하였다. 그러나 중재판정부가 비엔나협약 제31조상 요건인 BIT의 체결 목적과 제7조 제2항의 맥락 등에 대한 명시적인 해석·검토 없이 결론을 내린

---

18 해당 부분은 다음과 같다. "**[P]rovided that, if** the investor concerned has brought the dispute before the courts of justice of the Party that is a party to the dispute **and** a final award has not been rendered within one year." 중재판정부는 영문본이 문법적으로 오류가 있으며 'if 또는 and' 중 하나만 있으면 문법상 올바른 것으로서 의미가 분명해지므로 결국 'if'와 'and' 중 무엇이 삭제되어야 하는지가 문제점이라고 전제하면서, 'provided that'과 ''if를 함께 쓰는 경우는 드물고, 함께 쓰는 경우에만 비로소 선택적이라는 의미를 갖게 되며, 반면 'and'는 국내법원 제소요건이 필수적인 경우에만 의미를 갖게 된다고 보았다.

19 "[a] treaty shall be interpreted in good faith in accordance with the ordinary meaning to be given to the terms of the treaty in their context and in the light of its object and purpose."

것은 사실이나 판정문 전체를 고려했을 때 대체로 비엔나협약에 부합하는 해석·검토 과정[20]을 거쳤다고 특별위원회는 판단하였다.

다섯째, 신청인은 터키의 관행상 국내법원 제소를 선택적으로 규정하고 있음을 확인할 수 있다고 하며 터키가 체결한 85개의 BIT에 대한 분석을 제시하고 있으나, 특별위원회는 취소절차에서 원 중재판정부가 검토하지 않았던 증거를 새롭게 제출하여 다시 다툴 수는 없다고 보았다.

여섯째, 신청인은 국내법원 제소요건은 터키-투르크메니스탄 BIT 목적에 위반되고 중재절차 제기에 관해 불합리한 결론에 도달하게 된다고 주장하나, 특별위원회는 국내법원 제소요건 그 자체는 비록 투자자의 제소 가능성을 제한하는 결과로 이어진다고 하더라도 BIT의 목적에 비추어 보았을 때 황당하거나 불합리하다고 볼 수는 없다고 판단하였다.

일곱째 사유인 터키-카자흐스탄 BIT 관련 주장에 대한 특별위원회의 판단은 다음 이유 미기재 부분에서 논의한다.

---

20 중재판정부는 "provided that, if" 구절을 분석하면서 전후 맥락이나 BIT의 목적을 고려하지 않고 해당 구절이 모호하다는 결론을 내렸다. 그다음 해석의 보충수단으로 BIT 체결 당시 정황을 고려하였는데, 터키-투르크메니스탄 BIT 체결 하루 전 체결된 터키-카자흐스탄 BIT도 국내절차 요건을 필수적으로 규정하고 있는 점을 특기하면서 여러 정황 및 문언을 고려하였을 때 본 사건의 BIT상 국내절차 요건도 필수적이라고 판단하였다. 한편 신청인은 터키의 터키-투르크메니스탄 BIT 체결 당시 의도를 추단할 수 있게 하는 여러 증거를 제출했음에도 중재판정부가 이를 무시했다고 주장하였으나, 중재판정부는 신청인이 제출한 관련 증거를 모두 검토한 후 신빙성이 없다고 판단하고 피신청인 측 제출 증거를 바탕으로 결론을 내렸다.

(2) 이유 미기재

▶신청인 주장

신청인은 중재판정부가 (1) 입증책임 분배, 증거 관련 법칙 내지 해석의 원칙, (2)제출된 증거에 대한 증명력 부여, (3) BIT 러시아어본의 수정된 번역본에 근거하여 판단한 이유, (4) 법률 문서 해석에 번역가의 증언을 고려한 이유, (5) 체약당사국인 터키의 의도에 관한 증거를 단순히 해석에 관한 증거로 판단한 이유, (6) 터키-카자흐스탄 BIT 터키어본의 서명본이 증거로 제출되지 않았음에도 해당 터키어본에 근거하여 판단한 이유, (7) 터키-카자흐스탄 BIT 터키어본에 근거해서 판단한 반면 그 영문본과 러시아어본을 고려하지 않은 이유, (8) 터키-투르크메니스탄 BIT는 영문본과 러시아어본만 정본임에도 터키어본을 고려한 이유, (9) 공보에 게재된 터키-투르크메니스탄 BIT 터키어본과 터키-카자흐스탄 BIT 터키어본만 비교·검토하고 터키-라트비아 BIT 터키어본은 고려하지 않은 이유, (10) 해석 결정에는 BIT 러시아어본상 국내법원 제소가 필수요건임이 분명하다고 기재한 반면, 판정문에는 BIT상 국내법원 제소요건이 필수적인지 여부가 불분명하다고 기재하는 등 중재판정부가 설시한 이유에 상호 모순이 존재하는 이유, (11) Rumeli 사건 중재판정부의 판단을 배척하면서 해당 판정부가 관할 항변을 배척한 이유를 설시했어야 한다고 생각한 이유, (12) 중재판정부가 Rumeli 사건 판정문에 신빙성을 부여하기 위해 키르기즈스탄이 투르크메니스탄과 동일한 주장을 해야 한다고 생각한 이유, (13) 신청인이 투르크메니스탄 국내법원에 제소 후 1년 이내에 불리한 판결을 받았을 경우 적용 가능한 BIT상 보호규정의 범위에 관한 설명 등에 관해 기재하지 않았다고 주장하였다.

▶피신청인의 주장

피신청인은 중재판정부가 법률·사실관계에 근거하여 터키-카자흐스탄 BIT 제7조 제2항상 국내법원 제소가 필수요건인 이유를 설명하였으며, 특히 비엔나협약에 따른 해석을 통해 이 결론에 이르렀다고 주장하였다. 또한 해석의 원칙에 관해 충분한 설명을 제시하였으며, 그 밖에 신청인이 주장하는 모든 사유에 대한 이유를 제시하였다고 주장하였다.

▶특별위원회의 판단

특별위원회는 우선 중재판정부에게 당사자들이 제기한 모든 주장과 쟁점들을 전부 명시적으로 검토할 의무가 없으며, 특별위원회의 임무는 중재판정부가 기재한 이유의 타당성 검토가 아니라고 밝혔다.

그리고 입증책임 분배 오류 주장은 앞에서 이미 밝힌 바와 같이 인정될 수 없으며, 중재판정부가 원 중재절차에서 신청인에게 새로운 증거 제출 기회를 제공했음을 고려할 때 더욱 그렇다고 하였다. 한편 신청인이 주장하는 해석의 원칙 위반에 관하여 특별위원회는 중재판정부가 비록 터키-카자흐스탄 BIT 제7조 제2항을 비엔나협약 제31조에 따라 전부 단계적으로 검토하지 않은 것은 사실이고 판정문에 설시한 이유가 더 상세했다면 보다 명쾌했을 것이지만 그 자체로도 충분히 설득력이 있다고 보았다. 또한 중재판정부가 판정문에 어느 정도 자세하게 기재할 것인지에 대한 재량이 있으며, 증거 채택에 관하여도 넓은 재량이 있다고 판단하였다.

특별위원회는 중재판정부가 터키-카자흐스탄 BIT 러시아어본 영문 번역의 수정본을 선택한 이유를 충분히 설명했으며, 터키-카자흐스탄 BIT의 터키어본에 근거한 이유도 해당 BIT의 체결 시점이 터키-투르크메니스탄 BIT와 유사하므로 비엔나협약 제32조상 해석의 보충수단이 되기 때문이라고 설명한 바 있다고 지적하였다.

신청인은 중재판정부가 터키-카자흐스탄 BIT 정본이 영문본과 러시아어본임에도 공보에 게재된 터키어본을 고려한 이유를 기재하지 않았다고 주장하나, 중재판정부는 영문본이 모호한 점을 인지하고 터키어본을 참고한 것으로서 공보에 게재된 터키어본은 터키 국내법으로서 당연히 높은 신빙성이 있고, 이를 참고한 것을 중재판정부에 대한 비난사유로 삼을 수는 없다고 특별위원회는 판단하였다.

중재판정부가 터키-라트비아 BIT의 터키어본을 고려하지 않은 이유를 누락했다는 신청인의 주장과 관련하여, 특별위원회는 터키-라트비아 BIT가 국내절차 요건을 선택적으로 기재하고 있고 그 영문본과 터키-투르크메니스탄 BIT의 영문본이 동일한 점은 인정하였다. 신청인은 이처럼 영문본이 동일한 점을 근거로 공보에 게재된 BIT 터키어본이 영문본을 잘못 해석한 부정확한 것이라고 주장하였다. 그러나 특별위원회는 중재판정부가 터키-투르크메니스탄 BIT 체결 당시 정황에 관심을 두고, 터키-투르크메니스탄 BIT 체결 시점(1992. 5. 2.)과 시기상 가까이 체결된 터키-카자흐스탄 BIT(1992. 5. 1. 체결)를 이후 1997년에 체결한 터키-라트비아 BIT보다 우선적으로 고려한다고 설명한 것을 언급하면서 중재판정부가 다른 BIT를 고려하지 않은 이유까지 설시할 의무는 없다고 판단하였다.

한편 신청인의 터키-카자흐스탄 BIT 러시아어본의 영문 수정본이 사실상 번역이 아니라 해설이라는 주장을 배척하면서, 특별위원회는 러시아어를 모르는 중재판정부로서는 피신청인이 제출한 두 가지 번역본 중 수정본을 채택한 것으로서, 신청인에게도 독립적인 번역가 선임을 제안한 바 있다고 하였다. 그리고 그 후 중재판정부가 별도로 번역가를 선임하지 않은 이유에 대해서까지 설명할 의무는 없다고 판단하였다.

특별위원회는 중재판정부가 터키-카자흐스탄 BIT가 국내법원 제소를 요건으로 하지 않는다고 판시한 Rumeli 사건 판정을 고려하지 않은 것에 대해, 중재판정부는 해당 중재판정부가 결론을 도출한 이유를 기재하지 않아서 설득력이 없다고 설명한 것을 언급하면서 중재판정부로서는 BIT 제7조 제2항과 동일한 조문에 대한 다른 중재판정부의 해석을 따를 의무가 없다고 판단하였다. 더불어 Sistem 사건 판정 관련 주장도 마찬가지로 인정될 수 없다고 보았다. 그 외에 나머지 주장은 2) "BIT 제7조 제2항 해석에 따른 법적 효과"에서 다룬다.

(3) 근본적 절차규칙의 심각한 위반

▶신청인의 주장

신청인은 중재판정부가 피신청인에게 입증책임을 부담시키지 않았고, 터키-카자흐스탄 BIT 해석을 사실상 번역가에게 일임하였으며, BIT 터키어본이 정본이라고 입증되지 않았음에도 이를 근거로 판결하였고, 당사자들을 공평하게 대우하지 않았으며, 터키-카자흐스탄 BIT의 터키어본에 근거하면서도 해당 BIT의 영문본과 러시아어본은 참고하지 않았다고 주장하였다.

▶피신청인의 주장

피신청인은 신청인이 관할 성립에 관한 입증책임을 부담하며, 중재판정부가 입증 부족을 이유로 관할이 없다고 판단한 것이 아니라고 주장하였다. 또한 터키-카자흐스탄 BIT 터키어본 및 번역 관련 주장은 결국 중재절차에 제출되었던 증거에 대한 특별위원회의 재심사(review)를 요청하는 것인바, 이는 앞서 명백한 권한유월 부분에서 밝혔듯 특별위원회의 기능이 아니라는 점을 강조하였다. 그리고 당사자들을 공평하게 대우하지 않았다는 주장 및 터키-카자흐스탄 BIT 관련 주장은 중재판정부가 제출된 모든 증거를 검토하고 판단하였고 해당 과정에서 절차의 심각한 위반이 없었다는 점에서 인정될 수 없다고 주장하였다.

▶특별위원회의 판단

입증책임과 관련하여, 특별위원회는 중재판정부가 신청인에게 피신청인의 새로운 증거 제출에 대응할 기회를 주었다고 보았다. 터키-카자흐스탄 BIT 터키어본이 정본이라고 입증되지 않았다는 주장에 대해서는 중재판정부의 사실관계 확정에 관한 사항으로서 특별위원회는 이를 검토할 생각이 없다는 것을 분명히 하였다. 중재판정부가 BIT 터키어본에만 근거하여 판단한 것도 아니라는 점을 고려할 때 더욱 그렇다고 덧붙였다. 나아가 중재판정부가 터키-카자흐스탄 BIT 터키어본에만 근거하고 영문본 및 러시아어본을 참고하지 않은 이유는 해당 영문본과 러시아어본이 터키-투르크메니스탄 BIT 영문본 및 러시아어본과 동일하기 때문이라고 판단하였다. 그래서 공보에 게재된 터키-투르크메니스탄 BIT 터키어본과 동일한 문언으로 되어 있는 터키-카자흐스탄 BIT 터키어본을 참고한 것이라고 보았다. 또한 BIT 번역은 해석과는 구분된다고 하면서, 결론적으로 절차규칙의 심각한 위반은 인정될 수 없다고 판시하였다.

2) BIT 제7조 제2항 해석에 따른 법적 효과

(1) 명백한 권한유월

▶신청인의 주장

신청인은 중재판정부가 BIT와 비엔나협약을 잘못 해석·적용하고, 신청인이 futility test[21] 요건 충족 여부를 확인하기 위해 국내절차 요건을

---

21 터키-카자흐스탄 BIT상 규정된 국내법원 제소요건을 배제할 수 있는 근거로서 국제법상 국내절차 소진요건(exhaustion of local remedies rule)과 유사한 '소 제기 청구 예외(futility exception)'이 국제관습법상 인정된다는 것으로서, Ambiente Ufficio S.p.A. & Others v. Argentine Republic (ICSID Case No. ARB/08/9)에서 인정된

반드시 거치도록 하여 국제법상 인정되는 국내절차 소진요건의 예외가 적용되지 않도록 함으로써 명백하게 권한을 유월하였다고 주장하였다.

▶피신청인의 주장

피신청인은 본 사건 중재판정부가 국내법원 제소요건을 관할의 선결조건으로(precondition to jurisdiction) 본 것이 중대한 오류라고 볼 수 없다고 주장하였다.

▶특별위원회의 판단

특별위원회는 중재판정부가 중재동의는 청약과 승낙으로 성립한다는 전제하에, ICSID 제25조에 따른 관할이 성립하기 위해서는 BIT상 명백히 기재된 요건을 충족해야 하고 터키-카자흐스탄 BIT 제7조 제2항은 수리가능성이 아닌 관할 성립에 관한 선결조건이므로 관할이 성립하지 않는다는 결론을 내렸다고 하였다. 특별위원회는 중재판정부가 위 고려를 거쳐 결론을 내렸다는 점이 중요하다고 하면서, 여러 중재판정부들이 관할·수리가능성에 관해 상이한 결론에 도달한 점을 고려할 때 특별위원회가 특정 결론을 선택하는 것은 바람직하지 않다고 판단하였다.

중재판정부가 터키-카자흐스탄 BIT 제7조 제2항은 국제법상 '국내절차 소진요건'과 다르며 투자유치국의 법원에서 1년 내에 최종판결을 받지 못했을 것을 내용으로 한다고 판시하였음에도 실제로는 국내절차 소진요건과 동일한 기준을 적용했다는 신청인의 주장[22]에, 특별위원

바 있다. Miriam K. Harwood and Simon N. Batifort, "Jurisdiction and Procedure in Investment Arbitration: New Developments," in James H. Carter et al. (eds), *The International Arbitration Review* (Law Business Research Ltd., 5th edition), p. 3 참고.

22 신청인은 Daimler 사건, Ambiente Ufficio 사건의 중재판정부와 같이 신청인이 실

회는 신청인 스스로 국내절차 소진요건은 유연하게 적용될 수 있는 원칙(flexible rule)이라고 자인한 바 있다고 언급하였다. 또한 신청인은 원중재절차에서 BIT 제7조 제2항이 국내절차 소진요건과 유사하지만 동일하지는 않기 때문에 보다 완화된 요건이 적용되어야 한다고 주장한 바 없다고 덧붙였다. 한편 기준 적용이 잘못되었다는 주장과 관련[23]하여, 증거의 판단 내지 채택은 중재판정부의 고유권한으로서 특별위원회가 재평가할 대상이 아니라고 설시하였다.

특별위원회는 결국 신청인도 인정한 국내절차 소진요건 적용의 유연성(flexibility)과 중재판정부의 기준 설정에 관한 재량을 고려할 때 중재판정부가 기준 설정 및 적용에 관해 심각한 절차규칙의 위반을 범했다고 볼 수 없다고 판시하였다.

제로 국내법원에 소를 제기할 수 있는지, 이를 방해하는 요인은 없는지 등을 살폈어야 한다고 주장하나, Daimler 사건의 중재판정부는 '신청인은 아르헨티나 법상 청구권원이 없는 등 BIT 제10조 제2항의 요건을 충족시킬 수 없는 사정이 있다는 점을 입증하지 못했다'고만 판시하여서 신청인 주장처럼 기준이 더 낮다는 점에 대한 증거가 되지 못하고, Ambiente Ufficio 사건의 중재판정부는 'futility exception'의 적용 요건은 대체적으로 외교적 보호권 행사 요건보다 완화된 요건이라고 본다고([threshold] is arguably rather lower) 하여 적용요건이 '대체적으로 더 완화된 요건으로 본다'고만 했을 뿐 확정적으로 기준이 완화된 것이라고 판시한 바가 없으므로 모두 신청인의 주장에 대한 근거가 될 수 없다.

23 신청인은 중재판정부의 기준에 따를 경우 국내절차 소진요건의 예외가 전혀 인정되지 않는 결론이 도출된다고 주장하나, 중재판정부는 신청인이 증인 내지 전문가 진술서 등 구체적인 증거를 제시하지 않았다고 지적하면서 투르크메니스탄 법원이 독립적이지 않고 터키 투자자에게 적대적이라는 주장은 분쟁과 직접 관련 있는 증거로 입증되어야 하며 단순히 국가의 사법 시스템이 부족하다는 일반적 진술로는 부족하다고 판시한 바 있다.

(2) 이유 미기재

▶신청인의 주장

신청인은 중재판정부는 투르크메니스탄 국내법원에 제소 후 1년 이내에 불공평한 판결을 받았을 경우 적용 가능한 BIT상 실체적 규정 및 관련 설명, 국내절차 소진요건의 futility standard를 적용한 이유, 투르크메니스탄 법원이 복잡한 사안에 대하여 적법절차 원칙과 최소한의 판결 수준을 유지하면서도 1년 이내에 판결을 내리는 것이 가능한지 여부, 투르크메니스탄 정부를 상대로 소를 제기할 변호사를 선임하기 어려웠던 정황이 신빙성 있는 증거가 아닌 이유, 투르크메니스탄 사법부의 독립성 내지 윤리의식 부족에 관한 국제적 기구의 진술이 신빙성 있는 증거가 아닌 이유, 투르크메니스탄 대통령의 반(反)터키 발언[24]이 신빙성 있는 증거가 아닌 이유, 투자자가 국내절차 요건 미충족을 정당화하는 사유 내지 기준에 대한 설명을 하지 않았다고 주장하였다.

▶피신청인의 주장

피신청인은 ICSID 협약 제25조에 따라 투자유치국과 투자자 간 서면으로 된 중재합의가 존재해야 하고, ICSID 협약 제26조에 따라 투자유치국은 국내절차 소진을 요건으로 둘 수 있으며, 터키-카자흐스탄 BIT 제7조 제2항은 분쟁이 단계적으로 해결절차를 거치도록 한 것으로서 ICSID 협약에 부합하고 'shall'과 'provided that'이란 문언에 비추어 보았을 때에도 선결조건으로 봄이 타당하며, 선결조건을 충족하지 못한 이상 관할이 성립하지 않았다고 본 중재판정부의 결론은 타당하다고 주장하였다.

---

24 신청인 Kılıç은 터키 법에 의해 설립된 터키 회사이다.

▶특별위원회의 판단

특별위원회는 신청인이 국내절차가 1년 이내에 완료되도록 하는 규정으로 인해 절차의 적법성(integrity)이 훼손될 것을 우려하나, 이는 중재판정부에 주장하지 않았던 내용이므로 중재판정부로서는 판단할 의무가 없었다고 판단하였다. 또한 신청인은 중재판정부가 자신이 제출한 증거의 신빙성을 인정하지 않은 점을 문제 삼고 있으나, 중재판정부는 신빙성 있는 증거란 관련 증인 내지 전문가 등 분쟁과 직접적인 관련성이 인정되어야 한다고 판단한 것으로 보았다.

(3) 근본적 절차규칙의 심각한 위반

▶신청인의 주장

신청인은 중재판정부가 직접 국내법원 제소를 통한 futility test 충족 내지 국내절차 요건의 예외에 준하는 기준 충족을 요구함으로써 근본적 절차규칙을 위반했다고 주장하였다.

▶피신청인의 주장

피신청인은 입증책임 분배 및 불공평한 대우 관련 주장 외에는 근본적 절차규칙 위반과 관련 있는 사항이 없는바, 나머지 사항에 대해서는 이미 앞에서 답변한 바 있다고 주장하였다.

▶특별위원회의 판단

특별위원회는 중재판정부의 판시를 다음과 같이 정리하였다. Futility test는 주장하는 자가 입증책임을 부담하는데, 중재판정부는 이를 주장하는 신청인이 관련 증인·전문가진술서를 제출하지 않는 등 그 구체적인 주장에 관한 입증이 부족하다고 보았다. 신청인은 중재판정부가 불공평하게 대우하였다고 주장하나, 중재판정부는 국내절차 소진요건의 충족이 불가능하거나 무의미하였을 것이란 데 대한 신청인의 입증이 미흡하다고 판단한 것이다.

이에 신청인은 중재판정부가 요구하는 정도의 입증은 실질적으로 불가능하다고 항변하였으나 특별위원회는 증거 불충분이 당사자들을 불공평하게 대우하였다는 의미는 아니라고 보았다. 물론 중재판정부가 제3세계 국가의 법과 원칙을 제고하기 위한 목적으로 설립된 기관인 유럽부흥개발은행(European Bank for Reconstruction and Development, EBRD)의 의견서 등을 보다 세심하게 평가했어야 할 수도 있지만, 특별위원회는 중재판정부의 결정을 다시 판단할 위치에 있지 아니하며 신청인은 그 주장을 입증할 책임이 있었다고 판단하였다. 특별위원회는 중재판정부가 제출된 증거를 바탕으로 터키-카자흐스탄 BIT 제7조 제2항의 요건을 충족시키는 것이 불가능하거나 무의미하였을 것이라는 결론을 내리지 못한 것이라고 판단하였다.

3) 중재판정부의 비용 분담 결정 관련

(1) 신청인의 주장

신청인은 중재판정부는 비용에 관해 상호 모순되거나 불충분한 이유를 제시하였다고 주장하면서, 예를 들어 중재판정부는 신청인이 지나치게 허황된 주장을 개진하였다고 하면서도, 중재절차 초기에 절차분리가 불필요하다고 결론 내린 바 있다고 하였다. 또한 신청인은 중재판정부가 터키-카자흐스탄 BIT 제7조 제2항의 해석이 명확히 정리되지 않은 주제(unsettled)라고 자인하면서도 신청인이 해당 조항이 국내절차를 선결조건을 내용으로 한다는 점을 알았어야 한다고 설시하였으므로, 판정문의 비용 부분만이라도 이유불비 또는 명백한 권한유월을 이유로 취소되어야 한다고 주장하였다.

(2) 피신청인의 주장

피신청인은 ICSID 협약 제61조 제2항에 따라 중재판정부가 비용 분담에 관해 넓은 재량을 갖고 있다고 주장하였다. 또한 양 당사자가 중재판정부에게 비용 분담에 관한 재량권 행사를 요청하였으며, 중재판정부는 신청인이 터키-카자흐스탄 BIT 제7조 제2항이 선결조건일 가능성을 완전히 배제하였고, 해석 결정 이후 해당 조항상 요건을 준수하지 않은 이유를 설명하지 않았으며, BIT 제7조 제2항상 통지의무 준수 여부가 불분명하고, 이러한 상황에서 잠재적으로 관할·수리가능성에 문제가 발생할 가능성을 인지할 수 있었다고 보이며, 따라서 신청인 자신의 행위에 대해 일부 책임을 부담해야 한다고 보았다. 피신청인은 특히 신청인이 중재신청서에서 밝혔듯 국내법원 제소요건이 있음을 알면서도 중재를 제기한 점도 강조하였다.

(3) 특별위원회의 판단

특별위원회는 중재판정부가 ICSID 협약 제61조 제2항에 따라 넓은 재량을 가지며, 이에는 비용분담도 포함된다고 보았다.

특별위원회는 신청인이 문제삼은 허황된 주장이란 내용은 관련 시점과 문맥을 함께 고려해야 한다고 판단하였다. 중재판정부가 위 내용을 판정문 마지막에 "그렇기[허황되기] 때문에 신청인은 피신청인이 해당 주장을 심각하게 여기고 열심히 방어할 것을 예측하였어야 한다"고 기재한 것으로서, 절차분리 신청을 기각할 당시 신청인의 주장이 허황되었다고 본 것이 아니라고 판단하였다. 특히 중재판정부가 절차분리 신청을 기각한 것은 관할 및 본안에 관한 사실관계의 상호 관련성이 높기 때문이며, 이는 상호 모순되는 이유가 아니라고 보았다.

또한 터키-카자흐스탄 BIT 제7조 제2항의 해석이 명확하게 정리되지 않았다는 점과 국내절차 요건이 선결조건일 가능성을 고려했어야 한다는 부분이 모순된다는 주장은, 해석이 명확하게 정리되지 않았다면 당사자들은 여러 가능성을 염두에 두고 행동할 것이란 점, 중재신청서에서 확인되듯 신청인은 당시 BIT 제7조 제2항을 다르게 이해하고 있었던 점 등을 고려할 때 받아들일 수 없다고 판시하였다. 따라서 특별위원회는 중재판정부가 비용에 관해 명백히 권한을 유월하거나 이유를 누락하지 않았다고 판단하였다.

4. 결정의 의의와 시사점

분쟁해결의 종국성(finality)은 중재의 효율성, 신속성 내지 경제성이라는 목적에 기여한다. 한편 결론의 타당성(correctness) 추구는 많은 시간과 노력을 요하는데, ICSID 협약의 취소제도는 종국성과 타당성의 조화를 도모하기 위한 장치[25]로서 매우 예외적으로 인정된다. 특히 ICSID 협약 제52조가 규정하고 있는 취소절차는 해석의 일관성과 타당성을 목적으로 하는 항소심과 달리 판정 본안의 당부에 관해 판단할 수 없으며, 특별위원회는 중재판정부의 견해를 자신의 견해로 대체할 수 없다.[26] 본 사건의 특별위원회도 중재판정부의 결정을 매우 존중하는 것을 확인할 수 있었는데, 이는 다른 특별위원회에서도 공통적으로 발견되는 태도다.[27] 2016년 9월 기준 ICSID 중재판정이 취소된 경우가 전부 15건

---

25 Christoph Schreuer et al., *The ICSID Convention: A Commentary*, 2nd edition (Cambridge University Press, 2009), p. 903.

26 Hi-Taek Shin, "Chapter 50: Annulment," in Mag Kinnear et al. (eds.) *Building International Law: The First 50 Years of ICSID* (Wolters Kluwer, 2016), p. 700.

27 "[A]n award should not be annulled if the Tribunal's approach is reasonable or tenable, even if the committee's opinion diverges from that of the Tribunal,"

에 불과하다는 점[28]을 보아도 오히려 취소신청이 인용된 사례가 지극히 예외적이라고 볼 수 있다.

취소신청을 인용한 사례를 살펴보면, Klöckner v. Cameroon I 특별위원회의 경우 중재판정부가 준거법인 프랑스 법률 적용에 관하여 오류를 범했다고 분석한 후 중재판정부의 명백한 권한유월을 이유로 판정을 취소한 바 있다. 반면 Wena 특별위원회의 경우 명백한 권한유월은 자명해야 하며 치밀한 분석을 요한다면 이는 곧 '명백한' 권한유월일 수 없다는 견해를 표함으로써 간접적으로 위 Klockner 특별위원회의 결정을 비판하였는데, 이는 최근 특별위원회의 주류를 이루는 태도이기도 하다.[29]

이와 같이 엄격하게 운영되는 취소절차는 일응 그 주된 목표가 종국성 추구에 있는 것으로 보이는데, 이와 관련하여 취소절차의 의의를 검토해 볼 필요가 있다. 신청인은 많은 시간과 비용을 각오하고 절차를 개시하는데, 실제로 판정문에 불합리한 점이 있더라도 ICSID 협약에서 설계된 매우 엄격한 취소사유로 인하여 구제받지 못한다면 신청인의 입장에서는 유명무실한 제도로 평가될 가능성이 있기 때문이다. 물론 취소절차의 순기능에는 투자중재절차의 투명성 제고로 인해 많은 학자들이 중재판정과 취소결정을 심도 있게 논의·비판할 수 있게 되었으므로 간접적으로 올바른 판정이 내려지는 유인이 된다는 점, 또한 이를 바탕으로

Caratube International Oil Company LLP v. Republic of Kazakhstan, ICSID Case No. ARB/08/12, Decision on Annulment (2014. 2. 21.), para. 66.

28 The ICSID Caseload-Statistics 2016-2, available at: https://icsid.worldbank.org/en/Pages/resources/ICSID-Caseload-Statistics.aspx (최종 접속 시점: 2019. 2. 2.). Sept. 2, p. 17.

29 Hi-Taek Shin, "Chapter 50: Annulment," pp. 704, 710.

특별위원회의 올바른 역할에 대한 논의도 활발하게 진행된다는 점[30] 등이 있으나, 신청인으로서는 중재판정부의 판단 오류에 대하여 실질적으로 구제받을 수 있는지 여부에 가장 관심이 있을 것이다.

결국 취소절차의 의의는 중재판정의 결론에 도달하는 과정에 종국성을 부여할 수 없는 정도의 흠결이 있는 경우에 대한 구제라고 볼 수 있다. 대부분의 취소신청이 기각되는 이유는 중재판정부와 특별위원회의 견해가 다르더라도 중재판정이 ICSID 협약 제52조가 정하는 엄격한 요건에 해당하지 않는다면 그 자체로 중재판정부의 의견이 존중되어야 하기 때문이다. 취소는 이러한 사정이 인정되지 않는 경우, 예를 들어 상호 모순되는 이유를 기재하여 결국 아무런 이유를 기재하지 않은 것과 동일한 결과인 경우[31] 등 도저히 중재판정부의 판단을 존중할 수 없는 경우에 예외적으로 인정되는 제도다. 특히 특별위원회는 ICSID 협약 제52조 제3항[32]에 따라 취소 여부에 관한 재량이 있으며, 취소 여부 결정 시 당사자들의 법적 권리와 오류의 중대성을 형량해야 한다는 점[33]에서도 특별위원회는 중재판정부의 결론 및 결론에 도달하는 과정을 면밀하게 검토할 것이다. 즉 본안에 대한 재평가는 당연히 특별위원회의 기능도 권한도 아니나, 그럼에도 분명 중재판정부에 대한 존중을 바탕으로 판정의 결론도출 과정에 대한 치밀한 검토가 수반되어야 하며, 이 과정상 심각한 오류가 있다면 특별위원회가 개입하여 바로잡을 가능성을 열어 둔 것이 취소제도라고 본다.

---

30 Hi-Taek Shin, "Annulment," p. 713.

31 C. Schreuer, *ICSID Annulment Revisited* (Kluwer Law International, 2003), p. 121.

32 "shall have the authority to annul the award or any part thereof."

33 "[I]t is necessary for an ad hoc committee to consider the significance of error relative to the legal rights of the parties."(C. Schreuer, *ICSID Annulment Revisited*, p. 117.)

한 예로, 본 사건의 중재판정부가 터키-투르크메니스탄 BIT 제7조 제2항에 관해 타 중재판정부와 다른 결론을 내린 것은 투자중재에서 선례구속성이 인정되지 않는다고 하여도 신청인 입장에서는 부당하다고 느낄 여지가 있다. 그러나 보다 자세히 살펴보면 본 사건에서 쟁점이 된 BIT 중재 관련 조항은 원 중재판정부의 해석결정을 통해서야 정본을 영문본과 러시아어본으로 확정하였으며, 그중 영문본은 문법적 오류가 있는 등 의미가 불분명하고, 러시아어본의 경우에도 영문 번역에 관해 양측이 계속 다투는 등의 특수한 상황이 있다. 그렇기 때문에 이 사건의 중재판정부로서는 타 중재판정부의 결론을 좇지 않았을 것이라고 판단된다. 본 사건의 특별위원회는 이러한 모든 사정을 고려하여 중재판정부의 결론을 존중하고, 신청인이 주장하는 사유가 이유 없다고 판단하였다.

ICSID 협약이 정하고 있는 취소제도의 엄격성으로 인하여 일각에서는 중재판정에 대한 항소제도의 도입을 주장하고 있다. 향후 ICSID 항소제도 도입 여부 등을 논의하는 과정에서 취소절차에 관한 논의도 더욱 활발히 이루어질 것으로 예측되는데, 타당성에 대한 요구와 종국성에 대한 존중 간의 균형이 핵심적인 고려사항이 될 것이다.

참고문헌

제1장 투자의 정의와 물적 관할 – Poštová Banka v. Greece 사건

[중재판정, 판결 등]

Ceskoslovenska Obchodni Banka, A.S. (CSOB) v. The Slovak Republic, ICSID Case No. ARB/97/4, Decision of the Tribunal on Objections to Jurisdiction (1999. 5. 24.).

HICEE B.V. v. Slovak Republic, UNCITRAL, PCA Case No. 2009-11, Partial Award (2011. 5. 23.).

Phoenix Action Ltd. v. the Czech Republic, ICSID Case No. ARB/06/5, Award (2009. 4. 15.).

Poštová banka, a.s. and Istrokapital SE v. Hellenic Republic, ICSID Case No. ARB/13/8, Award (2015. 4. 9.).

Salini Costruttori S.p.A. and Italstrade S.p.A. v. Kingdom of Morocco, ICSID Case No. ARB/00/4, Decision on Jurisdiction (2001. 7. 23.).

ST-AD GmbH v. Republic of Bulgaria, UNCITRAL, PCA Case No. 2011-06, Award on Jurisdiction (2013. 7. 18.).

[단행본 및 논문]

Gaillard, Emmanuel & Banifatemi, Yas. "The Long March towards a Jurisprudence Constante on the Notion of Investment." in Meg Kinnear et. al. (eds.) *Building International Law:The First 50 Years of ICSID*. Wolters Kluwer, 2016.

Salacuse, Jeswald W. *The Law of Investment Treaties*. The Oxford International Law Library, 2015.

[투자협정, 중재규칙, 기타 법령 등]

Convention on the Settlement of Investment Disputes Between States and Nationals of Other States (International Centre for Settlement of Investment Disputes [ICSID]) 575 UNTS 159.

[중재판정, 판결 등]

ADC Affiliate Ltd. and ADC & ADMC Management Ltd. v. Republic of Hungary, ICSID Case No. ARB/03/16, Award (2006. 10. 2.).

Antoine Goetz and others v. Republic of Burundi, ICSID Case No. ARB/95/3, Award (1999. 2. 10.).

Tidewater Investment S.R.L. & Tidewater Caribe, C.A. v. Venezuela, ICSID Case No. Arb/10/5, Award (2015. 3. 13.).

Tippetts v. TAMS-AFFA Consulting Engineers of Iran, 6 CL.Trib.219 (1984).

[단행본 및 논문]

오원석.「간접수용의 판단기준에 관한 ICSID 중재사례연구」,『중재연구』 제25권 제1호 (2015). 68-72면.

이재민.「투자분쟁해결절차에서의 간접수용의 개념」,『서울법학』 제20권 제2호 (2012). 175-216면.

Christie, George C. "What Constitutes a Taking of Property under International Law?," *38 Brit.Y.B.Int'l L.* 307 (1962).

Dolzer, Rudolph & Stevens, Magrete. *Bilateral Investment Treaties*. ICSID, 1995.

Elrifai, Silke Noa. "Equity-Based Discretion and the Anatomy of Damages Assessment in Investment Treaty Law," *34 Journal of International Arbitration* 5 (2017).

Fortier, L. Yves & Drymer, Stephen L. "Indirect Expropriation," in Meg Kinnear et. al. (eds.), *Building International Law: The First 50 Years of ICSID*, Wolters Kluwer, 2016.

Fortier, L. Yves & Drymer, Stephen L. "Indirect expropriation in the Law of International Investment: I Know It When It, or Caveat Investor." *19 ICSID Rev. F.I.L.J.* 293 (2004).

Khatchvani, David. "Compensation for Unlawful Expropriation: Targeting the Illegality," *32 ICSID Rev. F.I.L.J.* 385 (2017).

OECD. ""Indirect Expropriation" and the "Right to Regulate" in International Investment," *OECD Working Papers on International Investment*. OECD, 2004.

Paulsson, Jan & Douglas, Zachary. "Indirect Expropriation in Investment Treaty Arbitrations," in *Arbitrating Foreign-Investment Disputes: Procedural and Substantive Legal Aspects, Studies in Transnational Economic Law*, Vol. 19. Kluwer Law International, 2004.

Peterson, Luke & Erik-Gray, Kevin R. "International Human Rights in Bilateral Investment Treaties and in Investment Treaty Arbitration," *International Institute for Sustainable Development (IISD)*. Canada, 2003.

제3장 국가의 공중보건정책과 상표권의 침해 – Philip Morris v. Uruguay 사건

[중재판정, 판결 등]

L.F.H. Neer & Pauline Neer v. Mexico, General Claims Commission (US/Mexico), Decision (1926. 10. 15.).

Methanex Corporation v. United States of America, UNCITRAL, 2005.

Philip Morris Brands Sàrl, Philip Morris Products S.A. & Abal Hermanos S.A. v. Oriental Republic of Uruguay, ICSID Case No. ARB/10/7 (2016. 7. 8.).

Philip Morris Asia Ltd. v. The Commonwealth of Australia, UNCITRAL, PCA Case No. 2012-12, Award (2015. 12. 17.).

Saluka Investments B.V. v. The Czech Republic, UNCITRAL, 2006.

Técnicas Medioambientales Tecmed, S.A. v. The United Mexican States, ICSID Case No. ARB (AF)/00/2, 2003.

[단행본 및 논문]

Dolzer, Rudolf & Christoph Schreuer. *Principles of International Investment Law*, 2nd edition. Oxford University Press, 2012.

제4장 공정하고 공평한 대우: 투자자의 정당한 기대 보호(1) – Tecmed v. Mexico 사건

[중재판정, 판결 등]

Bayindir Insaat Turizm Ticaret Ve Sanayi A.S. v. Islamic Republic of Pakistan, ICSID Case No. ARB/03/29, Award (2009. 8. 27.).

EDF (Services) Ltd. v. Romania, ICSID Case No. ARB/05/13, Award (2009. 10. 8.).
Electrabel S.A. v. Republic of Hungary, ICSID Case No. ARB/07/19, Award (2015. 11. 25.).
El Paso Energy International Company v. Argentine Republic, ICSID Case No. ARB/03/15, Award (2011. 10. 31.).
International Thunderbird Gaming Corporation v. United Mexican States, NAFTA / UNCITRAL, Award (Separate Opinion of Prof. Thomas Wälde) (2006. 1. 26.).
Mondev International Ltd. v. United States of America, ICSID Arbitration NO. ARB(AF)/99/2, (2002. 10. 11).
MTD Equity Sdn. Bhd. & MTD Chile S.A. v. Republic of Chile, ICSID Case No. ARB/01/7, Decision on Annulment (2007. 3. 21.).
Saluka Investments B.V. v. The Czech Republic, UNCITRAL, Partial Award (2006. 3. 17.).
Suez, Sociedad General de Aguas de Barcelona, S.A. & Vivendi Universal, S.A. v. Argentine Republic, ICSID Case No. ARB/03/19, Decision on Liability (Separate Opinion of Arbitrator Pedro Nikken)(2010. 7. 30.)
Técnicas Medioambientales TECMED S.A. v. The United Mexican States, ICSID Case No. ARB(AF)/00/2, Award (2003. 5. 29.).

[단행본 및 논문]

Douglas, Zachary "Nothing if Not Critical for Investment Treaty Arbitration: Occidental, Eureko and Methanex," *Arbitration International* Vol. 22, No. 1 (2006).
Potestà, Michele. "Legitimate Expectations in Investment Treaty Law: Understanding the Roots and the Limits of a Controversial Concept," 28 *ICSID Rev. F.I.L.J.* 88 (2013).
Reed, Lucy & Consedine, Simon. "Fair and Equitable Treatment: Legitimate Expectations and Transparency," in Meg Kinnear et. al. (eds.), *Building International Law: The First 50 Years of ICSID* Wolters Kluwer, 2016.

[투자협정, 중재규칙, 기타 법령 등]

Charlotin, Damien. "Looking Back: Tecmed v. Mexico breaks ground in adopting expansive reading of the Fair and Equitable Treatment and upholding protection of investors' legitimate expectations". Investment Arbitration Reporter article (2017. 2. 17.), available at: http://www.iareporter.com/articles/looking-back-tecmed-v-mexico-breaks-ground-in-adopting-expansive-reading-of-the-fair-and-equitable-treatment-and-upholding-protection-of-investors-legitimate-expectations/ (최근 접속 시점: 2019. 2. 2.).

제5장 공정하고 공평한 대우: 투자자의 정당한 기대 보호(2) – Lemire v. Ukraine 사건

[중재판정, 판결 등]

Duke Energy Electroquil Partners & Electroquil S.A. v. Republic Ecuador, ICSID Case No.ARB/04/19, Award (2008. 8. 18.).

Glamis Gold, Ltd. v. US, UNCITRAL/NAFTA, Award (2009. 6. 8.).

International Thunderbird Gaming Corporation v. Mexico, UNCITRAL, Arbitral Award (2006. 1. 26.).

Joseph Charles Lemire v. Ukraine, ICSID Case No. ARB/06/18, Decision on Jurisdiction and Liability (2010. 1. 14.).

Joseph Charles Lemire v. Ukraine, ICSID Case No. ARB/06/18, Award (2011. 3. 28.).

Joseph Charles Lemire v. Ukraine, ICSID Case No. ARB(AF)/98/1, Dissenting Opinion of Dr. Jürgen Voss (2011. 3. 1.).

L.F.H. Neer & Pauline Neer v. Mexico, General Claims Commission (US/Mexico), Decision (1926. 10. 15.).

Mondev International Ltd. v. US, ICSID Case No. ABR (AF)/99/2, Award (2002. 10. 11.).

Técnicas Medioambientales TECMED S.A. v. The United Mexican States, ICSID Case No. ARB(AF)/00/2, Award (2003. 5. 29.).

[단행본 및 논문]

박노형·오현석, 『투자자-국가소송(ISD) 최신판정분석』. 법무부, 2014.

阿部克則, 「公正衡平待遇規定と投資保護の国際的最低基準 ―わが国の国際投資協定における位置づけ」, 『国際経済法講座 I 通商・投資・競争』. 日本国際経済法学会 編, 京都:法律文化社, 2012(아베 요시노리, 『국제경제법의 쟁점: 통상·투자·경쟁』, 서울: 박영사, 2014).

Reed, Lucy & Consedine, Simon. "Fair and Equitable Treatment: Legitimate Expectations and Transparency," in Meg Kinnear et. al. (eds.), *Building International Law: The First 50 Years of ICSID*. Wolters Kluwer, 2016.

[투자협정, 중재규칙, 기타 법령 등]

투자의 촉진 및 보호에 관한 일본국과 몽골국가 간의 협정 (2002. 2. 27.).

NAFTA Free Trade Commission, Notes of Interpretation of Certain Chapter 11 Provisions (2001. 7. 31.).

제6장 공정하고 공평한 대우: 실체적 보호의 기준 – Duke Energy v. Ecuador 사건

[중재판정, 판결 등]

서울고등법원 2011. 9. 22. 선고 2009나96474 판결.

Azurix Corp. v. Argentine Republic, ICSID Case No. ARB/01/12, Award (2006. 7. 4.).

Chevron Corporation (U.S.) & Texaco Petroleum Company (U.S.) v. Republic of Ecuador, PCA Case No. 2007-2, UNCITRAL, Partial Award on the Merits (20 March 2010) (Bockstiegel, Brower, van den Berg).

CMS Gas Transmission Company v. Argentine Republic, ICSID Case No. ARB/01/8, Award (2005. 5. 12.).

Consortium RFCC v. The Kingdom of Morocco, ICSID Case No. ARB/00/6, Award (2003. 12. 22.).

Duke Energy Electroquil Partners & Electroquil S.A. v. Republic of Ecuador, ICSID Case No. ARB/04/19, Award (2008. 8. 18.).

Elettronica Sicula S.p.A. (ELSI)(United States of America v. Italy), Judgment (1989. 7. 20.).

Impregilo S.p.A v. Islamic Republic of Parkistan, ICSID No. ARB/03/03, Decision on Jurisdiction (2005. 4. 22.).

LG&E v. Argentine Republic, ICSID Case No. ARB/02/1, Decision on Liability, (2006. 10. 3.).

Limited Liability Company Amto v. Ukraine, SCC Case No. 080/2005 Award (2008. 3. 26.).

Occidental Exploration and Production Company (OPEC) v. Republic of Ecuador, LCIA Case No. UN3467, UNICITRAL, Final Award (2004. 7. 1.).

Petrobart Ltd. v. The Kyrgyz Republic, SCC Case No. 126/2003, Award (2005. 3. 29.).
Saluka Investments BV (The Netherlands) v. The Czech Republic, UNCITRAL, Partial Award (2006. 3. 17.).
Técnicas Medioambientales TECMED S.A. v. The United Mexican States, ICSID Case No. ARB(AF)/00/2, Award (2003. 5. 29.).
Waste Management, Inc. v. United Mexican States, ICSID Case No. ARB(AF)/98/2. Award (2004. 4. 30.).
White Industries Australia Ltd. v. Republic of India, UNCITRAL, Final Award (2011. 11. 30.)(Rowley, Brower, Lau).

[단행본 및 논문]
Garibaldi, Oscar M. "Chapter 26: Effective Means to Assert Claims and Enforce Rights," in Meg Kinnear et. al. (eds.), *Building International Law: The First 50 Years of ICSID*. Wolters Kluwer, 2016.

[투자협정, 중재규칙, 기타 법령 등]
Free Trade Agreement between the United States of America and the Republic of Korea (Korea-US FTA) (effective from 2012. 3. 15. and revised 2019. 1. 1.), Chapter Eleven Investment.
North American Free Trade Agreement (NAFTA) (effective from 1994. 1. 1.). 32 ILM 289, 605 (1993).

제7장 공정하고 공평한 대우와 최소기준대우 – Al Tamimi v. Oman 사건

[중재판정, 판결 등]
Adel A Hamadi Al Tamimi v. Sultanate of Oman, ICSID Case No. ARB/11/33, Award (2015. 11. 3.).
Elettronica Sicula S.p.A. (ELSI) (United States of America v. Italy), Judgment (1989. 7. 20.).
L.F.H. Neer & Pauline Neer v. Mexico, General Claims Commission (US/Mexico), Decision (1926. 10. 15.).
Occidental Petroleum Corporation and Occidental Exploration and Protection

Company v. Republic of Ecuador, ICSID Case No. ARB/06/11, Award (2012. 10. 5.).

S.D. Myers v. Canada, NAFTA/UNCITRAL, First Partial Award (2000. 11. 13.).

Técnicas Medioambientales TECMED S.A. v. The United Mexican States, ICSID Case No. ARB(AF)/00/2, Award (2003. 5. 29.).

Waste Management, Inc. v. Mexico, ICSID Case No. ARB(AF)/00/3, Award (2004. 4. 30.).

[단행본 및 논문]

Dolzer, Rudolf & Schreuer, Christoph. *Principles of International Investment Law*, 2nd edition. Oxford University Press, 2012.

Sharpe, Jeremy K. "Chapter 19: The Minimum Standard of Treatment, Glamis Gold, and Neer's Enduring Influence," in Meg Kinnear et. al. (eds.), *Building International Law: The First 50 Years of ICSID*. Wolters Kluwer, 2016.

[투자협정, 중재규칙, 기타 법령 등]

International Law Commission, *Draft Articles on Responsibility of States for Internationally Wrongful Acts*, November 2001, Supplement No. 10 (A/56/10), chp.IV.E.1, available at: https://www.refworld.org/docid/3ddb8f804.html (최종 접속 시점: 2019. 2. 2.).

제8장 국제투자분쟁에서의 부패 항변 – Niko v. Bangladesh 사건

[중재판정, 판결 등]

Guyana v. Suriname, PCA Award (2007. 9. 17.).

Netherlands v. Belgium (1937) PCIJ Series A/B No. 70.

Niko Resources (Bangladesh) Ltd. v. People's Republic of Bangladesh, Bangladesh Petroleum Exploration & Production Company Ltd., Bangladesh Oil Gas and Mineral Corporation, ICSID Case No. ARB/10/11, and ICSID Case No. ARB/10/18, Decision on Jurisdiction (2013. 8. 19.).

Phoenix Action Ltd. v. The Czech Republic, ICSID Case No. ARB/06/5.

Southern Pacific Properties (Middle East) Ltd. v. Arab Republic of Egypt, ICSID

Case No. ARB/84/3.

World Duty Free Company Ltd. v. Republic of Kenya, ICSID Case No. ARB/00/7. Award (2006. 10. 4.).

[단행본 및 논문]

Fitzmaurice, Gerald. "The General Principles of international Law," *92 Recueil des Cours* (1957): 119.

Kendra, Thomas & Anna Bonini, "Dealing with Corruption Allegations in International Investment Arbitration: Reaching a Procedural Consensus?" *31 Journal of International Arbitration* Issue 4 (2014): 439 – 453.

Lamm, Carolyn B. & Menaker, Andrea J. "The Consequences of Corruption in Investor-State Arbitration" in Meg Kinnear et. al. (eds.), *Building International Law: The First 50 Years of ICSID*. Wolters Kluwer, 2016.

Meshel, Tamar, The Use and Misuse of the Corruption Defence in International Investment Arbitration (June 1, 2013). *Journal of International Arbitration* 30(3) (2013): 267 – 282.

Odumosu, Ibironke T. "International Investment Arbitration and Corruption Claims: An Analysis of World Duty v. Kenya," *The Law and Development Review* 4(3) (2011): 88-129.

[투자협정, 중재규칙, 기타 법령 등]

Crawford, James. Second Report on State Responsibility, Yearbook of international Law Commission Vol. II (part 2)(1999).

제9장 손해액의 산정 – ADC v. Hungary 사건

[중재판정, 판결 등]

ADC Affiliate Ltd. & ADC & ADMC Management Ltd. v. Republic of Hungary, ICSID Case No. ARB/03/16, Award (2006. 10. 2.).

Chorzów Factory (Claim for Indemnity)(Merits), Germany v. Poland, *P.C.I.J. Series A.*, No. 17 (1928).

[단행본 및 논문]
정인섭·정서용·이재민, 『국제법 판례 100선』, 박영사, 2016
Gotanda, John Y. "Chapter 37: Assessing Damages: Valuation Standards," in Meg Kinnear et. al. (eds.), *Building International Law: The First 50 Years of ICSID*. Wolters Kluwer, 2016.
Shihata, Ibrahim F. I. *Legal Treatment of Foreign Investment, The World Bank Guidelines*. Martinus Nijhof, 1992.
[투자협정, 중재규칙, 기타 법령 등]
PWC, "2015 – International Arbitration damages research", available at: https://www.pwc.com/sg/en/publications/assets/international-arbitation-damages-research-2015.pdf (최종 접속 시점: 2019. 2. 2.)

제10장 절차의 투명성 및 제3자의 참여 – Aguas del Tunari v. Bolivia 사건

[중재판정, 판결 등]
Aguas del Tunari, S.A v. Republic of Bolivia, ICSID Case No. ARB/02/3, Decision on Respondents Objections to Jurisdiction (2005. 10. 21.).
Aguas del Tunari, S.A v. Republic of Bolivia, Petition of La Coordinadora para le Defensa del Agua y Vida [Coalition for the Defense of Water and Life], La Federacion Departamental Cochabambina de Organizaciones Regantes [Cochabamba Federation of Irrigators' Organizations], SEMPA Sur, Friends of the Earth-Netherlands, Oscar Olivera, Omar Fernandez, Father Luis Sanchez, and Congressman Jorge Alvarado to the Arbitral Tribunal (2002. 8. 29.)
Cable Television of Nevis, Ltd. & Cable Television of Nevis Holdings, Ltd. v. Federation of St. Kitts and Nevis, ICSID Case No. ARB/95/2, Award (1997. 1. 13.).
Compañía de Aguas del Aconquija, S.A. & Compagnie Générale des Eaux v. Argentine Republic (ICSID Case No. ARB/97/3), Award (2000. 11. 21.).

[단행본 및 논문]
강병근. 『ICSID 중재제도연구』. 법무부, 2016.
박노형·오현석. 『투자자-국가소송(ISD) 최신판정분석』. 법무부, 2014.

신희택.「국제투자분쟁에서의 UNCITRAL 중재규칙 활용 실무」. 법무부, 2013.
한지희.「ISDS 절차의 투명성 제고에 관한 연구」,『국제경제법연구』 제13권 제1호 (2015).
Landau, Toby & Weeramantry, Romesh. "Chapter 48: A Case for Transparency in Investment Arbitration," in Meg Kinnear et. al. (eds.), *Building International Law: The First 50 Years of ICSID*. Wolters Kluwer, 2016.
Schill, Stephan W. "Editorial: The Mauritius Convention on Transparency," *Journal of World Investment and Trade Law* Vol. 16, Issue 2 (2015).
[투자협정, 중재규칙, 기타 법령 등]
UNCITRAL, "Settlement of commercial disputes: Draft convention on transparency in treaty-based investor-state arbitration: Note by the Secrtariat," UN Doc. A/CN.9/812.

[투자협정, 중재규칙, 기타 법령 등]
김종철.「민변·참여연대 '론스타와의 ISD 과정, 국민에게 투명하게 공개해야'」.『세계일보』, (2015. 5. 20.).
신종철.「민변, '론스타 국제중재사건, 정부가 참관과 의견서 제출 모두 반대'」.『로이슈』, (2015. 12. 31).
송기영.「야 의원 24명, 총리 대행에 민변의 론스타 ISD 참관 허용 요구서한」.『뉴스1』, (2015. 6. 15.).
「정부, 론스타 사건 민변 의견서 제출 반대」.『Focus News』. (2015. 12. 30).

"Cochabamba Water Dispute Settled." *Bechtel News* (2006. 6. 19.).
Finnegan, William. "Leasing the Rain." *The New Yorker* (2002. 4. 8.).
"Investor-State Dispute Settlement: The Arbitration Game." *The Economist* (2014. 10. 11.).

제11장 중재판정의 취소 – Kılıç v. Turkmenistan 사건

[중재판정, 판결 등]
Caratube International Oil Company LLP v. Republic of Kazakhstan, ICSID Case No. ARB/08/12, Decision on Annulment (2014. 2. 21.).
Husscin Nuaman Soufraki v. United Arab Emirates, ICSID Case No. ARB/02/7,

Decision of the Ad Hoc Committee on the Application for Annulment of Mr. Soufraki (2007. 6. 5.).

Kılıç İnşaat İthalat İhracat Sanayi ve Ticaret Anonim Şirketi v. Republic of Turkmenistan, ICSID Case No. ARB/10/1, Annulment Proceeding, Decision on Annulment (2015. 7. 14.).

Maritime International Nominees Establishment v. Republic of Ghana, ICSID Case No. ARB 84/4, Decision on the Application by Guinea for Partial Annulment of the Arbitral Award (1998. 1. 6.).

Muhammet Çap and Sehil Inşaat Endustri ve Ticaret Ltd. Sti. v. Turkmenistan, ICSID Case No. ARB/12/6.

Rumeli Telecom A.S. & Telsim Mobile Telekomik A.S.Y.O.N. Hizmetleri A.S. v Republic of Kazahstan, ICSID Case No. ARB/05/16, Award (2008. 7. 29.).

Sistem Muhendislik Insaat Sanayi ve Ticaret A.S. v. Krygyz Republic (ICSID Case No. ARB (AF)/06/1, Decision on Jurisdiction (2007. 9. 13.).

Wena Hotels Ltd. v. Arab Republic of Egypt, ICSID Case No. ARB/98/4, Decision on the Application by the Arab Republic of Egypt for Annulment of the Arbitral Award (2000. 12. 8., 2002. 2. 5.).

[단행본 및 논문]

Harwood, Miriam. Jurisdiction and Procedure in Investment Arbitration: New Developments," in James H. Carter et al. (eds), *The International Arbitration Review*. 5th edition. Law Business Research Ltd., 2014.

Schreuer, Christoph. *ICSID Annulment Revisited*. Kluwer Law International, 2003.

Schreuer, Christoph et. al., *The ICSID Convention: A Commentary*, 2nd edition. Cambridge University Press, 2009.

Shin, Hi-Taek. "Chapter 50: Annulment," in Mag Kinnear et al. (eds.), *Building International Law: The First 50 Years of ICSID*. Wolters Kluwer, 2016.

[투자협정, 중재규칙, 기타 법령 등]

The ICSID Caseload - Statistics 2016-2, available at: https://icsid.worldbank.org/en/Pages/resources/ICSID-Caseload-Statistics.aspx (최종 접속 시점: 2019. 2. 2.).

찾아보기

집필자 약력

신희택(원고 全 범위 감수 · 편집)
KCAB INTERNATIONAL 의장 (현)
산업통상자원부 무역위원회 위원장 (현)
세계은행 투자분쟁해결센터 (ICSID) 중재인 Panel (현)
외교통상부 국제투자부문 통상교섭 민간자문그룹 자문위원 (전)
우루과이라운드 서비스 협상 정부 자문 변호사 (전)
서울대학교 법학전문대학원 교수 (전)
김.장 법률사무소 변호사 (전)
미국 Yale Law School 법학박사 (J.S.D, 1990, 국제투자법)
미국 Yale Law School 법학석사 (LL.M, 1983)
사법연수원 수료 (제7기)
제16회 사법시험 합격 (1974)
서울대학교 대학원 법학과 졸업, 법학석사
서울대학교 법과대학 법학과 졸업

정교화(원고 全 범위 감수·편집, 제3장 「국가의 공중보건정책과 상표권의 침해」 집필)
Microsoft Korea, Head of Corporate, External and Legal Affairs (현)
한국마이크로소프트 정책·협력·법무실장 (현)
대한상사중재원, 홍콩국제중재센터(HKIAC), 싱가포르 국제중재센터(SIAC) 중재인 (현)
싱가포르 국제조정센터(SIMC) Special Mediator (현)
Chartered Institute of Arbitrators (CIArb) Member (현)
세계변호사협회(IBA) 중재분과 Asia Pacific Regional Liaison Officer (현)
김·장 법률사무소 변호사 (전)
Skadden, Arps, Slate, Meagher & Flom (뉴욕), International Visiting Attorney (전)
서울행정법원, 서울중앙지방법원 판사 (전)
Harvard Law School (LL.M., 2008)
고려대학교 법과대학원 (석사과정 수료, 2003)
사법연수원 수료 (제28기) 제38회 사법시험 합격 (1996)
고려대학교 법과대학 법학과 졸업

임아영(원고 全 범위 편집, 제4장 「공정하고 공평한 대우: 투자자의 정당한 기대 보호」 집필)

법무법인 광장 변호사 (현)

법무부 국제법무과 전문연구위원 (전)

제4회 변호사시험 합격 (2015)

서울대학교 대학원 박사과정 수료 (국제투자법)

서울대학교 법학전문대학원 졸업

서울대학교 법과대학 법학과 졸업

강재웅(제1장 「투자의 정의와 물적 관할」 집필)

김·장 법률사무소 변호사 (현)

사법연수원 (제43기)

제53회 사법시험 합격

서울대학교 대학원 석사과정

서울대학교 법과대학 법학과 졸업

이정효(제2장 「간접수용」 집필)

산업통상자원부 통상분쟁대응과 사무관 (현)

서울대학교 아시아 태평양법 연구소 전임연구원 (전)

서울대학교 대학원 법학과 박사과정 수료(국제거래법)

미국 뉴욕주 변호사 자격취득 (2015)

미국 Georgetown Law School (LL.M, 2008)

서울대학교 대학원 법학과 졸업, 법학석사 (국제경제법)

성신여자대학교 법학과 졸업

양충모(제5장 「공정하고 공평한 대우: 투자자의 정당한 기대 보호 (2)」 집필)

중앙법률사무소 전문위원 (현)

한국법조인협회 자문위원 (현)

(사)한국부품소재투자기관협의회 (전)

서울대학교 법과대학 박사과정 수료 (2019.2.)

일본 사법연수원 (63기)

일본 사법시험 합격 (2009년)

일본국립 치바대학교 대학원 전문법무연구과 졸업 (법무박사, JD)

일본국립 도쿄대학교 법학부 제2류(공법 코스) 졸업 (법학사)

안명현(제6장 「공정하고 공평한 대우: 실체적 보호의 기준」 집필)

대한무역투자진흥공사(KOTRA) IK 투자기획실 투자전략팀 변호사 (현)
대한무역투자진흥공사(KOTRA) 외국인투자옴부즈만 사무소 변호사 (전)
사법연수원 수료 (제39기)
제49회 사법시험 합격 (2007)
서울대학교 대학원 법학과 박사과정 수료 (상법)
서울대학교 대학원 법학과 졸업, 법학석사 (상법)
고려대학교 법과대학 법학과 졸업

이지환(제7장 「공정하고 공평한 대우와 최소기준대우」 집필)

외교부 외무사무관 (현)
육군사관학교 영어과 조교수 (전, 교수사관)
서울대 법학전문대학원 법학박사 수료 (지식재산권법)
미국 산타클라라(SCU) 대학교 LL.M. (서울법대 공동학위)
서울대 대학원 법학과, 법학석사 (지식재산권법)
국립외교원 연수 (외교통상직)
제43회 외무고시 합격 (2009)
미국 애머스트대 (Amherst College) 학사 (History)

안혜미(제8장 「국제투자분쟁에서의 부패 항변」 집필)

서울서부지방법원 국선전담변호사 (현)
부산고등법원 재판연구원 (전)
울산지방법원 재판연구원 (전)
제1회 변호사시험 합격 (2012)
서울대학교 대학원 박사과정
한양대학교 법학전문대학원 졸업, 법학전문석사
한양대학교 대학원 법학과 졸업, 법학석사
대한무역투자진흥공사 (KOTRA)
한양대학교 법과대학 법학과 졸업

김지언(제9장 「손해액의 산정」 집필)

대전지방검찰청 검사 (현)
사법연수원 (제36기)
제46회 사법시험 합격
서울대학교 법학대학원 박사과정
서울대학교 인문대학 졸업

양준열(제10장 「절차의 투명성 및 제3자의 참여」 집필)

대구지방검찰청 김천지청 검사 (현)
춘천지방검찰청 검사 (전)
법무부 국제법무과 공익법무관 (전, ISDS 담당)
법무부 사법시험 제1차 시험 검토위원 (전, 국제거래법)
대전고등검찰청 공익법무관 (전)
사법연수원 수료 (제43기)
제52회 사법시험 합격
서울대학교 대학원 법학과 석사과정 수료 (국제투자법)
고려대학교 법과대학 법학과 졸업

유미리(제11장 「중재판정의 취소」 집필)

금융위원회 사무관 (현)
법무부 국제법무과 사무관 (전)
제3회 변호사시험 합격 (2014)
서울대학교 대학원 박사과정
고려대학교 법학전문대학원 졸업
경희대학교 한의과대학 한의학과 졸업